Mein bunter Schatten

Über das Buch

Par spielt mit Puppen, bestaunt die Mädchen in ihren Kleidern, sitzt am liebsten am Schminktisch der Mutter – doch er ist ein Junge. Im Iran wächst er im Überfluss auf, doch als er vier Jahre alt ist, flüchtet die Mutter allein mit ihren Kindern in die Niederlande. Alles lässt sie hinter sich. In Notunterkünften und einfachen Verhältnissen muss Par früh erwachsen werden. Immer wieder eckt er an, testet Grenzen aus. Als androgynes Mischwesen stürzt er sich in das wilde Amsterdamer Nachtleben, zieht zu Hause aus und beginnt, für internationale Nachwuchsdesigner zu modeln. Nebenbei besucht er regelmäßig die psychologische Beratung des Transgender-Zentrums, und ihm wird immer klarer, dass er nie als Mann leben möchte, sondern dass er ein Mädchen ist, genau wie seine Freundinnen. Mit neunzehn schließlich wird er durch eine Operation auch körperlich zur Frau. Par ist nun Pari. Und sie ist bei sich angekommen.

Über die Autorinnen

Pari Roehi, geboren 1989, wuchs im Iran und in den Niederlanden auf. Nach dem Abitur arbeitete sie als Model, als Hostess im »Jimmy Woo«, als Performance-Künstlerin und Moderatorin. 2008 ließ sie eine geschlechtsangleichende Operation zur Frau vornehmen. Heute lebt sie in Berlin, spricht sechs Sprachen, ist ein YouTube-Star und engagiert sich für Kinder mit Transgender-Identität.

Friederike Brost, geboren 1971, studierte Journalistik und arbeitete als Autorin u.a. für »Bild«, »Freundin« und »Hamburger Abendblatt«. Als TV-Redakteurin und Producerin realisiert sie bis heute zahlreiche Beiträge für »Stern TV«. Sie lebt in Köln.

PARI ROEHI

MEIN BUNTER SCHATTEN

Lebensweg einer Transgender-Frau

neues leben

Unter Mitarbeit von Friederike Brost

INHALT

PROLOG

Wenn ich Leuten meine Geschichte erzähle, denken sie oft, ich sei am Tag meiner Operation zur Frau geworden. Als wäre ich nur eine Hülle, ein Auto oder so, das man von Blau auf Rot umlackiert. Dabei ist es mein ganzes Leben, das mich zu der Frau gemacht hat, die ich heute bin. Niemand wird durch chirurgische Eingriffe zu einem anderen Menschen, auch wenn man sich das manchmal wünscht. Zuerst muss man wissen, wer man ist.

Ich bin im Körper eines Jungen geboren, aber ich habe mich immer weiblich gefühlt. Mit fünfzehn lackierte ich meine Nägel, weil ich es toll fand, mich schön zu machen. Meine Genitalien haben nichts damit zu tun, ob ich mich als Mann oder als Frau empfinde.

Trotzdem war der Tag meiner Operation so wichtig für mich wie kaum etwas vorher. Ich hatte lange darauf gewartet. Über fünf Jahre war ich jeden Monat allein zu den Psychologen der Transgender-Klinik gefahren, eine Stunde mit der Bahn von Bilthoven bis Amsterdam. Meine Mutter hatte einfach keine Zeit dafür, und überhaupt war sie der Meinung, wir Kinder müssten uns selbst um das kümmern, was wir erreichen wollen.

Mich trieb der tiefe und feste Wunsch, dass die Ärzte meinen Körper verändern, damit ich endlich auch im Spiegel die Person sehen konnte, die ich in meinem Inneren längst war.

Mit neunzehn Jahren also lag ich in einem Krankenhausbett und wartete auf den Eingriff. Ein paar Monate vorher hatte ich mit den Drogen Schluss gemacht, aufgehört zu trinken – es gab ja ein großes Ziel in meinem Leben.

Schwierige Jahre lagen hinter mir, in denen mich Mitschüler täglich als schwule Sau beschimpft hatten und mein Stiefvater mich mit Schlägen traktierte. Mit fünfzehn verließ ich zum ersten Mal mein Elternhaus und ging im Partydschungel von Amsterdam fast unter. Ich versuchte, als Frau zu leben, und blieb doch in den Augen vieler Männer nur ein Freak. Ich war ihr dunkles Geheimnis, aber keine Partnerin, die man seinen Freunden vorstellt. Immer wieder gab es Kerle, die mir überhaupt keinen Respekt entgegenbrachten. Die mich benutzten und mit denen ich Begegnungen erlebte, nach denen ich mich einfach nur wertlos, ausgenutzt und leer fühlte. Es ging ihnen gar nicht um mich, sondern nur um ihre eigenen Fantasien.

Heute bin ich für alles dankbar, was ich erlebt habe. Eine Transgender-Frau zu sein lässt mich Dinge sehen, die anderen verborgen bleiben.

Ich wünsche mir, dass dieses Buch jungen und älteren Menschen die Augen öffnet für das, was mir passiert ist. Ich wünsche mir Toleranz und Offenheit für eine neue Generation. Und ich wünsche mir, dass jeder, der in seinem Leben durch Krisen egal welcher Art gehen muss, immer jemanden findet, der ihm oder ihr sagt: Verlier nicht die Hoffnung. Niemals.

DAS WEISSE KLEID

Manchmal denkst du, du hast es selbst in der Hand, wer du bist und wer du sein wirst. Irgendwann realisierst du jedoch, dass du immer etwas von deinen Eltern in dir trägst, ob du willst oder nicht. Deshalb beginne ich meine Erzählung in der Zeit, als die beiden Menschen zusammenkamen, die mich zehn Jahre später in die Welt setzen würden.

Es war 1979 und der Iran ein modernes Land, in dem Frauen Miniröcke tragen und Richterin werden durften. Bald sollte die Revolution alles ändern, aber noch war davon nichts zu spüren.

Meine Mutter heißt Kobra, das ist persisch und bedeutet »die Größte«. Sie hat zwei ältere Brüder und Schwestern und war eine wirklich schöne junge Frau mit dichten schwarzen Locken und ganz heller Schneewittchenhaut. Mit neunzehn Jahren studierte sie an der Universität von Rascht Ökonomie.

»Ich saß in einem goldenen Käfig«, sagt Mama, wenn sie mir von dieser Zeit erzählt. Ihre Eltern waren konservativ, religiös, ultrastreng, sie hatten viel Geld und kontrollierten genau, was ihre Töchter taten. »Wir Mädchen durften uns nur an drei Orten aufhalten: zu Hause, auf dem Markt – oder an der Universität.« Wenn sie das Haus verließ, musste sie ein Kopftuch tragen. »Als junges Mädchen fand ich das furchtbar, aber Vater hat darauf bestanden, denn er legte Wert auf Tradition. Dabei sah man damals überall auf den Straßen neueste Mode und geschminkte Frauen. Sobald ich also um die erste Ecke gebogen war, nahm ich das Tuch ab, malte mir die Lippen an und fühlte mich frei wie die anderen Mädchen.«

Wenn Mama von sich in früheren Jahren erzählt, erkenne ich darin sofort Züge von mir selbst wieder. Wir teilen zum Beispiel das Interesse für Mode; vor allem aber sind wir uns wohl ziemlich ähnlich, wenn es um die Eigenwilligkeit geht.

Einmal sah mein Großvater, wie sie ohne Kopftuch die Straße entlanglief. Er hielt mit dem Auto neben ihr. »Ich habe dir das Tuch nicht gekauft, damit du deine Bücher damit abstaubst!«, rief er und sah sie streng an, was Mama nicht weiter beeindruckte.

»Das entscheide ich selbst. Es ist *deine* Religion, nicht meine«, erwiderte sie, streckte trotzig das Kinn vor und akzeptierte wortlos den Hausarrest, den er ihr aufbrummte. Auch darin sind wir uns ähnlich – statt zu gehorchen, nehmen wir unangenehme Konsequenzen in Kauf.

Eigentlich träumte Mama davon, Stewardess zu werden. Sie wollte einen modernen Beruf ausüben und in der Welt herumkommen. Die meisten jungen Leute lebten damals wie Europäer, gingen aus und tanzten in Discos.

In dieser Zeit kam mein Vater Reza nach Rascht. Er war zweiundzwanzig Jahre alt und stammte aus einfachen Verhältnissen, hatte sich aber beim Militär hochgearbeitet. Und er wollte eine Frau. Mein Großvater war bekannt in der Stadt, und Reza hörte, dass er schöne Töchter hätte – die jüngste aber sei die hübscheste. Er sprach bei meinem Großvater vor, und es wurde ein Treffen arrangiert. Hätten meine Eltern je versucht, ohne mein Zutun einen Mann für mich auszusuchen, ich hätte sie zum Teufel geschickt! Im Iran aber war es damals üblich, dass Ehen von Eltern und Verwandten organisiert wurden, gerade in religiösen, traditionsbewussten Familien. Immerhin war mein Großvater so fortschrittlich, es letztlich seiner Tochter zu überlassen, ob sie Ja zu diesem Mann sagte.

Das erste Treffen meiner Eltern muss völlig unromantisch gewesen sein. »Reza und ich saßen uns an einem riesigen Holztisch im Haus meiner Eltern gegenüber. Miteinander geredet haben wir kaum. Aber er sah mich immer wieder an und versuchte, seine Hände ruhig zu halten«, erzählt Mama. »Er hatte braune Locken und so ein hübsches Gesicht. Dein Vater war wirklich ein gut aussehender Mann, Pari.«

Reza sprach von Reisen nach Amerika und Europa, die das Militär ihm ermöglichen würde. Damals dachte Mama, mit ihm würde sie die ganze Welt entdecken. Sie wollte weg aus der Enge ihres Elternhauses.

Sie sahen sich wieder, immer im Haus der Verwandten, und begannen zu flirten. Das sei aufregend gewesen und habe sich erwachsen angefühlt, sagt Mama. Meinem Onkel Hassan gefiel Reza allerdings nicht. »Der ist kein guter Mann, warte auf einen besseren!«, riet er seiner kleinen Schwester. Aber Mama war schon total verliebt in Reza, himmelte ihn durch eine rosarote Brille an, und zwei Monate später heirateten sie. Sie gab ihr Studium auf – und einem Zweiundzwanzigjährigen, mit dem sie noch keine Minute allein gewesen war, ihr Jawort.

Mama hat ein Foto von ihrer Hochzeit aufgehoben. Als ich es zum ersten Mal sehe, fällt mir sofort auf, wie böse sie guckt. »Dein Vater zwinkerte einer anderen zu, während er mit mir einen Tango tanzte«, erklärt sie ihren Gesichtsausdruck. »Alle hatten mich davor gewarnt, Nahid, dieses Flittchen, einzuladen«, seufzt Mama. »Diese Frau kannte keine Grenzen. Dauernd nahm sie Männer mit nach Hause, und alle redeten darüber. Die hat gemacht, was sie wollte.«

»Warum hast du sie denn dann eingeladen?«, frage ich.

»Ich wäre gern mehr so gewesen wie sie, verstehst du? Auch ich hätte manchmal gern so viele Freiheiten gehabt.«

Nahid war die erste Frau, auf die meine Mutter eifersüchtig war. Aber damals war ihr noch nicht klar, in welchem Ausmaß mein Vater es genoss, andere Frauen zu verführen.

Meine Eltern lebten nach ihrer Heirat in einer großzügigen Wohnung mit teuren Möbeln, hatten Geld und waren gesellschaftlich angesehen. In den ersten Jahren ihrer Ehe wurde der Iran zur islamischen Republik. Das Leben veränderte sich, alle Frauen trugen nun in der Öffentlichkeit Kopftücher. Der erste Golfkrieg brach aus, und mein Vater machte eine rasante Karriere bei der Marine. Er war kein einfacher Soldat, sondern ein Planer, ein Architekt des Krieges. Zu den Kriegsschauplätzen fuhr er nur, um sich ein Bild von der Lage zu machen. Ein einziges Mal geriet er in Gefahr, als er mitten unter den Soldaten stand. Er sollte Wache halten, musste pinkeln und ließ sich von einem Kameraden ablösen. Als er zurückkam, war der Mann tot. Erschossen von den Irakern. Auch später ist er aus Situationen heil herausgekommen, die ihn eigentlich das Leben hätten kosten können.

Meine Eltern wünschten sich schon länger ein Kind, aber im Krieg wollte meine Mutter nicht schwanger werden. Sie half zwei Jahre freiwillig im Krankenhaus, schnitt den Verwundeten Kugeln aus dem Leib und hielt den Soldaten, die Albträume vom Krieg hatten, die Hand.

»Mein Kittel war morgens weiß und abends rot vor Blut«, erzählt sie.

Erst nach sechs Jahren Ehe, kurz vor Kriegsende, wurde mein Bruder geboren. Meine Eltern nannten ihn Pedram, »der Erfolgreiche«. Er war ein zufriedenes Baby, das meine Mutter sehr glücklich machte. Die drei hätten eine richtige Familie sein können, doch mein Vater drückte sich vor dem Leben mit Frau und Kind, so oft es ging. Er wollte raus, zu anderen Frauen, auf

Partys. Er wollte immer mehr, von allem. Vielleicht ist das etwas, was ich von ihm geerbt habe.

Mama hörte wirklich beunruhigende Geschichten über Reza. Mal erzählte eine Freundin, mal eine von ihren Schwestern, wie sie ihn im Haus dieser oder jener Frau hatten verschwinden sehen. Mama wusste genau, wie charmant er sein konnte. Wie kleine Tropfen Gift brachten die Gerüchte Misstrauen und Eifersucht mit sich.

»Ich wusste einfach nicht mehr, ob ich ihm vertrauen kann«, sagt meine Mutter, »deshalb habe ich angefangen, ihn genau zu beobachten, wenn wir zusammen ausgingen.« Auf einer Dinnerparty sah sie dann, wie er einer Frau am Tisch lange und tief in die Augen blickte, viel länger als angebracht. Und als die andere sich zur Seite drehte, sah Mama etwas zwischen ihren Haaren hervorblitzen. Es war ein eleganter, goldgefasster Perlenohrring. Die lächelnde junge Frau da am Tisch trug genau den gleichen Schmuck, den Reza ihr vor einer Woche geschenkt hatte. Sie kam ins Grübeln: Hatte *er* der Fremden die Ohrringe geschenkt? Waren die beiden ein Liebespaar?

Irgendwo zwischen ihrem Hirn und ihrem Herzen wusste sie, dass ihrem Mann eine einzige Frau niemals genug sein würde. Aber sie konnte nicht mehr zurück. Eine Ehe im Iran ist für immer, bis einer von beiden stirbt. Und eine Scheidung zerstört alles: die Familie, den Ruf, die Ehre.

Eines Abends, als Mama dabei war, das Essen vorzubereiten, nahm Reza die Autoschlüssel.

»Wo gehst du hin?«, rief sie ihm nach. »Ich muss noch die Einkäufe aus dem Wagen holen!« Er murmelte etwas von Problemen bei der Arbeit und sah sie nicht einmal an. Sie glaubte ihm nicht und lief ihm misstrauisch auf die Straße hinterher. Reza saß schon im Auto, als sie die hintere Tür öffnete, um das Gemüse vom Rücksitz zu holen. »Wo fährst du hin?«, schrie sie dabei wütend. Mein Vater stieg aus. »Das geht dich nichts an, Schlampe«, sagte er kalt, und bevor Mama sich aufrichten konnte, schlug er ihr mit einem kurzen, festen Stoß die Autotür gegen den Kopf. Die metallische Kante traf ihre Stirn. Sie fühlte, wie das Blut ihr Gesicht hinunterlief. Er fuhr weg, während sie mit der Hand versuchte, die Blutung zu verstecken. Niemand sollte sehen, was passiert war, vor allem nicht ihr kleiner Sohn.

Am nächsten Tag redete sie mit ihren Schwestern und ihrer Mutter darüber, was ihr Mann ihr angetan hatte. Sie wollte sich scheiden lassen, doch ihre Mutter rief aufgebracht: »Das kannst du nicht tun, Kobra, denk an die Schande! Du zerstörst nicht nur dein Leben, sondern auch unseres!« Also blieb sie. Das ist der Respekt, den wir Perser vor der Familie haben.

Noch ein Kind wollte Mama auf keinen Fall haben. Reza aber drängelte: »Pedram soll nicht als Einzelkind aufwachsen, er braucht ein Geschwisterchen.«

»Wenn du noch ein Kind bekommst«, meinte meine Großmutter, »wird es sicher besser. Er wird sich ändern.«

Mama wollte daran glauben und gab schließlich nach. Das war mein Glück.

Es war ein warmer Nachmittag, als ihr in einer teuren Privatklinik der Bauch aufgeschnitten wurde, um mich auf die Welt zu holen. Während bei der Geburt meines Bruders alles prima gelaufen war, gab es diesmal ein mittleres Drama. Der Arzt verpasste ihr eine falsche Spritze, so dass sie fast gestorben wäre. Eigentlich wäre es mir lieber gewesen, Mama hätte mir das nie erzählt. Kein Kind hört gern, dass es seine Mutter fast umgebracht hat. Es schien nicht einfach mit mir zu sein, vom ersten Tag an.

Es war der 10. April 1989. Ich wurde als Parham Robabe geboren, was »schimmernder Mond« bedeutet, in Rascht, wo meine Eltern nach einigen Umzügen wieder gelandet waren. Die Stadt hat heute weit über eine halbe Million Einwohner und liegt im Norden des Iran zwischen Kaspischem Meer und Elburs-Gebirge. Das Klima ist viel milder als im Rest des Landes.

»Du hast wie am Spieß gebrüllt, wenn du Hunger hattest«, erzählt Mama. »Eigentlich hast du immer sehr laut und ausdauernd geschrien. Du warst ein schlimmes Baby, ehrlich!«, stöhnt sie noch heute.

Mama nahm Pedram und mich oft mit zum Einkaufen. Das fanden wir großartig. Auf iranischen Märkten gibt es alles: Obst, Gemüse und Fleisch, auch Spielsachen und unglaubliche Mengen von Süßigkeiten. Ich war verrückt danach. Da gab es so eine Schokoladencreme aus der Tube, die ich besonders liebte. Das süße Zeug hieß »Cinderella« und klebte auf angenehme Weise die Zunge am Gaumen fest. Wann immer ich es haben wollte – ich bekam es.

»Einkaufen mit dir war die Hölle«, erinnert sich Mama. »Du wolltest wirklich immer das Größte und Teuerste haben.«

Natürlich wollte ich das – ich war ja ziemlich verwöhnt. Kleinkinder werden im Iran unglaublich verhätschelt, und zwar von der ganzen Familie, von Eltern, Tanten und Großeltern. Und wir hatten immer für alles genug Geld. Ich besaß massenhaft Spielsachen. Wenn ich eine neue Barbie haben wollte, bekam ich sie. Mama freute sich, wenn sie sah, wie viel Spaß es mir machte, die Puppen an- und auszuziehen. Es störte sie überhaupt nicht, dass ich Mädchenspielzeug liebte. Hauptsache, sie hatte ein zufriedenes Kind.

Dass manchen Leuten nicht egal war, ob ich mich wie ein Mädchen verhielt oder eher wie ein Junge, wurde mir erst im Kindergarten klar. Damals lebten wir gerade in Sirjan, im Süden des Iran. Viele Araber wohnten hier. Die Frauen trugen traditionelle Kleidung und einen Kopfschleier mit einer spitzen Goldmaske, hinter der man nur die Augen sieht. Ein wunderschöner Schmuck. Ich weiß noch, dass mich Mama immer warnte: »Wenn du böse bist, holen sie dich«, aber ich hatte niemals Angst vor den geheimnisvollen Goldfrauen.

Am ersten Tag in meinem neuen Kindergarten durften wir Kleinen miteinander spielen, während die Mütter Tee tranken und quatschten. Ich hatte eine weite Jeans mit einem bunten Schmetterling an, dazu einen hellgelben Pulli. Mama steckte mich nie in typische Jungsklamotten. Am zweiten Tag aber sollte ich ein steifes Hemd mit Krawatte und eine kratzige schwarze Hose tragen. Das war die vorgeschriebene Uniform. Doch wozu sollte dieses Stoffding am Hals gut sein? Es war viel zu warm und würgte mich.

Das unbequeme, hässliche Zeug fand ich furchtbar. Sobald meine Mutter gegangen war, nahm ich einem jüngeren Mädchen kurzerhand die Strumpfhose weg und zog sie an. Der Stoff war herrlich weich auf meiner Haut, es fühlte sich wirklich angenehm an. Doch plötzlich packte mich die Erzieherin am Arm und steckte mich schimpfend wieder in die Uniform. Danach musste ich draußen vor der Tür auf einem Schemel sitzen. Sie rief meine Mutter an.

Weinend wartete ich. Ich hatte keine Ahnung, was ich falsch gemacht hatte. Ich fand es wahnsinnig ungerecht, dass ich so streng behandelt worden war, und verstand nicht, was so schlimm daran sein sollte, die Anziehsachen zu tauschen. Als Mama kam, schrie sie die Frau vom Kindergarten an, die noch lauter zurückkeifte. Ich hielt mir die Ohren zu. Dann nahm mich Mama endlich in den Arm, und wir gingen zum Auto. Ich war wirklich froh, aus dieser komischen Anstalt wegzukommen.

Als mein Vater hörte, was passiert war, bekam er ein richtig rotes Gesicht. »So geht das nicht, nicht mit meinem Kind!«, schimpfte er, verzog sich in sein Arbeitszimmer und tätigte einige Anrufe. Am nächsten Tag kam uns zu Ohren, dass in der Einrichtung Strom und Wasser abgestellt worden waren. Offensichtlich reichte der Einfluss meines Vaters als Militär sehr weit. Einige Zeit später musste der Kindergarten sogar schließen. Ich ging nie wieder dorthin.

Im Sommer, als die Hitze unerträglich wurde, reiste meine Mutter mit uns Kindern für drei Monate nach Teheran zu ihrer Schwester Zahra. Die Ferien im Haus meiner Tante waren voller Leben. Sie hatte vier Kinder, die alle älter waren als wir, und mit uns spielten und herumtobten. Zahra besaß ein kleines knallrotes Auto. Ich liebte es, wenn wir damit zum Markt fuhren. Auf der Rückbank quetschten sich mehrere Kinder nebeneinander, und vorne plauderte und lachte meine Mutter mit ihrer Schwester.

Während wir in Teheran schöne Ausflüge machten, nutzte mein Vater unsere Abwesenheit, um in Ruhe seine Affären zu pflegen. Es macht mich traurig, wenn ich mir vorstelle, wie er meine Mutter betrogen hat. Sie hatten gemeinsam Kinder, und er trat das alles mit Füßen.

Als wir nach Hause zurückkamen, war es für Mama schlimmer als je zuvor. Mein Vater ging einfach weg, wann es ihm passte, und sie saß zu Hause, quälte sich mit ihren Fantasien und wartete.

Ich frage mich heute, ob Reza wohl gedacht hat, es sei sein Recht, sich so zu verhalten. Und was ihn dazu gebracht hat, Mama derart schlecht zu behandeln. Ob es der Druck war, den er als Marineoffizier gespürt haben muss? Diese Fragen konnte ich ihm leider nie stellen. Doch auch wenn er sich als Ehemann ungerecht verhielt, war er nett zu uns Kindern und hat uns nie geschlagen.

Ich war noch keine drei Jahre alt, als sich Mama zum ersten Mal entschloss, meinen Vater zu verlassen.

Zufällig hörte sie, wie er mit einer Frau telefonierte und der unbekannten Geliebten versprach, ihr dieselbe Kette zu kaufen wie seiner Frau. Mama dachte an die Ohrringe auf der Dinnerparty. Das Telefonat bestätigte, was sie sowieso schon längst vermutet hatte: Auch die Fremde mit dem Ohrschmuck war eine Geliebte meines Vaters gewesen.

Einerseits wollte sie weg von ihm, andererseits wusste sie, dass das nicht so einfach war. Sie würde uns nicht mitnehmen können. So ist die Rechtsprechung im Iran: Verlässt eine Frau ihren Mann, bleiben die Kinder bei ihm. Für Mama war das eine schreckliche Vorstellung. Doch als mein Vater wieder einmal mitten in der Nacht nach Hause kam, den Kragen voller Lippenstift, fuhr sie ihn an: »Wo warst du schon wieder?«

»Das geht dich gar nichts an!«, schrie er zurück.

»Ich weiß genau, was du getan hast, gib es doch wenigstens zu!«

Zwischen den beiden entbrannte ein Riesenstreit. Es ging sehr laut und sehr heftig zu. Dieses Mal schlug er sie zwar nicht, aber am nächsten Morgen hatte sie ihren Entschluss gefasst. Sie rief ihn im Büro an und fragte, wann er nach Hause käme. Sie tat so, als wäre der Streit vom letzten Abend vergessen.

»Heute komme ich früh, so gegen fünf Uhr«, sagte mein Vater.

Mama packte einen kleinen Koffer, machte uns Kindern wie jeden Tag Frühstück, brachte meinen Bruder zur Vorschule und spielte dann zu Hause mit mir. Es gab früh Abendessen. Sie sagte der Nanny, sie solle uns schon die Pyjamas anziehen, und verabschiedete sich. »Ich gehe noch mal los. Ich kaufe einen Tisch.« Sanft streichelte sie mir über den Kopf. Während wir mit der Nanny spielten, schlich sie in den Garten und versteckte sich hinter einem Baum. Dort wartete sie, bis sie meinen Vater ins Haus gehen sah. Sobald sie wusste, dass wir in seiner Obhut waren, nahm sie ihren Koffer und floh zu ihrer Schwester nach Teheran.

Heute weiß ich, warum ich so oft Angst habe, dass mich Menschen, die mir viel bedeuten, verlassen könnten. Wie Mama, die doch nur einkaufen gehen wollte und dann nicht wiederkam. Wie sollte ein kleines Kind das verstehen, das von der Verzweiflung einer unglücklichen Ehefrau nichts wusste, sie höchstens erahnen konnte?

Der Verlust unserer Mutter traf Pedram und mich plötzlich, schmerzhaft und unvorbereitet. Mama war die allerwichtigste Person für uns; ein Leben ohne sie lag vollkommen außerhalb unserer Vorstellungskraft. Es gab niemanden, der uns erklären wollte, warum sie nicht zurückkam. In den ersten Tagen dachte ich noch, sie würde ganz bestimmt gleich zur Tür hereinkommen, wie immer, wenn sie mal kurz weg gewesen war. Aber Wochen und Monate vergingen, in denen wir nichts von ihr hörten. Wir wussten nicht, ob wir sie jemals wiedersehen würden. Mein Bruder hatte in dieser Zeit immerzu Magenschmerzen, und ich erinnere mich noch heute an das furchtbare Gefühl des Verlassenseins, das ich damals noch nicht benennen konnte, ich war ja viel zu klein. Bis heute verstehe ich nicht, wie Mama es übers Herz gebracht hat, uns zurückzulassen.

Später erzählte sie mir, dass sie natürlich mehrfach versucht hatte, uns anzurufen. Aber unser Vater ließ sie nicht mit uns sprechen, so dass sie für uns Kinder wie ausgelöscht war.

Vermutlich stammen die Erinnerungen, die ich an konkrete Erlebnisse mit meinem Vater habe, hauptsächlich aus diesen Monaten, die wir zu dritt verbracht haben. Ich weiß noch, wie sein Rasierwasser roch. Wie er mit mir badete und ich ihn an den Haaren zog, die auf seiner Brust wuchsen. Dass er uns Kindern unsere

Lieblingskekse vor unseren Atari legte, bevor er morgens zur Arbeit ging.

Nach sieben Monaten beschloss meine Mutter, zu ihrer Familie zurückzukehren. »Ich konnte den Schmerz nicht mehr ertragen, den mir die Trennung von euch bereitete«, sagt sie heute. Als sie an einem frühen Morgen ankam, müde und erschöpft von der langen, staubigen Fahrt aus Teheran in den Süden, schliefen wir noch. Sie setzte sich neben unsere Betten und betrachtete uns. Dann bereitete sie das Frühstück vor und weckte uns. Unsere Augen leuchteten vor Glück. Danach brachte sie meinen Bruder zur Schule und nahm mich wieder mit nach Hause. Ich klebte an ihr und wollte ihre Hand den ganzen Tag nicht loslassen.

»Bleibst du jetzt wirklich da, Mama?«, fragte ich immer und immer wieder. Ich hatte unbändige Angst, dass sie wieder verschwinden würde.

Welche Rolle mein Vater an diesem Tag spielte, weiß ich nicht. Ob er bereit war, einen neuen Anfang mit Mama zu versuchen – oder ob er damals schon zu weit weg war, gefangen in einer berauschenden Welt aus sexuellen Abenteuern, Macht und Drogen. Seit er ein junger Mann war, rauchte Reza regelmäßig Opium. Dafür konnte man im Iran mit dem Tode bestraft werden, aber das interessierte die Männer nicht, die es taten. Sie machten es zu Hause oder bei Freunden, und sie schämten sich nicht dafür. Oft hat Mama zugesehen, wie mein Vater das Opium mit wichtigen Männern des Regimes rauchte. Es war billiger als Bier, eine richtige Alltagsdroge. Man sah bei den Älteren, wie der Schnurrbart irgendwann gelb statt grau wurde.

Hin und wieder nahm mich mein Vater mit in das Haus seiner Eltern. Dort verzog er sich in einen dunklen Raum im Keller, während meine Großmutter mit mir spielte. Ich hörte, wie aus diesem geheimnisvollen Zimmer ein Geräusch kam, dessen Ursprung ich mir nicht erklären konnte. Blubbern und Pusten, ganz leise, aber auch irgendwie schön. Und ein spezieller Geruch, süßlich und schwer. Schon als Kind war ich neugierig und ging los, um zu erkunden, was mein Vater in dem verbotenen Raum Spannendes tat. Bevor ich aber die Tür öffnen konnte, schnappte Großmutter meinen Arm und zog mich zurück in die Küche.

Damals war es meinem Vater noch wichtig, dass wir Kinder nichts von seiner Sucht mitbekamen. Später wurde es ihm egal, er rauchte auch zu Hause Opium und Haschisch.

Als ich drei Jahre alt war, geschahen Dinge, die mein Leben entscheidend beeinflussen sollten. Ich entdeckte, wie glücklich es mich machte, ein Kleid zu tragen. Aber auch zwischen meinen Eltern passierten in dieser Zeit unerhörte Dinge. Mama sagt, mein Vater habe damals versucht, sie umzubringen. Sie musste wohl endgültig erkennen, dass sie ihre Zukunft nicht an der Seite dieses Mannes verbringen konnte. Eigenartigerweise erinnere ich mich aber der Monate, die für meine Mutter die schlimmste Zeit ihrer Ehe gewesen sein müssen, als einer schönen, freien, sorglosen Zeit, in der ich die Entdeckungsreise zu mir selbst begann.

Voller Neugier beschäftigte ich mich mit dem Schminktisch meiner Mutter. Er stand in ihrem Schlafzimmer. Wenn sie sich für ein Abendessen mit den Geschäftsfreunden meines Vaters zurechtmachte, versteckte ich mich hinter der Tür und beobachtete, wie sie mit weichen Pinseln und glitzernden Stiften ihr Gesicht bemalte, bis sie aussah wie eine von den Frauen in den dicken, glänzenden Modeheften.

So schön wollte ich auch sein. Als eines Tages weder die Nanny noch Mama hinschauten, schlüpfte ich durch die Tür ins Schlafzimmer und begann, mich zu schminken. Ich öffnete die Puderdose und nahm den großen Pinsel. Ich strich mir mit den weichen Haaren durch das Gesicht und musste niesen, als ich eine große Portion Puder unter die Nase tupfte. Dann nahm ich den Lippenstift und roch daran. Er duftete nach Parfüm und glitt cremig über meinen Mund. Es war ein angenehmes Gefühl. Ich hatte eine Viertelstunde allein mit Mamas Schminke, bis sie mich fand, der Mund so leuchtend wie meine Augen, weil ich mich fühlte wie eine kleine Lady. »Ich habe dich immer an meinem Schminktisch spielen lassen«, erzählt Mama. »Es war schön für mich, dich so glücklich zu sehen.«

Vermutlich habe ich es dem Vater meiner Kinderfreundin Tara zu verdanken, dass sie mir immer die Freiheit ließ, so mädchenhaft zu sein, wie ich wollte. Taras Vater war Psychologe. Er sagte immer: »Unterstütze das Kind, lass es ausprobieren, was es möchte!« Eigentlich sind wir Perser sehr diskrete und private Menschen. Deswegen ist es ein Wunder, dass Mama mit ihm so offen über mich redete. Sie sah ihn als Freund; zum Psychologen wäre sie mit mir nie gegangen. Man bespricht doch keine intimen Familienangelegenheiten mit einem Irrenarzt! In diesem Land, wo es genau ein Wort für Penis und eins für Vagina gibt und kein einziges für Sex. Wer auf Farsi über Sex reden will, muss das englische Wort benutzen, so diskret ist diese Sprache.

Tara war so alt wie ich. Einmal hatte sie ein weißes Kleid an und sah damit aus wie eine winzige Prinzessin. Ich war fasziniert von dem zarten Stoff und den Rüschen. Da setzte ich mich auf den Boden, zog Hose und Hemd aus und postierte mich vor Taras Eltern.

»Darf ich das Kleid mal anprobieren?«, bettelte ich, und Taras Mutter willigte ein.

Ich schlüpfte in das Rüschenkleid. Der Rock bewegte sich leise raschelnd um meine Beine. Er schwang bei jedem Schritt hin und her. Wunderbar! Ich fühlte mich wie wohl jedes kleine Mädchen, das sich als Prinzessin verkleidet. Für mich schien es völlig selbstverständlich, dass dieses Kleid wie für mich gemacht war. Ich war überglücklich.

Während Mama meine Wünsche zuließ, wuchs um uns herum die Ablehnung. Da waren meine Großeltern, die sagten: »Warum lasst ihr den Jungen in Mädchenkleidern rumlaufen?«, mein Vater, der Mama vorwarf: »Du treibst das Kind in etwas hinein, tu das nicht. Du musst Grenzen setzen!«, und ihre Freundin, die sie fragte: »Warum machst du das Kind zu einem Mädchen? Hier in diesem Land, wo wir Frauen keine Rechte haben?« Mama ließ sich jedoch nicht beirren und mich machen, was ich wollte.

Die Krise meiner Eltern spitzte sich zu. Mein Vater, der dem Regime sowieso nicht passte, weil er nicht bereit war, sich einen traditionellen Vollbart wachsen zu lassen, verlor seine Stelle bei der Marine. Es gab wohl ein ziemlich übles Dossier über ihn, in dem von seiner Drogensucht und seinen Frauengeschichten berichtet wurde. Die Konsequenz war die Kündigung, womit er noch glimpflich davonkam. Ehebruch wurde im Iran eigentlich mit dem Tode durch Steinigung bestraft: Männer grub man bis zur Hüfte ein und bewarf sie mit scharfen Steinen, bis sie starben. Frauen hingegen steckten nur bis zu den Knien in der Erde.

Mama erinnert sich, dass Mitra, eine Frau, mit der mein Vater ein Verhältnis gehabt hatte, erhängt wurde. Der Richter hatte sie in einem »Akt der Gnade« zu diesem milderen Tod verurteilt. Mama war von dieser brutalen Strafe zutiefst schockiert, obwohl sie selbst die Betrogene war. Sie konnte sich nie mit dem menschenverachtenden Fundamentalismus arrangieren, der das Land seit der Revolution mehr und mehr bestimmte.

Am Tag, nachdem mein Vater seine Entlassungspapiere bekommen hatte, kaufte er gegenüber der Army Base ein Gebäude und machte ein Architekturbüro daraus. Es ging ihm nicht ums Geld, davon hatte er genug, denn er hatte immer klug investiert. Aber er wollte zeigen, dass ihn niemand unterkriegen konnte.

Meine Mutter ist überzeugt davon, dass er sie in dieser Zeit gern losgeworden wäre, um frei zu sein. Nicht durch eine Trennung, die ja Schande bedeutet hätte, sondern mit anderen Mitteln.

»Komm mal mit mir aufs Dach, Kobra, ich möchte dir etwas zeigen«, sagte er eines Abends zu ihr. Es war schon stockdunkel, und als sie hochkam, sah sie, dass er ganz am Rand des flachen Daches stand. Ein Geländer gab es nicht. Mama blieb stehen. »Komm, los, komm her!«, rief mein Vater ungeduldig.

In plötzlicher Panik drehte sie sich um und rannte die Treppen hinunter. Ihrer Mutter, die gerade zu Besuch war, rief sie zu: »Er will mich umbringen! Er wollte mich vom Dach stoßen!«

Mein Vater, der ihr hinterhergelaufen war, lächelte. »Du bist total paranoid!«, sagte er und tippte sich an die Stirn.

Seit diesem Abend verhielt sich Mama noch vorsichtiger, wenn sie mit ihm zusammen war. Sie vermied es, allein mit ihm im Dunkeln auszugehen oder an einsamen Plätzen zu sein. Eines Abends, als wir spät von einem Besuch bei Verwandten zurückkamen – wir waren mit dem Auto unterwegs und fuhren über eine Wüstenstraße –, musste ich dringend pinkeln.

»Reza, halt mal eben an«, sagte Mama. Als der Wagen zum Stehen gekommen war, stieg sie aus, schloss die Beifahrertür und streckte die Hand nach der hinteren Tür aus. In diesem Moment gab mein Vater Vollgas. Wir rasten über die holperige Straße davon, während Mama in einer Staubwolke stehen blieb, mitten in der Wüstennacht, weit weg von den nächsten Häusern. Ob wir Kinder schrien, weinten oder vor Schreck verstummten, weiß ich nicht mehr. Aber irgendetwas, vielleicht

24

sein Gewissen, brachte meinen Vater nach einer Viertelstunde rasender Fahrt dazu, umzukehren und Mama wieder aufzusammeln. Ich schmiegte mich an sie und umklammerte ganz fest ihre Hand. Obwohl ich noch so klein war, wusste ich genau, dass die Aktion meines Vaters überhaupt nicht in Ordnung gewesen war.

Mama flehte meinen Vater an, sie gehen zu lassen und uns Kinder mitnehmen zu dürfen. Sie versuchte sogar, sich freizukaufen, sie hatte ja eigenes Geld und Immobilien von ihrer Familie. Er blieb stur und nahm zwar das Geld, aber von einer Trennung wollte er nichts wissen.

»Du kannst ja gehen«, sagte er, »aber die Kinder bekommst du nicht.«

Viele Leute verließen in diesen Monaten den Iran, um dem Regime zu entfliehen. Das Land hatte sich weiter verändert. Die Zeit, als Mama mit einer Freundin die Nachrichten gesehen und darüber gelacht hatte, dass die Ansagerin ein Kopftuch trug, war vorbei. Von der Entscheidungsfreiheit und dem Leben, das Frauen Ende der siebziger Jahre im Iran noch hatten führen können, war so gut wie nichts übrig. Inzwischen mussten sie sich in der Öffentlichkeit verhüllen. Während die Männer Karriere machten, wurde der weibliche Teil der Bevölkerung zu Gebärerinnen und Hausfrauen.

An einem Abend erzählte ein Freund meines Vaters, der uns zu Hause besuchte, dass seine Frau mit den Kindern in die Niederlande gegangen sei und er bald hinterherreisen würde. Mama tat, als würde sie das überhaupt nicht interessieren. Sie wollte keinen Verdacht erregen. Aber endlich hatte sie eine Idee, einen Plan, und sie begann, ihn heimlich vorzubereiten.

Weil damals jeder aus ihrem Bekanntenkreis jemanden kannte, der den Iran verlassen hatte, war es auch für Mama nicht schwer, mit den Männern in Kontakt zu kommen, die ihre Flucht organisieren konnten. Wenn mein Vater in seinem neuen Architekturbüro saß und sie sicher sein konnte, dass niemand vom Hauspersonal sie belauschte, führte sie die Telefonate, die unsere Reise in ein neues Leben vorbereiten sollten.

Sie beklagte sich mit keinem Wort, wenn mein Vater betrunken, im Drogenrausch oder nach Parfüm riechend nach Hause kam. Sie lächelte ihn an und sprach mit sanfter Stimme über die Dinge, die sie in Zukunft mit ihm tun wollte, über neue Möbel und die Dinnerparty, die sie vorbereitete. Dass sie mal wieder ihre Familie in Teheran besuchen und ob er mitkommen wolle oder ob sie mit den Kindern allein fahren solle?

Mama kann eine ziemlich gute Schauspielerin sein. Dass sie alles aufzugeben bereit war und ohne ihn völlig neu anfangen wollte, ließ sie sich nicht anmerken. Insgeheim aber fürchtete sie, dass ihr Mann herausbekommen würde, was sie vorhatte, und zählte die Tage bis zur Abreise. Was sie tun würde, war ein Verbrechen: Sie würde ihre Kinder kidnappen und sie außer Landes bringen.

DIE FLUCHT

»Guten Morgen«, vernahm ich die sanfte Stimme meiner Mutter. Etwas kitzelte mich an der Stirn, und ich öffnete die Augen einen kleinen Spalt. Mama saß auf der Bettkante und strich mir eine Locke aus der Stirn.

»Wo ist Pedram?«, murmelte ich verschlafen.

»In der Schule«, sagte sie, »aber in drei Tagen fahren wir in die Ferien zu Tante Zahra.«

Ich setzte mich auf. Meine Cousinen und Cousins zu sehen war eine so erfreuliche Aussicht, dass ich plötzlich hellwach war. »Mit Papa?«, fragte ich.

Statt zu antworten, nahm sie mich sehr fest in den Arm. Nach einer Weile sagte sie leise: »Nein, dein Vater kann nicht mitkommen.« Damit war für mich klar, dass auch diesmal die Arbeit wieder wichtiger war als wir, aber ich kannte es ja nicht anders. Den komischen Unterton in Mamas Stimme nahm ich durchaus wahr, aber ich erklärte es mir damit, dass sie wohl auch enttäuscht war, ohne ihn fahren zu müssen.

Mama bat mich, mein liebstes Spielzeug herauszusuchen, damit sie es in den Koffer legen konnte. Ich war viereinhalb Jahre alt und ein vergnügtes, munteres Kind. Pedrams und mein gemeinsames Kinderzimmer war voller Spielsachen. Am Fußende meines Bettes stand ein Regal mit den Barbies. Ganz vorne lag die Malibu-Barbie mit der winzigen Sonnenbrille und dem hellblauen Badeanzug. Obwohl ich manche Spielsachen lieber mochte als andere, hatte ich kein wirkliches Lieblingsspielzeug. Wir bekamen sehr oft etwas Neues, und es wäre mir nie in den Sinn gekommen, etwas von meinen Spielsachen mit auf Reisen zu nehmen. Tante

Zahra hatte ein ganzes Haus voller spannender Dinge und bei jedem Besuch einen Haufen Geschenke für uns Kinder. Also nahm ich nichts mit.

Mama packte zwei Koffer für unsere Reise. Einen großen, in den sie hineintat, was normalerweise zum Familienurlaub gehört, und einen zweiten kleineren. In dem einen Koffer verbarg sie unter den Kleidern ein paar Erinnerungsstücke, die klein genug waren, um sie mitzunehmen: einen Brotkorb und eine golddurchwirkte Tischdecke, die sie von ihrer Großmutter geschenkt bekommen hatte. In den anderen Koffer passte nicht viel mehr hinein als Pyjamas, zweimal Kinderkleidung und eine Ersatzgarderobe für meine Mutter. In einer Ecke des Koffers versteckte sie ihren kostbaren Goldschmuck.

In den drei Tagen, die ihr bis zu unserer geheimen Abreise blieben, klappte sie jeden Nachmittag um halb vier – lange bevor mein Vater nach Hause kam – den halbfertig gepackten Koffer zu und schob ihn weit unters Bett. »Ich hatte die ganze Zeit wahnsinnige Angst, dein Vater würde in den Koffern wühlen und alles rauskriegen«, sagt Mama. Sie fürchtete, er würde sie im letzten Moment stoppen, und konnte nachts kaum schlafen.

Kurz vor unserer Abreise telefonierte sie nicht mehr mit den Schleppern. Sie sorgte aber dafür, dass mein Vater wie zufällig Telefonate zwischen ihr und Zahra mithörte, bei denen sie scherzte und über all die Verwandten redete, die sie in Teheran besuchen wolle. Heute bin ich mir sicher, dass mein Vater nicht die leiseste Ahnung hatte, was sie in Wirklichkeit plante. Mama beherrschte die Kunst der Täuschung hervorragend. Ihr Gesicht konnte sie zu einer undurchdringlichen Maske werden lassen. Sie war erstaunlich gut dazu in der Lage, die Unbeschwerte zu spielen, obwohl sie ziemlich große Angst gehabt haben muss.

Das Desinteresse meines Vaters an ihr und der Familie war in dieser Situation ausnahmsweise mal nützlich. Tagsüber arbeitete er angeblich in seinem neuen Architekturbüro, die Abende verbrachte er irgendwo. Mama fragte nicht nach. Er kam häufig viel zu spät, um uns Kindern noch einen Gutenachtkuss zu geben, und setzte sich stattdessen bei seiner Rückkehr ins Wohnzimmer, die Wasserpfeife in Reichweite. Mama erzählt, dass er in dieser Zeit total gleichgültig geworden ist. Die Sucht beherrschte sein Leben. Er erlaubte ihr, allein mit uns Kindern nach Teheran zu reisen, weil es ihm mittlerweile fast egal war, was wir taten.

Am nächsten Morgen weckte meine Mutter Pedram und mich noch vor Sonnenaufgang. Wir waren aufgeregt und voller Vorfreude. Ob wir uns von meinem Vater verabschiedet haben, weiß ich nicht mehr. Ich erinnere mich an keine letzte Umarmung, keinen Abschiedskuss. Leider ist da einfach nichts. Manchmal frage ich mich, was passiert wäre, wenn mein Vater ein besserer Ehemann gewesen wäre. Ob ich dann heute im Iran leben würde, und was wohl dort aus mir geworden wäre.

Mit dem Taxi fuhren wir zum Flughafen. Von Sirdschan bis Teheran sind es über tausend Kilometer. Im Flugzeug hielt Mama ihre Handtasche so fest umklammert auf ihrem Schoß, als würde ihr Leben daran hängen. Sie war aus schwarzem Leder, ein geräumiger, stabiler Beutel. Darin trug sie alles, was sie an Bargeld hatte zusammenraffen können. Wir Kinder ahnten davon nichts. Das Einzige, was an der Handtasche interessant für uns war, waren die Kekse, die sie immer dabeihatte.

Am frühen Vormittag landeten wir. Am Gate erwartete uns Zahras Mann. Mama nannte ihn immer nur Mister Molanah. Er hatte in Deutschland studiert und war ein freundlicher Mann mit modernen Ansichten, der seiner Frau erlaubte, in Büros oder Banken zu

arbeiten. Zwischen laut hupenden Autos und Motor-
rädern fuhren wir durch den dichten Verkehr zum
Haus meiner Tante, die sich auf die nächsten sechs
Wochen freute, in denen wir ihre Gäste sein würden.
Mama hatte allerdings einen anderen Plan: Sie wollte
unverzüglich abreisen, sobald die Schlepper ihr signali-
sierten, dass alles bereit sei.

Tante Zahra und meine Mutter saßen am nächsten
Morgen schon am Frühstückstisch, als ich aufwachte.
Zahra wuschelte mir durch die Haare und drückte mir
zwei feuchte Küsse auf beide Wangen.

»Heute machen wir einen Ausflug in den Park«, sagte
sie und lachte mich an. Bei ihr herrschte immer ver-
gnügte Stimmung, deshalb war ich so gern dort.

Der Oktober ist eine herrliche Jahreszeit in Teheran.
Es ist warm, aber noch nicht brütend heiß, und wir
spielten den ganzen Tag mit unseren Cousins und Cousinen. Am Nachmittag durften wir einen Disney-Film
auf Video schauen.

»Sprecht mit niemandem darüber, Kinder!«, ermahnte uns Tante Zahra. Alle Filme, die aus dem Aus-
land kamen, waren verboten. Es war schon verdächtig,
wenn jemand bloß einen Videorecorder besaß. Deshalb
hatte auch Mama uns eingeschärft, niemandem davon
zu erzählen. Einmal verplapperte sich Pedram trotzdem, indem er einer von Mamas Freundinnen sagte,
dass wir Videos guckten. Anfangs hatten wir Sorge, dass
man uns verraten würde. Das geschah aber nie, weil
die meisten Iraner das Verbot einfach ignorierten und
ebenfalls westliche Filme schauten.

Mama wollte dringend die letzten Vorbereitungen
für die Flucht treffen, aber irgendein Kind kam immer um die Ecke, und wenn es kein Kind war, dann
eine Hausangestellte oder Tante Zahra selbst. Solange
Mama ihre Schwester nicht einweihte, würde sie nicht
dazu kommen, die notwendigen Absprachen mit den

Schleppern zu treffen. Keiner aus der Familie wusste von ihrem Plan, sich von Reza zu trennen, geschweige denn mit uns Kindern über die Grenze zu gehen.

»Hattest du kein Vertrauen zu ihnen?«, frage ich Mama, als wir darüber sprechen.

»Es ging gar nicht um Vertrauen«, antwortet sie. »Jeder hätte die Pflicht gehabt, unsere Flucht zu verhindern, wegen der Familienehre, verstehst du?« Die Hölle, durch die sie hätte gehen müssen, wenn mein Vater irgendetwas erfahren hätte, wäre schlimmer gewesen als alles bisher Dagewesene.

Mama entschied sich schließlich, ihre Schwester ins Vertrauen zu ziehen, ihr aber nicht die ganze Wahrheit zu erzählen. Eines Abends, als wir Kinder schon schliefen und Mister Molanah einen verbotenen amerikanischen Videofilm auf dem ebenso verbotenen japanischen Videorecorder schaute, setzten sich die beiden Frauen in die Küche. Mama erzählte Zahra, dass auch sie und Reza die Flucht aus dem Land wagen wollten, das längst nicht mehr der Iran sei, in dem sie aufgewachsen waren.

»Ich gehe mit den Kindern vor, und Reza kommt nach«, schloss sie ihre Ausführungen.

Ich habe mich immer gefragt, ob Zahra ihrer kleinen Schwester glaubte. Sie wusste ja von all den Eheproblemen. Vielleicht tat sie nur so, als würde sie Mamas Worte für einen ernstzunehmenden Plan halten. Vielleicht wollte sie nicht in die Verlegenheit geraten, etwas verhindern zu müssen, was sie im tiefsten Herzen verstehen konnte, aber nach den Traditionen des Landes nie hätte tolerieren dürfen.

Die Schwestern blieben an diesem Abend lange auf. Sie malten sich aus, wie viel besser das Leben in Europa wohl sein würde. Sie wussten, dass in den Niederlanden Frauen weitaus mehr Rechte hatten als im Iran. Sie weinten gemeinsam um die Nähe, die sie verlieren würden. Zum Schluss ließ Mama Zahra schwören, dass sie niemandem ein Sterbenswort erzählen würde. Nicht einmal Mister Molanah.

Seit diesem Bekenntnis schlief Mama noch schlechter. Sie wurde zusehends nervöser und unaufmerksam. Wir Kinder spürten das, hatten aber keine Ahnung, was der Grund dafür war. Wenn das Telefon klingelte, rannte sie sofort hin. Es hätte ja Reza sein können. Was, wenn Tante Zahra arglos mit ihm über die Fluchtpläne gesprochen hätte?

Es war meine Tante, die sich in dieser Zeit um Pedram und mich kümmerte, mit uns Ausfluge machte, uns zu essen gab und uns sogar wusch und anzog. Wenn wir mit Zahra unterwegs waren, spielte Mama verschiedene Fluchtrouten durch: Wer über den Balkan ging, musste damit rechnen, irgendwo in Ungarn oder Rumänien verhaftet zu werden. Über die Gefängnisse dort gab es schlimme Gerüchte. Auch der Weg über das Meer galt als ziemlich riskant. Schon damals gab es immer wieder Berichte über völlig überfüllte Boote, deren Insassen bei einem Kentern dem sicheren Tod ins Auge sehen mussten.

Weil meine Mutter Geld hatte, gab es für uns eine dritte Möglichkeit. Der Mann am Telefon, der sich Yusuf nannte, kündigte weitere Anrufe an.

»Ich muss meine Partner einschalten, die Sache ist ein bisschen komplizierter«, sagte der Fremde. »Wir brauchen jemanden, der eure Pässe fälschen kann. Du bezahlst, und ich regle den Rest.«

Eins war klar: Diese Flucht würde sehr, sehr teuer werden. Wir sollten mit dem Flugzeug aus der Türkei nach Deutschland reisen, getarnt als Touristen auf dem Rückweg von einem Badeurlaub. Vorher vom Iran in die Türkei zu kommen war damals nicht schwer, die Grenzen waren für Urlauber und Geschäftsreisende offen. Man konnte mit dem Bus fahren. Schärfere Kon-

trollen würde es erst auf dem Flughafen bei der Aus-
reise aus der Türkei geben.

Mama entschied, das Risiko einzugehen, und verabredete sich mit Yusuf zur Geldübergabe. Auf einem der
riesigen Märkte Teherans traf sie den Schlepper ein einziges Mal. Sie übergab ihm einen Umschlag mit einem
dicken Bündel Dollarscheine für das Versprechen, uns
sicher außer Landes zu bringen.

Uns blieben noch zehn Tage im Iran. Wir Kinder ahnten nichts. Keiner verriet uns, was passieren würde. Wir
waren arglos und unbeschwert und voller kindlicher
Unternehmungslust. Mein Cousin hatte gelbe Plastik-
autos, etwa so groß wie unsere Füße. Wir montierten
das Dach ab und stiegen hinein. Das waren meine ersten Rollschuhe. Niemand schimpfte mit uns, die Großen lachten sogar, als wir quietschend vor Vergnügen an
ihnen vorbei durch die Räume rutschten. Tante Zahra
kaufte mir eine neue Barbie, die einen Hund mit sei-
denweichem Fell hatte. Sie las uns abends vor und kuschelte viel mit uns. Pedram, der ja schon ein siebenjäh-
riger Schuljunge war und viel ruhiger und vernünftiger
als ich, gab auch auf mich acht. Er war mein Gefährte
und Spielpartner. Ich vermisste nichts und niemanden,
ich fühlte mich geborgen und gut aufgehoben.

Der Tag des Abschieds kam schnell und für mich
gänzlich unerwartet. Früh am Morgen, es war noch
dunkel, weckte Tante Zahra Pedram und mich und half
mir beim Anziehen.

»Fahren wir jetzt nach Hause?«, fragte ich verwirrt.

»Ihr geht jetzt auf eine große Reise«, sagte sie und
nahm mich auf den Schoß.

Ich entzog mich ihrer Umarmung und lief zum
Frühstückstisch. Niemand sprach. Es war eine merkwürdig bedrückende Atmosphäre. Meine Tante stand
auf, drehte uns den Rücken zu und packte Früchte und
Teigtaschen in ein Tuch. Ich hörte, wie sie tief seufzte.

»Wir müssen gehen«, sagte Mama. »Es ist Zeit.«

Mister Molanah trug unseren kleinen Koffer die Treppen hinunter. Der große Koffer blieb hier. Die Schlepper hatten Mama eingeschärft, so wenig wie möglich mitzunehmen. Erinnerungsstücke im Gepäck seien verräterisch, und wer sollte den Koffer tragen, wenn sie ihre Kinder rechts und links an der Hand hielt? Wenn alles gutgehen würde, sollte Tante Zahra uns die Sachen hinterherschicken.

Es war kurz vor Sonnenaufgang. Über Teheran verblasste der Halbmond. Der Himmel war vollkommen klar. Vor dem Haus stand das Auto von Onkel Hassan, Mamas Bruder. Er war gekommen, um uns zum Bus zu bringen und sich von seiner kleinsten Schwester zu verabschieden. Er öffnete die Autotür und half uns Kindern auf den Rücksitz. Pedram tätschelte er die Wange und lächelte uns beruhigend zu. Mama stieg ein, und auch Tante Zahra begleitete uns.

Am Bahnhof angekommen, sah ich eine Menschentraube vor dem Bus stehen, in den wohl auch wir einsteigen würden. Der Fahrer stand rauchend vor der Tür. Er sah sehr streng aus, als er den Reisenden zuguckte, die ihr Gepäck in den dunklen Bauch des Busses schoben. Wir luden nichts ein. Mehr als den kleinen Koffer hatten wir ja nicht, und den wollte Mama auf keinen Fall hergeben, weil alles darin war, was sie jetzt noch besaß. Unglaublich, wie mutig sie war!

Mama umarmte Tante Zahra und Onkel Hassan zum Abschied. Sie weinte. Ich verstand nicht, was los war. Wir waren die Letzten, die noch draußen standen. Der Busfahrer hupte ungeduldig. Onkel Hassan nahm mich auf den Arm und brachte uns zu unseren Plätzen. Er verstaute den kleinen schwarzen Koffer sicher unter Mamas Sitz, gab uns einen Kuss, drückte mich fest und ging dann hinaus.

»Fahren wir jetzt zu Papa?«, fragte ich.

Mama erklärte mir, dass wir Ferien machen würden in einem Land, das Türkei heißt. Dass Papa nachkommen würde, später.

»Du weißt doch, er hat immer so viel zu tun«, schloss sie, und ich fragte nicht weiter. Trotzdem spürte ich, dass irgendetwas anders war an dieser Reise.

Der Busfahrer manövrierte uns durch den dichten Morgenverkehr der Stadt. Mama drehte sich immer wieder nervös um, und es sah aus, als versuchte sie zu erkennen, ob uns jemand folgte. Stundenlang fuhren wir über Land. Neben der Straße sah ich vorwiegend Wüste, nur selten eine Ortschaft mit Häusern. Mama sang uns leise vor. An unserem Bus fuhren immer wieder große Lastwagen vorbei. Ihre Reifen verursachten laute Geräusche auf dem Asphalt, ein Brummen, das erst langsam anstieg und dann wieder leiser wurde, in einem immer gleichen Rhythmus. An der Grenze kontrollierten gelangweilte Männer in Uniform die Pässe. Noch reisten wir als Iraner, als die, die wir in Wirklichkeit waren. Unsere neuen Papiere sollten wir erst in der Türkei bekommen, so hatten es die Schlepper Mama versprochen.

Als es längst wieder dunkel war, kamen wir endlich an. Pedram und ich schliefen schon, und Mama musste uns aufwecken. Ich stieg die drei Stufen aus dem Bus hinunter und sprang von dem untersten Tritt auf die dunkle Straße. Feine Wolken aus Staub breiteten sich bei jedem Schritt unter meinen Füßen aus. Am Rand der unbefestigten Straße standen niedrige Häuser. Wir waren in einem winzigen Kaff irgendwo in der Türkei angekommen.

Ein Mann brachte uns zu einem kleinen Haus, und eine alte Frau mit Kopftuch öffnete die Tür. Graue Strähnen hingen ihr ins Gesicht. Unbewegt musterte sie uns. Dann gab sie den Weg in ihr Haus frei.

»Hier schlafen wir, Kinder«, sagte Mama leise und stellte das Köfferchen ab. Ich sah mich um. Es gab kein

Bett, nur grobe graue Wolldecken, die auf dem Holzbo-
den ausgebreitet waren. Es roch muffig und nach Tier.
Wir waren noch nie zuvor in einem so einfachen Haus
gewesen. Irgendwie gelang es Mama, uns trotzdem ein
gemütliches Lager zu bereiten. Ich schlief mit dem
Kopf auf ihren Beinen, während sie unseren Koffer als
Kissen benutzte und ihre Tasche fest im Arm hielt.

Eine Woche blieben wir bei der Alten. Sie war eigentlich nicht unfreundlich, aber mir kam sie ziemlich
verrückt vor. Sie sah aus wie eine Hexe aus dem Mär-
chen und sprach eine Sprache, die ich nicht verstand.
Wir durften nur ganz leise reden und mussten im Haus
bleiben, Tag und Nacht. Zum Spielen gab es nur ein
kleines Auto, das Pedram mitgenommen hatte. Wir
schoben es umher, ohne ein Wort zu sagen. Ich fand
das äußerst bedrückend. Es war ein bisschen wie ein
Albtraum – allerdings ohne ein erlösendes Aufwachen.

Einmal kamen zwei Männer, die dieselbe Sprache
sprachen wie unsere Gastgeberin. Der eine nahm Mama
unsere Pässe ab, der andere machte Fotos von uns. Ein
paar Tage später, als es draußen schon dunkel war, klopf-
ten die Männer wieder und brachten in einem zerknit-
terten Umschlag unsere neuen Pässe und die Flugtickets.
Mama gab wieder ein dickes Bündel Dollarscheine her.
Am nächsten Morgen sollten wir abgeholt werden, um
weiterzufahren. Bis zum Flughafen war es noch mehr als
eine Tagesreise. Ein Mann, der nicht mit uns redete, fuhr
uns mit einem großen schwarzen Auto quer durch die
Türkei an die Küste, von wo die Flieger nach Deutschland starteten. Ich erinnere mich an Staub und viel zu
seltene kurze Stopps an irgendwelchen Tankstellen. Bei
Anbruch der Nacht fuhren wir immer noch, und ich
schlief auf dem Rücksitz ein.

Mama weckte mich und Pedram, als es draußen
schon langsam hell wurde. Ich merkte, dass sie wieder
leise weinte. Auf unserer Flucht gab es so viele Tränen,

dass meine Wange fast bei jeder von ihren Umarmungen nass wurde. Dann tauchten plötzlich Schilder vor uns auf, auf denen ein Flugzeug abgebildet war. Mama nahm Pedrams und meine Hand.

»Hört mir genau zu«, sagte sie. »Wenn wir am Flughafen sind, dürft ihr kein Wort sagen. Nicht einmal ›Mama‹. Ihr müsst mucksmäuschenstill sein.«

»Aber warum?«, fragte ich.

»Wenn ihr redet, kommen wir in große Gefahr«, antwortete sie.

Ich weiß nicht, was Pedram damals fühlte. Er war schon sieben Jahre alt und verstand sicher viel mehr als ich von dem, was passierte. Wir haben nie darüber gesprochen, ob er Mamas Worte ebenso furchteinflößend fand wie ich.

Der riskanteste Teil der Flucht stand nun direkt bevor. Mama musste mit zwei kleinen Kindern und gefälschten Pässen die Schleusen eines internationalen Flughafens passieren. Sie hatte keine Ahnung, wie gut die Fälschungen waren und ob sie den Kontrollen der Grenzpolizei standhalten würden. Zudem war sie ohne die Erlaubnis ihres Mannes verreist und hatte seine beiden Kinder außer Landes gebracht. Beides eine Straftat.

Seit unserer Abreise aus Teheran waren zehn Tage vergangen. Mit Sicherheit wusste Reza inzwischen Bescheid. Es war zu befürchten, dass er seine immer noch guten Verbindungen zum Militär genutzt hatte, um nach uns fahnden zu lassen. Hatten die türkischen Behörden schon Fotos von uns? Was würde passieren, wenn man uns verhaftete? Mama wusste, dass sie sich dann vor Gericht würde verantworten müssen. Man würde sie schwer bestrafen, mindestens mit Gefängnis. Uns Kinder würde sie vermutlich für immer verlieren.

Als das Auto endlich vor der Abflughalle vorfuhr, waren ihre Hände feucht vor Aufregung und wir Kinder schon allein vor Anspannung stumm. Wir konnten damals nicht wissen, welche schrecklich sorgenvollen Gedanken und Befürchtungen ihr durch den Kopf gingen. Doch wir spürten, wie wichtig es war, dass wir genau das taten, was sie uns befahl.

Mir kam der riesige Flughafen vor wie ein moderner Königspalast, prachtvoll und unheimlich zugleich. Sonnenlicht schien durch das gläserne Dach und zeichnete weiße Balken auf den Marmorboden. Eine schöne Dame in Uniform redete mit zwei dicken Frauen in geblümten Kleidern, die in einer Warteschlange standen. Niemand sprach unsere Sprache. Ich fühlte mich, als wären wir in einer anderen Welt.

Mama fand den Schalter für den Flug nach Düsseldorf und reihte sich in die Warteschlange ein. Es standen viele andere Familien mit kleinen Kindern vor und hinter uns. Schritt für Schritt rückten wir vor. Für die anderen Menschen auf dem Flughafen sahen wir wahrscheinlich aus wie ganz normale Touristen. Mama hatte uns Jeans, T-Shirts und bunte Jacken angezogen, und sie trug eine lange dunkle Hose, eine taillierte Jacke und ein zartes Seidentuch um den Hals. Trotz der beklemmenden Umstände hatte sie Lippenstift aufgelegt und hätte ohne weiteres als Spanierin durchgehen können.

Die Leute vor uns lächelten mir zu und sagten etwas. Ich versteckte mich hinter Mama. Pedram hielt den Blick gesenkt und gab keinen Ton von sich. Dass wir starr vor Angst waren, sah man uns zum Glück nicht an. Vermutlich hielten die anderen Reisenden uns einfach für schüchtern. Dann waren wir dran. Mama legte Tickets und Pässe auf den Tresen. Die Frau nahm die Papiere, las unsere spanisch klingenden Namen, sah uns prüfend ins Gesicht und blätterte die Unterlagen aufmerksam durch. Erst Jahre später erzählte Mama mir, wie sie vor diesem Moment gezittert hatte. Was, wenn die Angestellte der Fluggesellschaft sie auf Spanisch angesprochen hätte?

»Smoker or Non-Smoker?«, fragte die Frau am Check-In.

»Non-Smoker«, antwortete Mama. Ihre Stimme klang fremd vor Aufregung.

Die Frau legte schließlich alle Dokumente vor uns auf den Tresen und verabschiedete uns mit einem kurzen Lächeln. Mama nahm die Bordkarten, ihren kleinen Koffer und ging mit uns zur nächsten Kontrolle. Vielleicht waren die Fälschungen wirklich gut, vielleicht war es aber auch genau die richtige Entscheidung gewesen, in dem internationalen Gewimmel einer Touristenhochburg wie Antalya abzufliegen. Wir passierten die Sicherheitskontrollen ohne weitere Fragen und saßen eine Stunde später angeschnallt auf unseren Plätzen. Ich spürte die Vibrationen, als wir immer schneller über die Startbahn rollten. Das Flugzeug hob ab. Wir waren auf dem Weg nach Deutschland. Mama weinte, diesmal allerdings vor Erleichterung.

Heute bin ich dankbar, dass sie die Mittel hatte, uns mit dem Flugzeug außer Landes zu bringen. Wir mussten nicht durch die Kälte wandern oder in sengender Hitze über das Meer fahren. Was für mich schwer zu ertragen war, war Mamas Schmerz. Die Entscheidung, ihre Familie zu verlassen, ist ihr ganz sicher nicht leichtgefallen. Obwohl sie darüber damals nicht sprach, spürte ich auch als kleines Kind ihr großes Leid.

In Düsseldorf erwartete uns ein frostiger deutscher Novembernachmittag. Mir kam es unerbittlich kalt vor. Der europäische Winter vermittelte mir eine neue Dimension von Kälte. Ein stechender Schmerz, der mir die Tränen in die Augen trieb, begann sich in meinen Fingerspitzen auszubreiten. Auch Pedram konnte das Klappern seiner Zähne nicht unterdrücken. Wir froren erbärmlich.

In der Ankunftshalle mussten wir den Beamten erneut die Pässe vorlegen, dann hatten wir alle Kontrollen passiert und waren offiziell eingereist. Mama marschierte sofort weiter zur Flughafenpolizei, weil sie hoffte, dass die uns irgendwie helfen würde, in die Niederlande weiterzureisen. Stattdessen steckte man uns in ein Quarantänelager.

Mamas Enttäuschung war riesig. Sie hatte so viel riskiert und durchgemacht, um mit uns in die Freiheit zu reisen, und nun musste sie feststellen, dass auch hier nicht sie selbst, sondern die Gesetze ihr Leben bestimmten. Allerdings war sie nicht bereit, das einfach hinzunehmen. Schon am ersten Tag in der Quarantäne fand sie einen Nigerianer, der jemanden kannte, der uns in die Niederlande bringen würde. Mit ihren Dollar-Reserven bezahlte sie auch diesen Schlepper. Am kommenden Tag sammelte uns an der Hintertür eines Supermarkts ein Mann mit einem alten Mercedes ein. So fuhren wir schon zwei Nächte nach unserer Ankunft in Deutschland weiter.

Die Grenze nach Holland passierten wir ohne irgendeine Kontrolle. Wir fuhren weiter bis Eindhoven. Als wir die Außenbezirke passierten, fragte ich mich, warum Mama mit uns ausgerechnet hierhergekommen war. Ich fand die Stadt hässlich und unfreundlich. Graue Straßen führten durch ein rotgraues Häusermeer. Die Bäume hatten keine Blätter, und die wenigen Menschen, die auf der Straße unterwegs waren, hielten den Blick gesenkt.

In einer dieser Straßen bremste das Auto abrupt. Der Fahrer lenkte es an den Straßenrand und drehte sich um. »Raus, Raus!«, rief er. Meine Mutter nahm hastig ihr Gepäck und stieg mit uns aus. Kaum war die Wagentür zugefallen, gab der Fahrer Gas. Wir standen allein in der Kälte des Novembernachmittages, voller Hoffnung, dass es hier endlich wieder ein warmes und friedliches Zuhause für uns geben würde.

WO BIN ICH HIER

Ich sah zu Mama hoch. Über ihrem Gesicht, in dem ich vergeblich nach einem beruhigenden Lächeln suchte, hingen graue Wolken. Sie sah nicht mich an, sondern betrachtete forschend das Gebäude auf der gegenüberliegenden Straßenseite. Das sei eine Polizeiwache, dort sollten wir uns melden, hatten uns die Schlepper instruiert. Dahinter befände sich eine Flüchtlingsunterkunft.

Ein Polizist in dunkelblauer Uniform stand vor der Eingangstür. Als wir näherkamen, machte er einen Schritt auf uns zu. Pedram versteckte sich hinter Mama. Sie sprach auf Englisch einige Worte mit dem Mann, während ich ihn skeptisch beobachtete. Uniformierte Männer waren mir in den letzten Tagen nicht gerade durch besondere Freundlichkeit aufgefallen. Ich ließ ihn nicht aus den Augen. Er drehte sich zu mir und erwiderte meinen Blick. Überraschenderweise sah er überhaupt nicht böse aus. Er lächelte sogar. Dann streckte er mir seine Arme entgegen, und Mama sagte zu mir: »Es ist okay, er hilft uns.«

Ich ließ mich also von dem fremden Niederländer auf den Arm nehmen und in die Asylunterkunft tragen. Wenn Mama keine Bedenken hatte, war der Fremde auch für mich in Ordnung. Wir wurden zu einem großen Raum geführt, in dem wir schlafen sollten.

»Du meine Güte«, sagte Mama nur, als sie sich umsah. Sie war total entsetzt: Der Raum war etwa so groß wie eine Turnhalle. Überall standen Feldbetten, die aussahen wie Strandliegen, mit dünnen metallenen Spinnenbeinen. Dazwischen gab es schmale Gänge, die mit den Habseligkeiten der Flüchtlinge vollgestellt waren.

Es roch herb nach Körperausdünstungen und Zigarettenrauch. Ein Mitarbeiter schob uns unsanft durch einen der engen Gänge zu zwei Betten, die frei waren. Mama sah sich um. Sie hatte etwas anderes erwartet. Obwohl es draußen so furchtbar kalt war, ergriff sie energisch unsere Hände und führte uns auf den betonierten Vorplatz, wo auch andere Flüchtlinge in kleinen Grüppchen eine Auszeit von der Enge drinnen suchten. Sie kramte ihre Zigaretten aus der Handtasche und inhalierte in tiefen Zügen den Rauch.

Neben uns standen Menschen, die sich auf Persisch unterhielten. Es war das erste Mal, dass ich auf unserer langen Reise Farsi hörte, die Sprache meiner Heimat. Zwei Frauen redeten über das Abendessen. Der Gedanke an etwas Essbares ließ mir das Wasser im Mund zusammenlaufen. Es war Stunden her, seit wir etwas bekommen hatten.

»Ich habe riesigen Hunger, Mama«, sagte ich.

»Gibt es hier ein Restaurant?«, fragte sie eine andere Perserin.

»Na ja, schon, es ist nur ein paar Meter die Straße runter. Aber wir dürfen da eigentlich nicht hingehen. Ihr bekommt hier etwas. Da drüben, im Speisesaal, gibt es um sechs Abendessen für alle«, sagte die Frau und zeigte auf einen anderen Trakt des Gebäudes.

Es war bereits kurz vor sechs, also machten wir uns auf den Weg. Ausgeteilt wurde eine Art Suppe, die schleimig aussah und merkwürdig roch. Weder Pedram noch ich mochten dieses Essen. Wir weigerten uns trotz unseres Hungers, mehr als einen Löffel davon in den Mund zu nehmen. Mama gab uns die paar Kekse, die sie noch hatte.

In unserer ersten Nacht in den Niederlanden schliefen wir wenig, Mama wohl gar nicht. Auf dem Feldbett neben uns hatte ein Paar sein Lager aufgeschlagen, das in einer fremden Sprache miteinander flüsterte. Der bärtige Mann und die Frau lagen eng nebeneinander unter einer einzigen Decke. Als es langsam ruhiger wurde und die meisten Flüchtlinge versuchten, in den Schlaf zu finden, küssten sie sich. Wenig später begannen sich die beiden stöhnend auf dem quietschenden Feldbett zu bewegen. Die komischen Geräusche, die sie dabei machten, waren mir unheimlich. Ich schmiegte mich eng an Mama, die auch Pedram in ihre Arme nahm. Sie zog unsere Köpfe an ihre Brust und summte beruhigend, damit wir das Keuchen, das für uns in seiner Intensität etwas Beängstigendes hatte, nicht mehr hören mussten.

Am Morgen gingen wir zum Speiseraum, wo es Frühstück gab. Wir aßen Marmeladenbrote – monatelang würden wir nichts anderes akzeptieren. Zu trinken gab es roten Tee in Plastikbechern. Die Becher waren zerkratzt, der Rand schmeckte nach Spülmittel. Ich trank einige Schlucke und ließ den Rest stehen, so merkwürdig war die Mischung aus zuckriger Hagebutte und Seifenlauge.

Zurück im großen Schlafsaal verstrichen die Stunden langsam und trostlos. Es gab keinen Platz zum Spielen. Draußen war es zu kalt. Die Geschichten, die Mama zu erzählen wusste, waren alle längst erzählt. Ein paar Liegen weiter schrien sich zwei Männer an. Pedram weinte und sprach kaum. Nur hin und wieder sagte er, er wolle nach Hause. Ich denke, dass er meinen Vater viel mehr vermisst hat als ich. Pedram war immer ein Papakind. Ich hingegen weinte, weil ich meine Puppen vermisste. Mama saß neben mir und Pedram, rauchte eine Zigarette nach der anderen, starrte vor sich hin und erlaubte niemandem, uns nahe zu kommen. Drei Tage blieben wir in dem Aufnahmelager.

Wenn Mama von ihren Erinnerungen an unsere erste Zeit in den Niederlanden berichtet, erzählt sie immer davon, wie sehr sie es schon in den ersten Tagen bereut hat, mit uns in dieses fremde Land gegangen zu sein. »Wenn ich gewusst hätte, was uns dort erwartet – ich wäre mit euch im Iran geblieben.« Doch ein Zurück gab es nicht. Ich dagegen kannte damals weder Pläne noch Zweifel. Hätte und wäre gab es in meiner Welt nicht. Ich war ein Kind. Mein Leben war eine Sammlung von Augenblicken.

Unsere zweite Station in den Niederlanden war ein Lager in Haarlem westlich von Amsterdam. Ein großes Rolltor öffnete sich laut rasselnd, als wir mit dem Bus dort ankamen. Langsam fuhren wir auf einen Hof, der von alten Backsteingebäuden umgeben war. Wieder stiegen wir mit der Hoffnung aus, hier an einen Ort zu kommen, an dem wir ein wenig Frieden finden würden. Doch erneut wurden wir in einen riesigen, lauten, übervollen Schlafsaal geführt. Hier waren noch mehr Menschen auf noch weniger Raum als in Eindhoven zusammengepfercht. Vor allem gab es viel mehr Männer – eine unüberschaubare Menge von betrunkenen, aggressiven und streitenden Männern, die Mama in fremden Sprachen hinterherriefen, in einem Ton, der ihr die Röte ins Gesicht trieb, obwohl sie die Worte nicht verstand.

Sie war eine junge Frau, allein mit zwei kleinen Kindern, ohne Ehemann, der sie beschützen konnte. Auch ich bekam durch die Blicke und Rufe der fremden Männer zu spüren, wie ausgeliefert Mama der in dieser Situation hochkochenden Lüsternheit war. Das alles hatte sie so nicht erwartet. Sie stürmte mit uns aus dem Raum, zurück zur Rezeption am Eingang des Lagers, und baute sich vor dem Tresen auf.

»Ich weiß nicht, wie viel Geld ich Ihnen geben muss, damit ich einen eigenen Raum für meine Kinder und mich bekomme«, fauchte sie den großen Holländer, der gerade Dienst hatte, an. »Aber bei diesen Wilden bleiben wir nicht!«

Der Mann sah sie von oben herab an und verzog spöttisch die Mundwinkel. »Das hier ist nicht das Sheraton, Miss«, sagte er und lachte. Dann ließ er uns stehen.

Wir gingen zurück auf den Flur. Draußen stand eine Gruppe Iraner. Eine der Frauen fragte Mama freundlich, was passiert sei. Sie erzählte von ihrer Verzweiflung über unsere Schlafstätte inmitten all der fremden Männer, deren gierige Blicke, das laute Getümmel, und dass sie sogar Geld angeboten habe, um einen Raum für uns allein zu bekommen.

Die Frau nahm Mama beiseite und murmelte verschwörerisch: »Die Afrikaner schlitzen dich auf, wenn sie das hören. Sie würden dich für fünf Dollar töten und dir alles nehmen. Du darfst nicht über Geld reden, hörst du?«

Mama nickte erschrocken. Sie hatte noch knapp tausend Dollar, doch das würde von nun an ihr Geheimnis bleiben. Wir liefen wieder zur Rezeption. Ich weinte immer noch, aber Mama achtete nicht auf mich. Vor dem Mann, der sie eben noch ausgelacht hatte, fiel sie nun auf die Knie, hob bittend ihre Hände und flehte: »Was muss ich tun, damit Sie mir ein eigenes Zimmer geben?«

Der Mann musterte sie langsam und eingehend von Kopf bis Fuß. »Wartet noch eine Nacht. Ich werde sehen, was ich für euch tun kann«, sagte er und verschwand in seinem Büro.

In dieser Nacht blieb sie die ganze Zeit wach, weil sie Angst hatte, dass sich sonst jemand an ihr, dem Geld oder uns Kindern vergreifen würde.

Am nächsten Tag kam der Mann in unseren Schlafsaal. Neben ihm stand ein Übersetzer. »Du da! Komm her!«, rief er Mama über die Köpfe der anderen Flüchtlinge hinweg zu.

Wir standen auf. Mama hatte tiefe schwarze Ringe unter den Augen. Sie bedeutete uns, all unsere Sachen

mitzunehmen. Pedram und ich legten unsere Schlafanzüge in den kleinen Koffer, den sie anschließend in die
Hand nahm, und gingen im Gänsemarsch durch den
Raum.

Als wir vor dem Mann standen, sagte er zu Mama:
»Du bist anders. Ich weiß nicht, warum, aber ich habe
das Gefühl, ich muss dir helfen. Komm mit mir.« Er
legte ihr die Hand auf die Schulter und ging mit ihr los.
Wir wollten hinterherlaufen.

»Hiergeblieben, ihr müsst warten«, sagte der Übersetzer und hielt Pedram am Arm fest. »Der Boss muss
noch etwas mit eurer Mutter besprechen.«

Pedram hielt still, aber ich dachte nicht daran, auf
den Fremden zu hören, streckte meine Arme aus und
rief nach Mama, so laut ich konnte. Sie blieb stehen und
schien erst jetzt zu bemerken, dass wir zurückgehalten
wurden. Laut schrie sie auf den Mann ein, der sie weggeführt hatte. Andere Flüchtlinge hoben die Köpfe und
sahen zu uns herüber. Da endlich gab der Mann, der irgendwie ärgerlich aussah, dem Übersetzer ein Zeichen,
er solle uns zu ihm bringen. Ich rannte schluchzend zu
Mama, die mich und Pedram fest an die Hand nahm.
Ich weiß nicht, was passiert wäre, wenn wir nicht vor
allen Leuten diesen Aufstand gemacht hätten.

Die beiden Männer brachten uns in einen anderen
Teil des Gebäudes. Der Übersetzer öffnete eine grün
lackierte Tür zu einem kleinen Raum und sagte: »Hier
könnt ihr wohnen.«

Es gab ein einziges Fenster, hoch oben und vergittert.
Die Betten waren schäbig und zwischen den Möbeln
nur wenige Zentimeter Platz. Das ganze Zimmer war
vielleicht sechs Quadratmeter groß, doch Mama gab
einen tiefen Seufzer der Erleichterung von sich. Sie sah
zu mir und Pedram hinunter und lächelte.

»Ich fühle mich wie die englische Königin«, flüsterte
sie uns zu. »Jetzt haben wir ein eigenes Reich.«

Am Abend durften wir duschen, zum ersten Mal, seit wir aus dem Iran abgereist waren. Die Gemeinschaftsduschen waren voll, und in den Ecken blühte Schimmel, aber das Wasser war warm. Mama wusch uns und zog uns die Schlafanzüge an. Danach gingen wir zurück in das Zimmer mit der grünen Tür, die sich sogar von innen abschließen ließ. Durch das Gitterfenster konnten wir zwei Sterne am Nachthimmel sehen.

Ich lag im Bett, mir war endlich nicht mehr kalt, aber ich spürte in allen Gliedern, wie erschöpft ich war. Mama sang uns ein Schlaflied vor. Ihre Stimme klang warm und dunkel. Bevor sie die erste Strophe zu Ende gesungen hatte, fielen mir die Augen zu.

In den ersten Tagen in Haarlem organisierte sie unser neues Leben. Sie wusste, dass es zwar verboten war, Nahrungsmittel mit ins Camp zu bringen, aber dass alle es taten und es einfach darauf ankam, sich nicht erwischen zu lassen. Sie fand heraus, wo der nächste Supermarkt war, der ihre geheimen Dollar akzeptierte, und kaufte Kekse, Obst und Leckereien, die sie in ihrer geräumigen Handtasche ins Heim schmuggelte. Sie erstand neue Lederschuhe und besorgte warme Winterjacken. Für mich organisierte sie ein Glas, denn ich weigerte mich strikt, weiter aus den Plastikbechern zu trinken.

Pedram und ich begannen, den Alltag im Flüchtlingsheim zu erkunden, auf dem Hof, wo auch andere Kinder spielten. Dort hörte ich zum ersten Mal ein Mädchen, das eben noch Farsi gesprochen hatte, in einer mir völlig fremden Sprache reden.

»Mama!«, rief ich und rannte zu ihr. »Die da spricht so komisch. Die macht ch... chh... Was ist das?«

Sie lachte und sagte: »So sprechen die hier! Das ist Holländisch. Das wirst du auch lernen.«

Ich schüttelte heftig den Kopf. Das konnte ich mir nicht vorstellen, jemals solch merkwürdige Laute zu benutzen.

Am nächsten Morgen brachte Mama uns zur Kinderbetreuung des Heims. Die Tür des kleinen Hauses,
das sich auf der anderen Seite des Hofs befand, war
in einem freundlichen Gelb gestrichen, und dahinter
öffnete sich ein richtiges Spieleparadies. Es gab kleine
hölzerne Laufräder und Plastikeimer an Schnüren, die
man als Stelzen benutzen konnte. Die Wände waren
bunt gestrichen, und es hingen Kinderzeichnungen daran. In einer Wiege lagen Puppen. Sogar eine Puppen-
küche mit winzigem Geschirr stand im Raum.

Wir warteten am Eingang, als eine Frau mit zwei
Mädchen hereinkam. Die Kinder sahen ganz ver-
gnügt aus. Ihre Mutter machte Scherze mit ihnen und
wünschte den beiden auf Persisch einen schönen Tag.
So lernten wir Rosa, Romina und ihre Mutter Minoo
kennen. Minoos Asylverfahren war schon viel weiter
als unseres. Sie hatte bereits Aussicht auf eine eigene
Wohnung. Nach den wenigen Tagen im Auffanglager
musste man mir nicht erklären, warum das so erstre-
benswert war.

Während die Frauen sich unterhielten, lächelten
wir Kinder uns schüchtern, aber neugierig an. Rosas
Schwester Romina war etwa in meinem Alter. Ich war
fasziniert von ihren langen schwarzen Haaren, die zu
zwei dicken Zöpfen geflochten waren. Ich stellte mir
vor, wie ihre Mutter sie bürstete, und was das wohl für
ein schönes Gefühl war. Ich wollte zusammen mit den
beiden Mädchen in den Kindergarten hineinlaufen,
aber eine der Erzieherinnen stoppte uns.

»Sie müssen die Kinder erst registrieren lassen«, sagte
sie zu Mama. Dann gab sie mir und Pedram einen Keks
und schickte uns weg.

Am nächsten Tag regelte Mama die Formalitäten und
brachte uns wieder über den Hof. Sie blieb eine Weile
bei uns, gerade so lange, bis wir ein wenig Vertrauen zu
den Erzieherinnen gefasst hatten. Als sie gegangen war,

setzte ich mich neben die Puppenwiege und begann zu spielen. Seit wir in Teheran aufgebrochen waren, hatte ich keine Puppe mehr im Arm gehalten. Hingebungsvoll zog ich dem Baby seinen hellgelben Strampelanzug aus und wieder an. Er war weich und flauschig und roch frisch gewaschen.

Als ich von meinem Spiel aufschaute, sah ich, dass sich ein Mädchen neben mich gesetzt hatte. Ein Kind wie sie hatte ich in meinem ganzen Leben noch nicht gesehen. Ich starrte sie an. Sie hatte ein schokoladenbraunes Gesicht und ebensolche Hände. Fasziniert berührte ich ihren Arm. Einem spontanen Impuls folgend leckte ich an ihrer Haut. Sie quiekte und zog ihren Arm zurück. Er schmeckte nach Seife, gar nicht süß wie Schokolade. Um diese Erkenntnis reicher fuhr ich fort in meinem Spiel.

Pedram und ich hatten in der Kinderbetreuung einen Ort gefunden, der uns half, anzukommen und uns im neuen Leben einzufinden. Wir hatten uns mit Rosa und Romina angefreundet, und Mama hatte in Minoo eine Landsmännin und Freundin gefunden. Dennoch ging es ihr nicht gut. Die Unsicherheit, was in den nächsten Wochen und Monaten mit uns passieren würde, machte sie fertig. Meist wirkte sie müde und geistesabwesend. Sie hatte sogar aufgehört zu lachen. Ich verstand nicht, warum Mama plötzlich so anders war als früher. Vor allem kapierte ich nicht, warum sie uns so wenig Aufmerksamkeit schenkte. Es fühlte sich an, als würden wir für etwas bestraft. Ich wusste nur nicht, wofür.

Ich geriet in dieser Zeit häufiger in Streit mit anderen Kindern. Meine Lieblingsspielzeuge im Kindergarten wollte ich mit niemandem teilen und biss jeden, der versuchte, sie mir wegzunehmen. Ich hatte noch nicht gelernt, wie man sich in einer Gemeinschaft mit vielen anderen Kindern verhält. Wenn ich etwas nicht verstand, wurde ich wütend und trat um mich. Pedram kam dann zu mir, um mich zu beruhigen und zu beschützen. Ihm war es egal, ob ich den Streit angefangen hatte oder die anderen. Er stand immer auf meiner Seite, und wenn wir von der Kinderbetreuung zurückliefen, nahm er mich fürsorglich an die Hand.

Einmal hörten wir lautes Geschrei, als wir durch den Flur zu unserem Zimmer liefen. Ich rannte in den Raum. Das irre Kreischen kam vom Bett unterm Fenster. Dort beugten sich Minoo und ein Mann vom Heimpersonal über eine Frau, die sich aufbäumte. Es war Mama, und sie war völlig außer sich. Ich hatte keine Ahnung, warum sie so brüllte, aber es machte mir unendlich große Angst. Ich stand an der Tür und schrie gellend laut: »Mama! Mama!«

Der Mann sah überrascht zu uns hinüber und ließ sie kurz los. Sofort schlug sie wie wild um sich, riss einen Kaffeebecher vom Fensterbrett und warf ihn mit aller Kraft an die Wand. Der Becher zerbrach nur eine Handbreit neben meinem Kopf. Ich sah die Scherben auf dem Boden und das ärgerliche Gesicht des Mannes. Er war groß und kam mir sehr stark vor. Er griff wieder Mamas Arme, die ihn anschrie, er solle sie loslassen. Pedram stand wie versteinert neben mir. Dann zog er mich hinaus. Wir rannten auf den Hof und standen dort in der Kälte. Ich biss meine Zähne zusammen und ballte die Fäuste, um nicht zu fühlen, wie einsam ich war.

Irgendwann kam Minoo und brachte uns in unser Zimmer. Mama lag in ihrem Bett und schlief. Ihr Gesicht war kalkweiß.

»Sie ist krank«, flüsterte Minoo. »Ihr müsst jetzt brav sein und schlafen gehen.« Sie wünschte uns eine gute Nacht und ging.

Als wir am nächsten Morgen aufwachten, schlief Mama immer noch. Pedram stand auf und gab mir meine Kleidung. Er zog sich leise an, und ich machte es ihm nach. Dann schlüpfte ich in meine Schuhe und versuchte, sie zuzubinden. Die Schleife wollte mir einfach nicht gelingen. Meine Finger und die Schnürsenkel verwickelten sich in einem dicken, widerspenstigen Knäuel. Ich wurde zornig, riss mir die Schuhe von den Füßen und warf sie gegen die Wand. Ich beschloss, einfach sitzen zu bleiben und nirgendwo hinzugehen. Pedram aber hob wortlos meine Schuhe auf und zog sie mir an. Er war wirklich geduldig mit mir. Dann band er die Schnürsenkel zu festen Schleifen.

»Morgen zeige ich dir, wie das geht«, sagte er, und wir verließen gemeinsam das Zimmer.

Was mit Mama los war, konnte ich damals nicht verstehen. Was Depressionen sind, muss ein viereinhalbjähriges Kind nicht wissen. Ich hätte eine Mutter gebraucht, die in dieser neuen, schwierigen Welt eine Unterstützung ist, aber stattdessen hatte Mama vor meinen Augen diesen Anfall gehabt. Jeden Tag kam nun ein Pfleger. Er gab ihr eine Medizin, die sie Morphin nannten. Danach versank sie in eine Art Dämmerzustand oder schlief.

Morgens, wenn wir zum Kindergarten mussten, stand sie auf und kümmerte sich darum, dass wir die Zähne putzten. Ich spürte, wie sehr sie das anstrengte, weil sie kaum sprach und traurig aussah. Minoo und die iranische Gemeinschaft halfen ihr, indem sie sich um uns Kinder kümmerten. Im Kindergarten bekam ich nun wegen jeder Kleinigkeit einen Wutanfall. Niemand durfte mir zu nahe kommen.

Obwohl ich damals manchmal dachte, Mama würde gar nicht mitkriegen, was mit uns passierte, muss sie doch gespürt haben, wie sehr wir litten. Eines Tages, als der Pfleger kam, weigerte sie sich, die starken Medikamente zu nehmen. Es folgte eine lautstarke Diskussion.

»Ich will mich selbst um meine Kinder kümmern, und wenn Sie mich mit dem Zeug betäuben, kann ich das nicht«, sagte Mama mit fester Stimme.

»Aber ich habe die Anweisung vom Arzt. Sie müssen die Tabletten nehmen«, sagte der Pfleger.

»Dann bringen Sie mich zum Arzt«, beharrte sie.

Der Mann nahm sie mit. Nach zwei Stunden Befragung schließlich akzeptierte man ihren Wunsch. Ohne die Medikamente wurde sie zwar nicht wieder die fröhliche, tüchtige Mutter, die wir aus dem Iran kannten, aber immerhin sprach sie wieder mehr mit uns.

Kurz darauf erfuhr Mama, dass Minoo nun in eine eigene Wohnung ziehen würde, während es für uns immer noch keine Hoffnung gab. Wir waren einfach zu spät gekommen. Wenige Wochen vor unserer Ankunft hatte die Regierung beschlossen, dass neue Asylbewerber nach strengeren Richtlinien behandelt würden. Es war nicht genügend Wohnraum für die vielen Flüchtlinge vorhanden. Das Asylverfahren zog sich per se in die Länge.

Es war Januar, als wir schon wieder unsere Sachen packen mussten. Unsere dritte Station war das Flüchtlingsheim in Utrecht, etwa zwanzig Kilometer südlich von Amsterdam. Es war ein altes Militärhospital. Das gesamte Areal war von einem hohen Zaun umgeben. So hatte ich mir immer Gefängnisse vorgestellt. Niemand durfte ohne Kontrolle hinaus oder hinein, jeder bekam einen Stempel auf einem Passierschein. Wir hausten in einem Zimmer, in dem es vor Ungeziefer und Ratten wimmelte.

Pedram und ich schliefen in einem Etagenbett aus weißen Metallrohren. Ich durfte nach oben. Wenn ich abends die Leiter hochgeklettert war, krabbelten die harten schwarzen Körper der Kakerlaken direkt über mir an der Wand entlang. Ich fand das ziemlich eklig, zog mir die Decke über den Kopf und stopfte die Enden unterm Körper fest, weil ich Angst hatte, dass mir die Viecher nachts in Ohren und Nase kriechen würden. Das Schlimmste aber war die Ungewissheit.

Wir hatten ja keine Ahnung, wie lange wir noch warten mussten, bis wir endlich ein neues Leben anfangen konnten. Wir waren auf unbestimmte Zeit gefangen in diesem Heim.

In Utrecht gab es keine Kinderbetreuung, stattdessen sollten wir in die weit entfernte Vorschule gehen. Jeden Morgen mussten wir eine halbe Stunde dorthin laufen. In meiner Klasse saßen viele Niederländer und nur einige Flüchtlingskinder. Ich hatte noch immer Verständigungsschwierigkeiten. Nach zwei Monaten in diesem kalten fremden Land hatte ich zwar viele Wörter gelernt, wusste aber nicht, worum es ging, wenn die anderen Kinder sich keine Mühe gaben, langsam zu sprechen. Wenn sie dann lachten und auf mich zeigten, wurde ich wütend, trat, biss und schlug zu. Die Erzieherinnen schimpften unentwegt mit mir. Ich wunderte mich, dass sie nicht begriffen, was in mir vorging und warum ich mich gegen die Hänseleien verteidigen musste. Man hatte mir alles weggenommen, was ich liebte. Mein Bruder war in einer anderen Klasse und konnte mich nicht mehr beschützen, also musste ich es selbst tun. Ich befand mich in diesem komischen Land mit einer Mutter, die nicht mehr fröhlich war, und niemand verstand, dass es in mir brodelte. In diesem neuen Land wurde wie selbstverständlich von uns erwartet, dass wir funktionieren. Niemand fragte, was für eine Geschichte wir hatten oder wie wir uns fühlten.

Unser Leben war stressig. Es war immer eng, es gab viel Aggressivität unter den Flüchtlingen, und obwohl Mama versuchte, das alles irgendwie von uns fernzuhalten, hörten wir dauernd irgendwelche schlimmen Geschichten: Jemand hatte einen Mann fast totgeschlagen. Ein anderer hatte sein Zimmer in Brand gesteckt. In den Gemeinschaftsduschen wurden Frauen belästigt. Eine Frau war bestohlen worden. In einem Alter, in dem Kinder Erwachsene als Vorbilder sehen und sich deren

Verhalten abschauen, war ich umgeben von Streit, Misstrauen und Feindseligkeit. Dauernd musste man auf der Hut sein, wir Kinder ebenso wie die Erwachsenen.

Mama hatte vor allem Sorge um Pedram und mich. »Niemand darf euch berühren, habt ihr verstanden?«, schärfte sie uns ein. »Wenn euch fremde Männer zu nahe kommen, müsst ihr schreien, so laut ihr könnt!« Wir nickten beklommen.

Auch Mama wurde oft von den Männern im Heim taxiert. Es waren keine wohlwollenden Blicke, die sie ihr zuwarfen. Eines Abends klopfte es an der Tür, als wir schon in den Betten lagen. Mama gab uns Zeichen, still zu sein. Sie horchte. Draußen war es ruhig. Dann klopfte es wieder, und die Stimme eines Mannes war zu vernehmen.

»Kobra, bist du da? Kobra Bahari?«

Sie blieb stumm und die Tür geschlossen. Am nächsten Abend kam der Mann wieder. Er klopfte, er lockte, er legte einen drohenden Klang in seine Stimme. Wir lagen schweigend in unseren Betten und fürchteten uns. Irgendwann ging er. Wir wussten, wer er war, ein ergrauter Armenier, hässlich und unfreundlich. Er hatte Mama schon zweimal auf dem Gang zum Speisesaal aufgelauert, aber vermutlich hatte ihn die Gegenwart der anderen Flüchtlinge davon abgehalten, ihr zu nahe zu kommen.

Ich wünschte mir, dass unser Vater hier wäre. Er hätte uns beschützt, da war ich mir sicher.

Wochenlang kam der Armenier an unsere Tür. Es war richtiger Psychoterror, vor allem für Mama. Einmal, als sein Klopfen unendlich lang dauerte, begann sie, vor lauter Verzweiflung ihren Kopf gegen die Wand zu schlagen. Ihre Stirn erzeugte auf dem Stein ein dumpfes Pochen. Sie tat es wieder und wieder. Ich versteckte mich unter der Decke, um das nicht mit ansehen zu müssen. Das Klopfen des Armeniers verstummte schließlich. Wir hörten Schritte. Dann ertönte vor unserer Tür eine andere Stimme, die ärgerlich rief: »Bahari, wenn du Nägel in die Wand hauen willst, mach es am Tag, verstanden?« Danach war alles ruhig. Seit diesem Abend kam der Armenier nicht mehr.

Mein Vater wusste inzwischen, wo wir uns befanden. Mama hatte es ihrer Schwester am Telefon erzählt, und so hatte die ganze Familie erfahren, wo wir steckten. Reza rief Mama im Flüchtlingsheim an. Überall auf den Fluren hingen Lautsprecher, und wenn sie einen Anruf bekam, schepperte es laut: »Kobra Bahari, Telefon! Bahari, Telefon!«

Manchmal durften wir Kinder auch mit ihm sprechen, aber es ging immer um Belanglosigkeiten. Ich war ja noch klein, und eine Stimme am Telefon bedeutete mir nichts. Pedram sprach vielleicht etwas mehr, aber ich erinnere mich nicht daran, dass er sich besonders über die Telefonate gefreut hätte.

Einmal kam ein Paket von Reza. Es war schon offen, als wir es erhielten. Die Heimmitarbeiter hatten offensichtlich seinen Inhalt kontrolliert: eine Jeans für mich, eine Jacke für Pedram, für Mama ein Brief. Sie las ihn still, während wir unsere Sachen anzogen. Neue Kleidung war ein Luxus. In der neuen Hose rannte ich zum Spielen auf den Hof. Beim Laufen spürte ich, dass es an meinem Knie seltsam raschelte, und lief zurück in unser Zimmer. Mama zog mir die Hose aus und fand eine an der Innenseite des linken Beins geschickt angebrachte Plastikverpackung. Dort hinein hatte Reza fünfhundert Dollar gesteckt und das flache Päckchen sorgfältig am Stoff festgeklebt. Im Heim war das ein Vermögen. Wären die Scheine nicht so gut versteckt gewesen, wären sie vermutlich nie bei uns angekommen. Es war das einzige Mal, dass mein Vater uns Geld schickte. Auch die Anrufe wurden weniger und hörten irgendwann einfach auf.

Als ich fünf Jahre alt wurde, gab es für mich zum ersten Mal in meinem Leben kein Geburtstagsfest und auch keinen Kuchen. Ich wunderte mich nicht, denn wo sollte man hier auch feiern, in der Enge des Flüchtlingsheims. Ich rechnete nicht mal damit, ein Geschenk zu bekommen. Doch am Nachmittag, als ich aus der Vorschule kam, stand ein Puppenwagen vor meinem Bett. Ich betastete ihn staunend. Er hatte genau die richtige Größe. Sein blaues Verdeck ließ sich herunterklappen, und im Wagen lag, unter einer weichen kleinen Decke, die allererste Puppe, die ich in meinem neuen Leben bekam. Sie hatte klimpernde Schlafaugen. Ich nahm sie in den Arm. Sie war ganz leicht und hatte Händchen wie ein echtes Baby. Die Haare waren aufgemalt, aber die Wimpern über den blauen Augen echt. Ich bestaunte sie andächtig und legte sie vorsichtig wieder hinein in den Wagen. Mama beobachtete mich und lächelte. Dann gingen wir hinaus auf den Hof, und ich schob stolz mein Baby vor mir her. Dass die anderen Flüchtlinge den Jungen, der da mit seinem Puppenwagen unterwegs war, etwas befremdet ansahen, merkte ich nicht.

Im darauffolgenden Sommer tauchte ein junger Mann auf, den Mama nicht wie alle anderen vor ihm wegschickte. Er kam ebenfalls aus dem Iran und besuchte im Heim seine Freunde.

»Und warum kommt er immer zu uns?«, fragte ich. Mama gab sich ja sonst nie mit Männern ab.

»Er ist ein Freund von mir, du darfst ihn Amoe nennen«, sagte sie. Auf Persisch heißt das »Onkel«, und ich fand es komisch, diesen fremden Mann so zu nennen.

Ich kam nicht auf die Idee, dass Amoe so etwas wie ein neuer Vater für uns werden könnte. So was wollte ich vielleicht auch nicht denken. Mama hatte sich jetzt eben mal mit einem Mann angefreundet, warum sollte das mit den Freundschaften bei ihr anders sein als bei uns Kindern? Pedram spielte den ganzen Tag mit den Jungs auf dem Hof Fußball, und auch ich hatte eine neue Freundin gefunden. Sie war Somalierin und hieß Lula, konnte schon Rad fahren und kannte doppelt so viele Schimpfwörter wie ich. Lula war wild und mutig. Im Flüchtlingsheim waren das wichtige Eigenschaften, denn so kam man wenigstens gegen die anderen Kinder an. Ich spielte jeden Tag mit ihr, und Mama hatte jeden Tag Besuch von Amoe. Das fand ich okay, bis er eines Abends blieb, statt wie sonst nach dem Abendessen zu gehen.

Ich lag in meinem Bett und fragte mich, ob er endlich nach Hause gehen würde, wenn wir eingeschlafen wären. Mit halb geschlossenen Lidern beobachtete ich, was passierte: Er und Mama flüsterten leise und legten sich dann nebeneinander ins Bett. Amoe würde also dort schlafen, wo ich sonst hinkroch, wenn ich schlecht geträumt hatte. Eine heiße Welle schoss durch meinen Körper. Ich war noch nicht bereit dazu, jemand Neuen an Mamas Seite zu akzeptieren. Es war schon schlimm genug, dass ich sie mehr und mehr an den alltäglichen Überlebenskampf im Heim verlor. Jetzt kam da auch noch dieser Mann, mit dem sie mehr Zeit verbrachte als mit mir oder Pedram. Ich wollte das nicht. Ich war so eifersüchtig, dass es wehtat.

Am nächsten Tag hatte ich einen Riesenstreit mit Lula. Ich wollte mit den Puppen spielen, aber sie wollte Rad fahren. Keiner von uns war bereit nachzugeben.

»Du bist so doof!«, schrie sie, »hau ab!«

Ich wurde wütend und griff nach einem Stock, der zwischen den Büschen lag. So fest ich konnte schlug ich ihr damit auf den Kopf. Lula schrie wie am Spieß, und Blut rann über ihr Gesicht. Sie wischte mit ihrer

Hand darüber, sah das Rot und schrie nur noch mehr. Erschrocken ließ ich den Stock fallen und rannte weg. Ich wusste nicht, was ich tun sollte, also lief ich in unser Zimmer, um mich zu verstecken.

Mama saß am Tisch und blickte erstaunt auf, als ich keuchend hereinkam. »Was ist denn los?«, fragte sie. Bevor ich antworten konnte, hämmerten Fäuste gegen die Tür.

»Kobra, mach auf!«, rief eine Stimme. Es war Anoub, Lulas Mutter. Mit vier Landsmänninnen stand sie vor unserem Zimmer, mit drohend gesenkten Köpfen, schnaubend wie eine Herde wütender Wasserbüffel. Anoub hatte die blutbefleckte Lula an der Hand. »Dein Kind hat meine Tochter geschlagen!«, keifte sie und baute sich drohend vor Mama auf. »Niemand schlägt meine Tochter, auch nicht dein Sohn, hast du verstanden?«

Mama drehte sich zu mir um. »Stimmt das? Warst du das?«

Zum Antworten kam ich nicht, denn Anoub brüllte: »Natürlich war er das, mit einem Stock hat er sie geschlagen!«

Mama schimpfte: »Par, bist du verrückt?«, und redete dann beschwichtigend auf Anoub ein, die sich nur langsam beruhigte. Immerhin aber gelang es ihr, die Zimmertür wieder zu schließen. »Du darfst die anderen Kinder nicht verprügeln«, setzte sie neu an. »Jetzt haben wir alle Somalier gegen uns!«

»Aber ich habe mich doch nur mit Lula gestritten«, sagte ich. Dass sich die anderen gegen uns verbünden, hatte ich nicht beabsichtigt, und vor allem wollte ich meine Freundin Lula nicht verlieren.

Als wir am nächsten Tag zur Vorschule gingen, war Lula nicht dabei. Ihr Bruder Mohammed erzählte, dass ihre Wunde genäht worden war und sie ein paar Tage nicht in die Schule gehen konnte. Mit gesenktem Kopf trottete ich neben Pedram und Mama die Straße entlang. Es begann zu regnen, und sie schimpfte mal wieder über das schlechte niederländische Wetter und über den Direktor, der sich nicht darum kümmerte, einen Schulbus zu organisieren. Andere Mütter stimmten in ihre Klagen ein. Als Mama sie fragte, ob sie mit ihr zum Leiter gehen würden, hatte sie schnell mehrere Verbündete gefunden. Bis zum Nachmittag gelang es ihr, mehr als fünfzig Frauen zu mobilisieren.

Die Nachricht darüber, wie sie gemeinsam vor dem Büro des Direktors protestiert und Parolen gerufen hatten, verbreitete sich schnell im Camp. Manche sagten sogar, die wütenden Frauen hätten damit gedroht, das Heim anzuzünden. Einige Wochen später kam ein Bus. Er war alt und etwas klapprig, aber er brachte uns schnell, warm und trocken zur Schule. So etwas konnte meine Mutter erreichen. Die anderen Frauen bewunderten sie, weil sie stark und stur war. Sogar Anoub sprach wieder mit ihr.

Lula und ich nahmen unsere alte Freundschaft wieder auf, und zwischen unseren Müttern entwickelte sich trotz meiner Prügelattacke eine tiefe Verbundenheit. Sie halfen sich, wo sie konnten, und passten gegenseitig auf ihre Kinder auf, wenn Besorgungen zu machen waren oder jemand krank wurde. In Erziehungsfragen war es allerdings Amoe, der den starken Mann markierte, wenn ich etwas angestellt hatte.

Einmal geriet ich auf dem Heimweg in Streit mit anderen Kindern. Sie machten blöde Witze über meinen Puppenwagen und kicherten.

»Haltet den Mund!«, schrie ich quer durch den Schulbus, aber sie lachten nur noch lauter. Da nahm ich den kleinen Hammer, der neben dem Fenster hing, und schlug damit, so fest ich konnte, gegen die Scheibe. Das Glas zersplitterte. Ein Mädchen kreischte. Der Fahrer bremste scharf. Er hatte genau registriert, was ich getan hatte, und zerrte mich am Arm aus dem Bus. Meinen kleinen Rucksack warf er mir hinterher. Dann schloss er die Türen und gab Gas. Es ging so schnell, dass ich nicht einmal protestieren konnte, und auch Pedram, der mich sonst so oft verteidigte, sah aus dem Inneren nur stumm zu, wie ich mich zu Fuß auf den Heimweg machte.

Ich wusste, dass es nicht lange dauern würde, bis Mama davon erfuhr. Deshalb vermied ich es an diesem Nachmittag, in ihrer Nähe zu sein, und spielte lieber draußen. Ich war noch nicht lange auf dem Hof, als jemand nach mir rief. Es war Amoe, und er sah zornig aus. Ich versteckte mich hinter einer Hausecke, doch er hatte mich gesehen. Als er nach mir greifen wollte, duckte ich mich zur Seite weg und rannte, so schnell ich konnte, zu unserem Zimmer.

Mama saß auf ihrem Bett. Ich wollte mich auf ihren Schoß flüchten, aber sie hielt mich auf Armeslänge von sich weg.

»Par, die Schule hat angerufen«, sagte sie. »Du hast das Fenster im Bus zerschlagen!«

In diesem Moment kam Amoe zur Tür herein. »Kobra, lass mich das machen. Wir müssen dem Kind zeigen, wo die Grenzen sind!« Wild entschlossen sah er Mama an, die sich nicht rührte.

Ich nutzte die Gelegenheit, um zu entkommen. Ich hatte überhaupt keine Lust darauf, mir von diesem Mann irgendwas sagen zu lassen, also öffnete ich die Zimmertür und rannte los. Hinter mir hörte ich, wie Amoe sich mit schweren, aber schnellen Schritten in Bewegung setzte. Der Gang schien elend lang, und es war niemand da außer mir und Amoe. Mein Herz pochte wie wild. Plötzlich packte Amoe mich von hinten. Starke Arme griffen zu, dann schlug er mir mit der flachen Hand ins Gesicht und zerrte mich grob zurück ins Zimmer.

»In die Ecke mit dir! Auf einem Bein!«, schrie er.

Ich tat, was er verlangte, und stand dort so lange, bis ich fast umfiel. In diesem Moment fürchtete ich mich so sehr vor diesem Mann, dass ich nicht wagte zu rebellieren.

An einem Tag im Herbst kam ich in die Anstalt. Mir war nicht klar, warum sie mich wegschickten. In der ersten Nacht weinte und schrie ich so sehr, dass sie Mama anriefen. Es war schon Mitternacht, als sie kam. Sie nahm mich in den Arm und wiegte mich, bis ich ruhig wurde, und dann nahm sie mich mit zurück ins Heim. Am nächsten Tag aber wurde ich wieder abgeholt. In der Anstalt waren viele Kinder und Krankenschwestern, Ärzte und Psychologen, mit denen ich reden sollte. Weil niemand Farsi konnte, lernte ich jeden Tag neue Wörter. Ich gewöhnte mich langsam an die Erwachsenen, die sich geduldig um mich kümmerten. Abends kam eine Frau und putzte mir die Zähne. Ich genoss es, dass ich dabei auf ihrem Schoß sitzen durfte.

Einmal ging ich durch den Flur, als eines der älteren Mädchen mich in ihr Zimmer rief. Ich sah mich um. Es gab nichts zum Spielen, und ich wollte wieder gehen. Da hielt sie mich fest und zog mir die Hose bis zu den Knien herunter. Ich wehrte mich, aber sie lachte und sagte: »Komm, fass mich an!«

Ich fand das eklig. »Ich will das nicht«, sagte ich leise. Erst als ich zu weinen begann, ließ sie mich gehen. Ich lief zu meiner Betreuerin und erzählte ihr, was passiert war. Am nächsten Tag gab es Gespräche mit allen Kindern. Sie erklärten uns, man dürfe so etwas nicht machen, und dass es Teile des Körpers gäbe, die nur einem selbst gehörten. Das wusste ich auch vorher schon, aber wie hätte ich mich gegen das größere Mädchen wehren sollen? Ich hatte nicht das Gefühl, dass die Erwachsenen verstanden, wie doof das für mich gewesen war.

Nach sechs Wochen in der Anstalt kam ich im Flüchtlingsheim etwas besser zurecht, weil ich sprachlich so gute Fortschritte gemacht hatte. Ich ging nun auch hier regelmäßig zu einer Pädagogin. Sie war etwas älter als Mama und hatte lockige Haare, die ihr in lustigen Kringeln in die Stirn fielen. Wenn sie mit mir sprach und mir zuhörte, fühlte ich mich wie die wichtigste Person auf der Welt. Manchmal kam zu der Stunde auch ein anderes Kind mit. Das Mädchen hieß Soraya. Die Therapeutin legte uns Papier und Stifte hin, und wir malten gemeinsam ein Bild. Mama hat es aufgehoben: Es zeigt einen Geist aus bunten Tüchern in allen Farben des Regenbogens. Ein fröhliches Bild.

Die Stunden bei der Pädagogin waren Inseln des Friedens. Sie hatte mit mir eine Schatzkiste gebastelt: ein alter Schuhkarton, den ich mit buntem Papier beklebt und bemalt hatte. Ich legte Bilder mit gemalten Träumen hinein und meine kleine graue Stoffmaus, die ich im Heim geschenkt bekommen hatte. Die Kiste nahm ich mit in unser Zimmer. Sie gehörte mir allein, und niemand durfte sie ohne meine Erlaubnis öffnen.

Eines Tages weigerte ich mich mal wieder, die Sachen anzuziehen, die Mama mir gab. Ich war trotzig, weiß der Himmel, warum. Ich sah die Explosion nicht kommen, vielleicht hätte ich sonst eingelenkt. Mama schnappte sich meine geliebte Kiste, warf sie zu Boden und trampelte darauf herum, bis sie ganz kaputt war. Ich war so schockiert, dass ich zuerst gar nichts sagen konnte. Dann fing ich bitterlich an zu schluchzen. Hier im Heim hatte ich so wenig – meine Puppe, die Maus und die Kiste. Die war jetzt hin, und ich verstand nicht, wie meine Mutter so was hatte tun können. Ich kann mich nicht erinnern, dass sie sich damals dafür entschuldigte. Heute tut es ihr sehr leid, und ich weiß mittlerweile, dass sie damals mit ihren Nerven am Ende war.

Mama und Amoe sprachen in dieser Zeit oft darüber, wie es um unser Asylverfahren stand, und machten immer sorgenvollere Gesichter. In den Niederlanden bekam man damals Status A, B oder C. Wir besaßen B. Das hieß, wir mussten nicht direkt zurück, aber es war unklar, ob wir langfristig bleiben durften. Dieser offizielle Status hatte immense Bedeutung für unsere Zukunft. Und die war und blieb ungewiss.

Nach den Sommerferien kam ich in die Grundschule, und ich bekam eine neue Lehrerin. Sie hieß Marian und war die Direktorin. In den Niederlanden sind Vorschule und Grundschule eng verbunden, oft in einem Gebäude. Vom ersten Tag an mochte ich Frau Marian – so nannten wir sie. Wenn sie lächelte, bildete sich um ihre warmen braunen Augen ein Kranz feiner Fältchen. Sie trug eine runde Brille wie Harry Potter, war groß und stabil und hatte eine rauchige, tiefe Stimme.

Obwohl meine Lehrerin so sympathisch war, hatte ich an manchen Tagen überhaupt keine Lust, in die Schule zu gehen, und weigerte mich schlichtweg. Die anderen waren viel besser als ich, und das empfand ich als demütigend. Mama, der es selbst nicht gutging, war damit überfordert, mich zu irgendetwas zu bewegen. Pedram ging wie üblich zum Schulbus, ich aber saß in aller Seelenruhe in unserem Zimmer und spielte mit meiner Puppe.

An einem solchen Morgen klopfte es. Ich sah überrascht auf. Normalerweise besuchte uns um diese Uhrzeit niemand. Die Tür öffnete sich, und Frau Marian stand im Zimmer. Sie begrüßte Mama, dann sah sie mich streng an und fragte: »Parham, bist du krank?« Ich schüttelte den Kopf.

Meine Lehrerin wandte sich Mama zu: »Gibt es einen Grund, warum Sie das Kind nicht in die Schule schicken, obwohl es gesund ist?«, fragte sie vorwurfsvoll.

»Wenn er gehen will, geht er, wenn nicht – dann nicht«, antwortete sie und seufzte resigniert.

»Aber er muss zur Schule gehen, ist Ihnen das nicht klar?«, sagte die Direktorin. »Auch die Grundschule ist verpflichtend.«

Mama zuckte die Schultern und sagte: »Okay, dann versuchen Sie es eben, wenn Sie unbedingt wollen!«

Frau Marian nahm meinen Pullover und wollte ihn mir über den Kopf ziehen. Sofort brach ich in lautes Protestgeheul aus. Niemand sollte mich zwingen! Dann sprang ich auf, griff mir den Besen, der in einer Ecke unseres Zimmers stand, und rannte auf sie zu, den Stiel wie eine Lanze vor mir ausgestreckt. Meine Lehrerin schnappte mich und hob mich hoch. Es war ein fester Griff, dem ich mich nicht entziehen konnte, aber sie tat mir nicht weh. Sie sah auch nicht wütend aus, nur sehr entschlossen. Halbnackt trug sie mich hinaus, setzte mich in ihr Auto, legte meine Anziehsachen neben mich und sagte: »Mir ist es nicht egal, ob du zur Schule gehst. Zieh dich bitte an, die anderen warten.« Dann fuhr sie los.

Ich spürte, dass es ihr wirklich wichtig war, was mit mir passierte, und folgte ihrer Ansage. Irgendwie war es ein gutes Gefühl, dass sie sich so um mich kümmerte.

Es gab in meiner Klasse ein paar Schüler, die mit mir im Flüchtlingsheim lebten und denen ich mich deshalb nahe fühlte. Arat und Aida waren Zwillingskinder und wir inzwischen Freunde geworden. Arat hatte eine lustige Art zu sprechen, er lispelte. Manchmal ahmte ich ihn nach, dann ärgerte er sich, und wenn er sich ärgerte, lispelte er noch mehr. Aida kicherte. Eine andere Freundin von uns war Medya. Sie beeindruckte mich sehr, denn sie hatte gleich mehrere Barbies. Ich durfte sie in ihrem Heimzimmer besuchen, und wir spielten stundenlang zusammen und flochten aus den Plastikhaaren Frisuren. Dann hänselte mich Arat und sagte: »Jungs spielen nicht mit Puppen!«, ich ärgerte mich, und Aida rief: »Nicht streiten!«

Im Herbst wurde Mama wieder ernsthaft krank. Während wir in der Schule saßen, fiel sie in unserem Zimmer einfach um, konnte sich nicht bewegen und nicht mehr sprechen. Erst gegen Mittag fand Amoe sie. Der Arzt, der einmal in der Woche ins Flüchtlingsheim kam, diagnostizierte einen Schlaganfall und verordnete Bettruhe und Paracetamol.

Amoe war in Sorge. Er kam jeden Tag, kümmerte sich um Mama und sorgte dafür, dass wir Kinder zur Schule gingen. Er kaufte auf einem türkischen Markt Brot, das meine Mutter besonders gern mochte, und einmal nahm er mich mit. Wir schlenderten zusammen zwischen den Marktständen umher, und Amoe nahm meine Hand, damit ich im Gewühl nicht verloren ging. Später saßen wir zusammen an der Haltestelle und warteten auf den Bus. Amoe schälte mir eine Orange. Zum ersten Mal hatte ich das Gefühl, dass er sich so verhielt, wie es ein Vater tut.

Ich wartete trotzdem immer noch darauf, dass mein leiblicher Vater kam. »Glaubst du, er hat uns vergessen?«, fragte ich Pedram manchmal.

»Keine Ahnung«, sagte mein Bruder und zuckte ratlos mit den Schultern. Mama wagten wir nicht zu fragen.

Zwei Wochen nach dem Schlaganfall schien es ihr schon besserzugehen. Morgens, als wir uns fertig machten, setzte sie sich auf die Kante ihres Bettes und sagte etwas. Ich verstand kein Wort, die Laute klangen zerkaut und verwaschen. Ich ging zu ihr und legte meinen Kopf auf ihren Schoß. Sanft strich sie mir übers Haar. Am liebsten wäre ich bei ihr geblieben, statt in die Schule zu gehen.

Ein paar Wochen vor Weihnachten verkündete Mama, dass wir für eine Weile bei Frau Marian wohnen würden. »Ihr macht Ferien bei ihr, und ich komme euch besuchen!«, sagte sie. Ihre Sprachstörungen waren zum Glück fast verschwunden. Sie nahm das gesamte Geld, das sie für den Monat bekommen hatte, und ging mit uns in einen schicken Klamottenladen, um uns nagelneue Sachen zu kaufen. Wir bekamen jeder eine Jacke, Hosen und warme Pullover.

Anfang Dezember fuhr Frau Marian mit ihrem Auto beim Heim vor und holte uns ab. Als Mama uns zum Abschied in den Arm nahm, sah ich Tränen in ihren Augen. Wir wussten, dass sich unsere Lehrerin vor kurzem von ihrem Mann getrennt hatte. Ihre beiden Kinder Timo und Eva waren älter als wir und gingen schon aufs Gymnasium.

Ich durfte bei Eva im Zimmer schlafen. Auf dem Boden lag ein weicher Teppich. Auf dem Bett, das für mich bezogen war, saßen Kuscheltiere. Es roch ganz anders als im Heim. Alles war sauber und frisch. Ich war fast ein bisschen eingeschüchtert von der gepflegten Atmosphäre.

Was ich am allerschönsten fand, waren die festen Familienrituale – gemeinsames Essen, Vorlesen am Abend, ein geregelter Tagesablauf: Wir standen um sieben Uhr auf, und um sieben Uhr abends brachte Frau Marian uns ins Bett. Und wir wurden gefragt, was wir möchten: Was wollt ihr essen? Habt ihr Lust auf Schlittschuhlaufen? Was für ein Spiel möchtet ihr spielen, welche Geschichte lesen wir heute? Für Pedram und mich waren solche Fragen so ungewohnt, dass wir beide anfangs nur stumm vor uns hin starrten und die Antwort schuldig blieben. Mein Bruder war es, der zuerst Worte fand, und dann entdeckte auch ich, wie schön es war, seine Wünsche äußern zu können.

Sogar Weihnachten feierten wir zusammen mit Frau Marians Familie. Natürlich vermissten wir Mama, aber es gab bei unserer Gastfamilie so viel Aufregendes und Neues, dass wir nicht daran dachten, wie merkwürdig es war, diesen Tag ohne sie zu verbringen. Besuchen kam sie uns in der gesamten Zeit nicht. Wir blieben vier

Wochen und fühlten uns dabei überhaupt nicht wie Gäste. Wir waren ein Teil der Familie, bekamen sogar ein wenig Taschengeld. Davon kaufte ich mir einen grünen Halbedelstein, den ich in einer Streichholzschachtel wie einen Schatz mit nach Hause nahm.

An einem Tag im Januar fuhr uns Frau Marian zurück ins Heim. Es war traurig, die Geborgenheit dieses wohligen Zuhauses zurückzulassen. Aber die Freude, Mama wiederzusehen, überwog alles. Als wir in die Straße einbogen, sah ich sie schon von weitem, wie sie uns am Tor erwartete. Sie blickte uns entgegen, und das Auto hielt noch nicht ganz, als ich schon heraussprang und in ihre ausgebreiteten Arme lief. Sie hielt mich und Pedram fest und weinte.

Im Frühjahr 1996 wurde ich sieben Jahre alt. Wieder feierten wir meinen Geburtstag nicht, andere Dinge waren wichtiger.

Mama verfluchte den Direktor, der ihrer Meinung nach schuld daran war, dass wir noch immer den ungewissen Status B besaßen. Sie verachtete die Korruption im Heim, die ermöglichte, dass Menschen eine Aufenthaltsgenehmigung und eine Wohnung erhielten, die viel später als wir gekommen waren, nur weil sie die richtigen Leute kannten und geschickt waren im Austausch von Gefälligkeiten. Diese Günstlingswirtschaft war ihr verhasst, lieber ging sie den beschwerlichen Weg und verweigerte jegliche Nahrung. Ich hatte damals keine Ahnung, was ein Hungerstreik war, und verstand nicht, warum sie nichts aß und immer dünner wurde. Sie traf sich mit anderen zu Demonstrationen auf der Straße vor dem Heim, einmal stand dort sogar ein Kamerateam. Mama und die anderen erzählten den Reportern von der Korruption und den Lebensumständen im Heim, woraufhin der Direktor total durchdrehte. Er sorgte dafür, dass er sich nicht mehr über sie ärgern musste: Statt in eine eigene Wohnung schickte er uns einfach in ein neues Lager. Nach bald drei Jahren in verschiedenen Heimen, nach Depressionen, Schlaganfall, Einsamkeit, Hungerstreik und unzähligen Demütigungen würde es genauso weitergehen. Es sollte sogar noch schlimmer kommen.

Anfang des Jahres 1997 rückten wir in Crailo ein. In dem kleinen reizlosen Ort zwischen Amsterdam und Utrecht brachte man die Asylsuchenden in einer ehemaligen Kaserne unter. Wir bekamen ein eigenes Zimmer, doch wieder stand uns ein neuer Start bevor – ohne Freunde und ohne Perspektive. Amoe kam weiterhin zu Besuch aus Utrecht, wir wohnten ja nicht viel weiter weg als vorher.

In Crailo bot man uns zwar eine Behausung, zur Schule gehen konnten wir Kinder allerdings nicht. Das war nicht vorgesehen. Ob wir etwas lernten oder nicht, war scheinbar egal. Es gab bloß einen alten Kino-Vorführsaal, wo die Leitung einen Aufenthaltsraum für uns geschaffen hatte. Dort begegnete ich Paul. Er war Sozialarbeiter, hatte strähniges graues Haar und war immer freundlich zu all den Kindern, die aus dem Heim zu ihm kamen. Mama vertraute ihm und ließ uns bald allein in den Aufenthaltsraum gehen.

Paul erklärte uns, wie die Videospiele funktionierten. Das erste, das er Pedram und mir zeigte, war »Street Fighter«. Ich wollte bei jedem Spiel Chun-Li sein, die starke Kämpferin. Auch bei den »Power Rangers« hatte ich schnell meine Lieblingsfigur gefunden – es war der pinkfarbene.

Wenn ich im alten Kinosaal war, konnte ich alles andere vergessen. Im Computerspiel konnte ich stark sein, obwohl ich im wirklichen Leben immer noch klein und für mein Alter ziemlich schmächtig war. Und bei Paul fühlte ich mich wohl. Er begrüßte mich stets mit einem

Lächeln. Oft hatte er ein kleines Geschenk für mich, ein Spielzeug oder ein Kuscheltier. Er war ein bisschen wie ein Opa, der seinen Enkel nach Strich und Faden verwöhnt.

Eines Mittags, als ich nach dem Essen ins Theater kam, erzählte mir Paul von einem ganz neuen Computerspiel, das er besorgt hatte.

»Möchtest du es mal ausprobieren?«, fragte er und zeigte auf die Bürotür. Zusammen gingen wir in den kleinen Raum, wo sein Computer stand. »Setz dich ruhig an meinen Schreibtisch«, sagte er. Dann kam er zu mir, um mir zu zeigen, wie ich die Figuren bedienen konnte. Es war ein neues »Super Mario«-Spiel, und während ich die Tasten bediente, bemerkte ich kaum, dass Paul aufstand und den Schlüssel im Schloss der Bürotür umdrehte.

Ich ließ Super Mario gerade von einer Mauer ins Wasser springen, als ich bemerkte, dass Paul sehr nah neben mir stand.

»Macht es dir Spaß?«, fragte er und kitzelte mich am Bauch. Ich nickte und spielte weiter. Pauls Hand blieb auf meinem Bauch liegen, und mit einer kreisenden Bewegung glitten seine Finger zu meinem Hosenbund. Er schob seine breite, kräftige Hand in meine Hose und versuchte, mich dort zu streicheln, wo mich noch niemals ein Fremder berührt hatte.

Mein Magen krampfte sich zusammen, und ein Gefühl intensiver Übelkeit überlagerte alles andere. Für einige Sekunden saß ich wie erstarrt auf Pauls Schreibtischstuhl. Dann stieß ich mich plötzlich mit beiden Füßen vom Tisch weg und schrie. Niemand durfte mich dort anfassen! Mama hatte es mir und Pedram immer wieder gesagt. Ich lief zur Tür, und als ich merkte, dass sie verschlossen war, spürte ich eine Schwäche in meinen Beinen, als könnte ich keinen weiteren Schritt machen.

»Beruhige dich, es ist doch nichts passiert«, sagte Paul.

Doch ich schrie weiter: »Ich will hier raus!« Endlich holte er den Schlüssel aus seiner Hosentasche und öffnete die Tür. Ich rannte über den Hof, so schnell ich konnte. An einer Mauer kauerte ich mich zusammen und versuchte, nicht mehr daran zu denken, was gerade geschehen war. Ich weiß nicht mehr, wie lange ich dort so saß. Irgendwann hockte sich Pedram zu mir.

»Par, komm doch wieder rein, wir schauen einen Film«, sagte er. Doch ich schüttelte den Kopf. Mein Bruder zuckte mit den Schultern und ging zurück in den Kinosaal. Ich blieb auf dem Hof sitzen.

Einige Tage später erzählte Pedram, dass Paul uns beide in sein Ferienhaus eingeladen hatte. Einerseits hatte ich Angst, dass er mich wieder anfassen würde, aber andererseits war so ein Ausflug etwas ganz Besonderes. Ich wollte auf keinen Fall darauf verzichten und beschloss, immer in Pedrams Nähe zu bleiben.

An einem sonnigen Wochenende im Frühsommer fuhren wir los. Erst hatte Paul gesagt, seine Kinder würden mitkommen, aber nun behauptete er, sie seien krank geworden, so dass wir nur zu dritt waren.

Im Bungalowpark angekommen zeigte er uns das Häuschen. »Schaut mal, hier schlafen wir«, sagte er und deutete auf ein großes Bett.

»Alle zusammen in einem Bett?«, fragte Pedram verwundert. Auch mir war nicht wohl dabei.

»Damit ihr in der fremden Umgebung keine Angst bekommt«, sagte Paul und grinste ganz seltsam.

Dann gingen wir los, um im nahe gelegenen Bach Fische zu fangen. Pedram und ich hatten das noch nie gemacht. Abends schichteten wir ein Feuer auf und grillten die Fische. Es wurde kühl, sobald die Dämmerung kam, und Paul schickte uns ins Bett. Mein Bruder schlief sofort ein, aber ich lag noch wach.

Die Tür knarrte, als Paul ins Schlafzimmer kam. Ich hörte, wie er sich leise den Schlafanzug auszog. Dann hob er die Decke an meiner Seite des Bettes an und legte sich neben mich. Ich rührte mich nicht. Seine Hand rutschte näher und schob sich über meinen Bauch und zwischen meine Beine. Ich erstarrte und versuchte, seine Finger wegzuschieben, doch Paul ließ sie liegen.

»Entspann dich, alles ist gut«, flüsterte er in mein Ohr. Ich hielt ganz still und wusste wieder nicht, was ich tun sollte. Plötzlich zog Paul seine Hand zurück. Er spürte, wie es warm und nass wurde; vor Schreck hatte ich ins Bett gepinkelt. Er gab einen verärgerten Laut von sich, schlug die Decke zurück und weckte Pedram. Dann zog er ein neues Laken auf. Als wir wieder ins Bett gingen, legte ich mich auf die andere Seite. Pedram bildete eine menschliche Barriere zwischen mir und Paul. Trotzdem hatte ich so viel Angst, dass ich stundenlang nicht einschlief.

Am nächsten Tag versuchte ich, nicht an die vergangene Nacht zu denken. Paul steckte mir Extrakekse zu, und ich durfte mir Spiele wünschen. Nach dem Ausflug war ich froh, wieder ins Flüchtlingsheim zu kommen. Aber ich wagte es nicht, mich Mama anzuvertrauen. Amoe etwas zu erzählen kam erst recht nicht infrage. Er würde die Schuld ganz sicher bei mir sehen, davon war ich überzeugt. Also beschloss ich, nicht an Paul zu denken und so zu tun, als wäre das alles nicht passiert.

Als ich an diesem Abend einschlief, träumte ich von meiner Großmutter. Ich war ganz klein, und sie zog mir meinen weißen Schlafanzug mit den blauen Teddys an. Dann streichelte sie mir über die Haare. Während sie das tat, wurde ihre Hand immer schwerer, und ihre Stimme klang wie die von Paul. Auf einmal war er es, der mich mit seinem faltigen Männergesicht ansah und grinste. Mit wild klopfendem Herzen wachte ich auf

und lauschte mit aufgerissenen Augen in die Dunkel-
heit. Niemand saß an meinem Bett. Es war ruhig im
Zimmer, nur die Atemzüge der anderen waren zu hören. Ich tastete unter die Bettdecke, und wieder war alles nass: die Decke, das Laken, meine Hose. Ich schämte
mich so sehr! Nach einer Weile weckte ich Mama. Sie
wechselte das Laken und deckte mich wieder zu.

»Warum hast du denn ins Bett gemacht?«, fragte sie
verwundert. Doch ich antwortete nicht. Was hätte ich
sagen sollen?

Das Bettnässen begleitete mich, bis ich zwölf Jahre
alt war. Es passierte wieder und wieder. In all der Zeit
erzählte ich nichts.

Es war kaum möglich, Begegnungen mit Paul zu ver-
meiden. Das alte Kino war der einzige Ort, an dem
wir uns beschäftigen konnten, und weil Mama nicht
wusste, was passiert war, schickte sie mich natürlich
weiter dorthin.

Die Zeit in Crailo erschien mir länger und düsterer
als alles andere davor. Ich machte viel zu viele schlechte
Erfahrungen. Mein Vertrauen in andere Menschen, besonders in Männer, war erschüttert. In meinem Leben
war nichts mehr, wie es sein sollte. Als nach sechs Monaten endlich die Nachricht kam, dass wir eine Wohnung bekommen würden, war ich bereits ein zutiefst
verstörtes Kind.

DIE GRÜNEN HAARE

Mama stopfte energisch ein rotes Plastikauto mit drei Rädern und zerkratzte Comicfigürchen in einen großen grauen Müllsack.

»Was machst du damit?«, fragte ich.

»Das Zeug will ich nicht in unserer neuen Wohnung haben.« Der halbe Sack war schon voll. Ich war nicht traurig, dass die Billigspielsachen von McDonald's im Müll landeten. Das war unnützer Krempel. Klar, als ich kleiner war, bedeutete jedes Happy Meal einen kleinen Luxus, aber das war jetzt vorbei. Ich nahm meine Puppe in den Arm und verstaute sie mitsamt Anziehsachen in ihrem Wägelchen. Die graue Kuschelmaus legte ich daneben.

Endlich war der Tag unseres Umzugs gekommen, den wir mit dem Bus bewältigen würden. Gegen Mittag brachen wir auf. Mit einem verächtlichen Gesichtsausdruck sah sich Mama ein letztes Mal in dem runtergekommenen Heimzimmer um. Dann öffnete sie die Tür.

Unsere neue Heimat lag in einem Vorort von Utrecht, in Bilthoven. Wir würden dort in der Planetenstraße wohnen, hatte Mama gesagt. Das klang nach Himmel und Weite. Als der Bus sich schaukelnd vorwärts bewegte, presste ich neugierig die Nase an die Scheibe. Wir fuhren an grünen Laubbäumen und mehrstöckigen hellen Ziegelbauten vorbei. Die Häuser hatten Balkone, auf denen die Bewohner Sonnenschirme, Tische und Wäschegestelle aufgebaut hatten. Ich sah Kinder, die auf den Wiesen zwischen den Häusern spielten. Es war das erste Mal, dass ich einen Eindruck vom normalen Leben in einer Siedlung bekam.

Der Bus hielt. Pedram half mir, den Puppenwagen auf die Straße zu heben. Amoe balancierte ächzend den Röhrenfernseher auf seinem Rücken, den Mama einem anderen Heimbewohner abgekauft hatte. Wir konnten es kaum erwarten, in unser neues Zuhause zu kommen. Ein schmaler, gepflasterter Weg führte von der Straße zu einem weiter hinten liegenden Block, und dort, in der Nummer 323, lag unsere neue Wohnung. Ich erinnere mich noch genau, wie toll ich alles fand, als ich sie zum allerersten Mal von innen sah. Es gab vier Räume, alle hatten Mama und Amoe vorher weiß gestrichen. Mittlerweile war klar, dass er mit uns zusammen einziehen würde. Ich freute mich nicht unbedingt darüber, aber immerhin war ich nicht mehr ganz so eifersüchtig wie zu Anfang. Mama und er bezogen ein Zimmer. Ein breites Fenster ließ viel Licht ins Wohnzimmer. Pedram und ich bekamen jeder ein eigenes Zimmer. Pedrams war viel größer als meins, klar, er war der Ältere. Das fand ich natürlich doof und ungerecht, aber die Freude über das eigene Reich überwog. Zum ersten Mal in meinem neuen Leben hatte ich einen Raum, dessen Tür mich von der Welt draußen abschirmen würde, wann immer ich es mir wünschte.

Ich ging in mein Zimmer. Auf dem Boden lag eine Matratze mit einem Kissen und einer Decke, und ich stellte meinen Puppenwagen daneben. Meine Maus bekam einen Platz auf dem Kopfkissen. Es sah total gemütlich aus.

Dass ich einen Platz nur für mich gehabt hatte, war lange her. Zum ersten Mal seit Jahren dachte ich wieder an unser prachtvolles Haus im Iran mit den glänzenden Marmorböden, den riesigen Räumen und dem Heer von Hausangestellten. Wie privilegiert wir gelebt hatten, war mir vor unserer Flucht nie bewusst gewesen. Wir hatten zur Oberschicht des Landes gehört, ja, aber hier würden wir von vorn anfangen und ganz anders leben als früher. Doch das war egal – wir hatten unseren eigenen Platz, und das war die Hauptsache.

Ich ging zum Fenster. Unten war eine grüne Wiese. Es gab sogar einen Spielplatz. Ein blondes Mädchen in Pedrams Alter schaukelte dort, und zwei kleinere Jungen kickten einen Ball. Ich wollte dahin, wo Licht und Luft waren und wo andere Kinder spielten. Nach den Jahren in der Beschränktheit des Heims fühlte es sich an, als könnte mein Körper sich endlich aus einer Hülle befreien, die viel zu eng gewesen war.

»Par, lass uns rausgehen!«, rief Pedram aus dem Flur und riss mich aus meinen Gedanken. Wir liefen zusammen ins Wohnzimmer. Von Mama sah ich nur das Hinterteil, ihr Oberkörper steckte noch in einer Tasche. Amoe schraubte an einem Regal und ächzte vor sich hin.

»Mama, dürfen wir auf den Spielplatz gehen?«, fragte Pedram, und meine Mutter streckte ihren Arm aus der Tasche, als würde sie eine Fliege verscheuchen.

»Geht und lasst uns in Ruhe arbeiten!«, rief sie, während wir schon die Treppen hinunterrannten.

»Kann ich auch mal?«, fragte ich das Mädchen auf der Schaukel. Sie gab das Sitzbrett für mich frei.

»Du bist neu hier, oder?«, fragte sie neugierig. Ich nickte. »Ich bin Letka. Und wie heißt du?«

»Ich bin Par, und wir wohnen da oben.« Ich zeigte auf mein Zimmerfenster.

Letka wurde meine erste beste Freundin. Wir trafen uns jeden Nachmittag zum Spielen. Sie war zwei Jahre älter als ich und hatte eine deutsche Mutter und einen niederländischen Vater. Wenn Pedram mit den anderen Jungs kickte, verbrachte ich die Zeit mit Letka. Wir spielten Verstecken oder mit Puppen. Durch sie lernte ich den Brauch kennen, in der Nachbarschaft für ein paar Groschen beim Staubsaugen zu helfen. Sie zeigte mir viele kleine Dinge, die zum normalen Kinderleben in der Siedlung gehörten.

In unserer Wohnung war Mama dabei, alles einzurichten. Amoe und sie hatten dreitausend Gulden von der Regierung für den Umzug bekommen. Jeder Flüchtling, der in den Niederlanden Bleiberecht erhielt, bekam dieses Geld. Meine Kinderzimmermöbel durfte ich mir selbst aussuchen, und ich entschied mich für ein Hochbett mit einem Tisch darunter. Bei dem Schrank meiner Wahl schüttelte Mama allerdings den Kopf und lachte: »Der ist ja breiter als das ganze Zimmer! Nimm den hier, der passt wenigstens rein.«

Will man für eine Familie eine ganze Wohnung einrichten, sind dreitausend Gulden schneller weg, als man gucken kann. Umgerechnet sind das weniger als tausendfünfhundert Euro, und ich frage mich heute noch, wie Mama es eigentlich geschafft hat, eine vernünftige Einrichtung zusammenzukriegen. Sie besorgte viele gebrauchte Möbel, neue Dinge kaufte sie nur für uns Kinder.

Gott sei Dank fand Amoe bald eine Arbeit. Er fing bei einem großen Elektronikunternehmen an und verließ nun in aller Herrgottsfrühe die Wohnung. Spät am Nachmittag kam er kurz nach Hause, um dann in die Abendschule zu fahren. Amoe war damals erst Mitte zwanzig und hatte schon Verantwortung für eine ganze Familie. Er ackerte tagsüber in seinem Job und büffelte abends für die Prüfungen. Was das für eine Herausforderung für ihn gewesen sein muss! Er war damals fast so alt wie ich es jetzt bin, und er hat wirklich geschuftet, um uns alle durchzubringen.

Mama wollte uns Kinder an der Schule anmelden. Pedram übersetzte ihr die Formulare, denn ihr Holländisch war immer noch nicht gut genug. Es war von Anfang an sein Job und später auch meiner, die Behördenpost zu übersetzen, die Stromrechnung zu überweisen oder bei der Hausverwaltung anzurufen, wenn das Licht im Treppenhaus ausgefallen war. Wir mussten ziemlich früh lernen, Dinge zu regeln. Irgendwann kam ein Brief, in dem stand, dass wir in die Polarstern-Schule gehen sollten.

»Ich will aber nicht in die Schule!«, protestierte ich.

»Warum denn nicht?«, fragte Mama.

»Bestimmt sind die Lehrer da doof!« Außerdem wollte ich nicht wieder jemandem wie Paul begegnen.

Mama sah mich streng an. »Du bist sieben Jahre alt, natürlich gehst du in die Schule!« Am nächsten Tag nahm sie mich mit ins Einkaufszentrum und kaufte mir einen neuen Schulranzen, der doppelt so breit wie mein Rücken war.

Das neue Schuljahr hatte bereits begonnen, als ich meinen ersten Schultag antrat. Größere und kleinere Mädchen und Jungen strebten mit bunten Ranzen über den Hof ihren Klassen entgegen. Ich war aufgeregt, weil ich niemanden kannte. Mama begleitete uns ins Schulhaus und führte mich und Pedram einen langen breiten Gang entlang, der an die Flure im Flüchtlingsheim erinnerte, bis wir vor der Tür zu meiner Klasse standen. Sie war offen und die Bänke noch leer. Die Lehrerin sah uns kommen und ging auf mich zu.

»Willkommen«, sagte sie und lächelte. Dabei kräuselte sich ihr Nasenrücken. »Ich bin Frau Ciska. Und du bist bestimmt Parham?« Mein Name klang sonderbar aus ihrem Mund.

Mit einem Kuss auf meinen Handrücken verabschiedete sich Mama von mir. Ihr Lippenstift hinterließ einen roten Abdruck. Sie machte das oft, wenn ich Angst hatte, irgendwo allein zu bleiben. So sei sie bei mir, sagte sie dann.

Frau Ciska zeigte mir meinen Platz. Ich setzte mich und sah zu, wie die anderen Kinder nach und nach eintrudelten, bis schließlich alle dreißig Schüler im Raum waren. Ich kam mir fremd und winzig vor und etwas verloren, obwohl ich ein Jahr älter als die Erstklässler war. Sie waren neugierig und bestürmten mich mit allerlei Fragen: Wo kommst du her? Wie alt bist du? Warum seid ihr aus deinem Land geflüchtet? Ist da Krieg? Flüchtlingskinder kannten sie in diesem kleinen Ort bisher nicht, deshalb fragten sie so viel. Aber sie interessierten sich auch für die ganz alltäglichen Themen: Hast du eine Schwester oder einen Bruder? Besitzt du ein Haustier? Das Gefühl des Alleinseins war wie weggeblasen. Ich stand im Mittelpunkt, und ich genoss es. Es war ein richtig guter Start in der neuen Schule, und an diesem ersten Tag war nichts zu spüren von all den Schwierigkeiten, die mir in den kommenden Jahren noch begegnen würden.

In der Pause sah ich Pedram wieder. Er kickte mit den Jungs in seinem Alter, und alle schienen ihn schon zu kennen. Sie riefen dauernd nach ihm und wollten seine Aufmerksamkeit gewinnen. Bereits nach einer Woche war mein Bruder der neue Star in seiner Jahrgangsstufe. Die Jungs auf dem Schulhof beeindruckte er, weil er ein genialer Fußballspieler war. Die Mädchen mochten ihn, weil er höflich war und sie nicht ärgerte.

Ich spielte überhaupt nicht gern Fußball. Ich fand es doof, mit anderen hinter einem Ball herzurennen. Wer als Junge nicht Fußball spielte, war natürlich ein Außenseiter. In den Pausen war ich deshalb anfangs oft allein. Die meisten Mädchen in der Klasse schienen sich auch nicht für mich zu interessieren. Ich wollte unbedingt dazugehören, doch wenn die anderen über ihre Nachmittage sprachen, konnte ich beim besten Willen nicht mitreden. Ich besaß keine Playstation und keinen Hund, machte keinen Sport und hatte keinen Vater mit einem coolen Beruf und einem schicken Auto, sondern nur Amoe, der zur Abendschule ging und als Hilfsarbeiter jobbte. Die anderen Kinder hänselten mich, weil ich anders war. Ich spürte von Anfang an, dass ich in ihre Welt nicht hineinpasste.

Fast alle Kinder in meiner Klasse waren kleine Angeber. Damit waren sie wohl nicht schlimmer als andere in diesem Alter. Wie Jungtiere eines Rudels tragen sie Rangkämpfe untereinander aus und fühlen sich besser, wenn sie mehr haben als ihr Freund, ihr Mitschüler, der Bruder oder die Schwester. Ich besaß nichts außer einem Puppenwagen samt Puppe und einer abgegriffenen Stoffmaus, womit man echt niemanden beeindrucken kann. Vor allem nicht die Jungs. Ich war natürlich nicht so blöd, das in der Schule zu erzählen. Stattdessen war ich fest entschlossen, mich nicht unterkriegen zu lassen. Im Flüchtlingsheim hatte ich schließlich auch Wege gefunden, mich zu behaupten. Den Kindern, die mich ärgerten, flößte ich zur Not mit Tritten und Schubsern Respekt ein.

Zu Hause in der Planetenstraße 323 begegneten uns die Nachbarn auf ganz unterschiedliche Weise. Manche hatten Vorurteile, das war nicht zu übersehen. Die alte Frau, die nebenan wohnte, schaute einfach weg, wenn sie einen von uns im Treppenhaus traf. Sie sah uns mit Sicherheit an, dass wir Flüchtlinge waren, und es wirkte fast, als würde sie es als Bedrohung empfinden, Ausländer im Haus zu haben.

Dafür war die junge Frau, die rechts neben uns wohnte, von Anfang an total nett. Sie lebte alleine mit ihren beiden Jack Russell Terriern und ging am Wochenende gern aus. Am Morgen nach den Partynächten freute sie sich, wenn ich bei ihr klingelte, um die Hunde auszuführen. Ich liebte es, mit ihnen zu spielen, und ihre Besitzerin konnte in Ruhe ausschlafen.

Mama sorgte, so gut sie konnte, dafür, dass wir uns in unserem neuen Zuhause wohlfühlten und wieder lernten, was Familienleben bedeutet. Jeden Tag kochte sie für uns, und es gab wieder gemeinsame Mahlzeiten. Wenn ich nach Hause kam, roch es immer nach leckeren Gewürzen. Tagtäglich saßen wir zusammen am

Tisch in der kleinen Küche. Es war ein heimeliges und gutes Gefühl. Amoe nahm nun im Alltag die Vaterrolle ein, was für mich ganz merkwürdig war.

Von meinem leiblichen Vater hörten wir noch ein einziges Mal. Es war kurz nach unserem Umzug. Er hatte wohl von meiner Tante erfahren, wo wir jetzt lebten, und rief an. Amoe ging an den Apparat. Mein Stiefvater hatte keine Ahnung, wer dran war, und meldete sich ganz normal, während Pedram und ich uns im Hintergrund mit Mama unterhielten. So erfuhr Reza, dass seine Frau nun mit einem anderen zusammenlebte. Die Männer schrien sich an, Reza war ziemlich wütend. Es war ein seltsames Gefühl, nach all der Zeit nur dieses Telefonat von ihm mitzubekommen. Unsere Verbindung war wie abgeschnitten, und ich wusste nicht, ob ich meinen Vater jemals wiedersehen würde.

Die ersten Wochen in der Schule vergingen schnell, und in den Herbstferien machten wir mit einem Ultra-Billig-Anbieter eine Busreise ins Disneyland Paris. Nach der langen Zeit im Flüchtlingsheim wollte Mama endlich etwas Schönes mit uns unternehmen. Ich war fasziniert von dieser bunten Welt und hätte am liebsten alles ausprobiert, aber Amoe meckerte nur rum und verbot uns alles. Außerdem beschimpfte er einen Angestellten des Parks als Rassisten, weil der uns angewiesen hatte, uns hinten anzustellen. Amoe führte sich auf wie im Flüchtlingsheim, wenn die Sozialarbeiter ihn zurechtwiesen. Aber hier war das ganz normale Leben, und nicht jeder, der irgendwelche Kritik äußerte, hatte automatisch was gegen uns. Nur Amoe schien zu glauben, dass er von einer Horde Ausländerfeinde umgeben war. Mir war das sehr peinlich.

Als die Schule wieder anfing, hatte ich gar keine Lust hinzugehen. Ich konnte mich kaum länger als ein paar Minuten auf den Unterricht konzentrieren. Frau Ciska versuchte, mich zu motivieren, und gab sich wirklich

Mühe, aber es geschah wie von alleine, dass meine Aufmerksamkeit sich anderen Dingen zuwandte. Ich ging immer wieder über Grenzen. Mit jedem Nein erwachte eine Stimme in mir, die sagte: Los, jetzt erst recht, zeig es ihnen!

An einem Morgen, als die Sonne ins Klassenzimmer schien, öffnete Frau Ciska das Fenster. Dann drehte sie sich um und schrieb etwas an die Tafel. Ich stand auf und kletterte so leise wie möglich auf die Fensterbank. In dem Moment, als ich oben saß, hatten die meisten meiner Mitschüler die Lehrerin vorne vergessen und verfolgten gespannt, was ich tat. Frau Ciska drehte sich um, als sie merkte, wie Unruhe aufkam.

»Komm augenblicklich da runter!«, rief sie. Ihre Stimme wurde schrill und hysterisch.

Ich aber dachte nicht daran zu gehorchen und sprang einfach aus dem Fenster. Es waren höchstens drei Meter bis zum Boden. Dann stand ich auf, ging durch den Haupteingang wieder in die Schule hinein und lief in meine Klasse.

»Was hast du dir nur dabei gedacht, Parham?«, fragte Frau Ciska verärgert. »Wenn du schon nicht mitmachst«, wies sie mich vor der Klasse zurecht, »bleib wenigstens auf deinem Platz, sonst wirst du sehen, wo das hinführt.«

Ich hielt den Kopf gesenkt und wartete darauf, dass das Donnerwetter vorüber wäre.

»Schau mich an, wenn ich mit dir rede!«

Ich atmete tief durch, sah ihr direkt in die Augen und sagte so laut, dass alle es hören konnten: »Ist mir doch egal, blöde Kuh!«

Frau Ciska packte mich am Arm und schob mich auf den Gang hinaus. Den ganzen Vormittag musste ich auf dem Flur sitzen. Jeder, der vorbeilief, glotzte mich mit schadenfrohem Grinsen an. Sie wussten genau, dass ich ausgesperrt worden war, weil ich etwas angestellt hatte.

Jetzt fand ich die ganze Sache überhaupt nicht mehr lustig.

Als ich nachmittags nach Hause kam, öffnete mir Mama die Tür. Ich sah an ihrem Gesicht, dass es gleich Ärger geben würde.

»Deine Lehrerin hat angerufen!«, sagte sie. »Du bist aus dem Fenster gesprungen? Und du hast sie blöde Kuh genannt?«

»Lass mich in Ruhe!«, erwiderte ich.

»So redest du nicht mit mir!«, schimpfte sie und war sichtlich entsetzt darüber, dass ich überhaupt nicht daran dachte, die Autorität der Lehrerin zu akzeptieren. Im Iran sind Lehrer gesellschaftlich hoch angesehen. Sie sind diejenigen, die aus den Kindern des Landes zukünftige Ärzte, Rechtsanwälte und Ingenieure machen. Sie sind die Verantwortlichen für die Zukunft der Gesellschaft und werden entsprechend geschätzt.

»Wie soll das nur enden mit dir?«, seufzte Mama.

»Ist mir doch egal!« Trotzig stampfte ich mit dem Fuß auf. Ich lief an ihr vorbei und knallte die Zimmertür fest hinter mir zu. Mit Schwung schleuderte ich den Ranzen in die Ecke und wartete, ob noch etwas passierte.

»Wenn Amoe kommt, werden wir noch einmal über die Sache reden!«, rief sie mir hinterher.

Er kam nach dem Abendessen heim. Hinter der geschlossenen Küchentür hörte ich aufgeregte Wortfetzen. Dann holte Amoe mich dazu.

»Du bist unverschämt zu deiner Mutter. Was fällt dir eigentlich ein? Tut es dir wenigstens leid?« Trotzig starrte ich ihn an. »Zeig gefälligst Respekt und senke den Kopf, wie es sich gehört, wenn ein Erwachsener mit dir redet«, schimpfte Amoe.

Im Iran wird das tatsächlich von Kindern erwartet, aber wir lebten nicht mehr dort. Ich war total verwirrt – erst wollte die Lehrerin, dass ich ihr in die Augen schaue, Amoe aber war es nicht recht. Trotzdem starrte ich weiter. Soll er doch mal lernen, dass man das hier so macht, dachte ich. Dabei hatte ich allerdings ein mulmiges Gefühl. Er war stärker als ich, und ich wusste, dass er fest entschlossen war, meiner Mutter beizustehen und mir Respekt einzuflößen. Auf Gehorsam wird in traditionellen persischen Familien ziemlich viel Wert gelegt. Wenn Kinder rebellieren, wird das auf keinen Fall geduldet, sondern streng bestraft.

Amoe griff hinter sich, umfasste den hölzernen Kochlöffel, der dort lag, und befahl mir, die Hände nach vorne auszustrecken. Ich schrie und versteckte meine Arme hinter dem Rücken. Jetzt wünschte ich mir, dass Mama mich rettete. Doch sie kam nicht.

»Handflächen nach oben!«, befahl Amoe, und dann sauste der Kochlöffel klatschend nieder. Die Haut wurde mit jedem Schlag röter. Mir liefen die Tränen übers Gesicht und fanden sich mit der Rotze aus meiner Nase zu einem warmen Strom zusammen, der mir über die Lippen und bis in den Mund hinein rann. Ich konnte mir das salzige, schleimige Nass nicht abwischen, weil Amoe meine Hände fest im Griff hatte, und es blieb mir nur abzuwarten, bis seine Wut nachließ. Danach verzog ich mich wortlos in mein Zimmer, fest entschlossen, mich nun erst recht nicht zu entschuldigen.

Es war nicht das einzige Mal, dass Amoe mich züchtigte. Mein Stiefvater sah Gewalt wohl als passendes Mittel, um mich zu bändigen. Wenn er mich mit Schlägen traktierte und ich ihn anflehte, damit aufzuhören, sagte er: »Das ist die einzige Sprache, die du verstehst. Du bist ein böses Kind.«

Ich glaube, er wollte meiner Mutter einfach nur helfen, mich zu erziehen. Dabei sah er nicht, dass ich zutiefst verunsichert war. Ich litt, weil ich ein Außenseiter war. Und ich wusste nicht anders damit umzugehen als mit Aufmüpfigkeit und einer unbezähmbaren Wildheit, die im Erziehungsvakuum des Flüchtlingslagers die einzig mögliche Überlebensstrategie gewesen war. Welchen Anteil meine Erfahrungen mit Paul an all dem hatten, kann ich nicht sagen. Die Erlebnisse hatte ich nach wie vor tief in mir vergraben. Nachts wachte ich oft auf, weil mein Bett nass war. Ich hatte jede Erinnerung an diesen Mann aus meinem Kopf verbannt. Mein Verstand verweigerte jede Verknüpfung des Bettnässens mit jenen Ereignissen, die es ausgelöst hatten.

Mein erstes Jahr in der Polarstern-Schule war nicht einfach, zumal Letka leider auf eine andere Schule ging. Ich dachte in der ersten Zeit, dass mich niemand mag, aber nach ein paar Monaten merkte ich, dass mich nicht alle Kinder ablehnen. Dino war der erste Klassenkamerad, der mein Freund wurde. Er wohnte neben dem Schwimmbad, etwa eine Viertelstunde Fußweg von unserer Wohnung entfernt. Das hübsche freistehende Haus hatte zwei Stockwerke, überall hohe Fenster und einen Garten. Ich wünschte mir nichts mehr, als auch so zu wohnen, und begann ebenso intensiv, unsere Wohnung mit den braunen Teppichen zu verachten. Sie kam mir im Vergleich plötzlich ärmlich und schäbig vor.

Ich fand so ziemlich alles an meinem neuen Freund toll, und als er mir von seinem Judokurs erzählte, fragte ich Mama, ob sie mich auch anmelden würde.

»Du willst Judo machen? Warum denn das?«, fragte sie, erstaunt darüber, dass ich plötzlich eine Kampfsportart toll fand. Kurz vorher hatte ich noch zum Ballett gewollt.

»Ich will da hin, weil Dino das auch macht!«, erklärte ich ihr.

»Ach deswegen! Na gut, aber dann möchte ich auch sehen, dass du wirklich mitmachst«, mahnte sie und kümmerte sich um die Anmeldung.

Eine Woche später gingen Dino und ich zum ersten Mal gemeinsam zum Judo. Die einfachen Würfe bekam ich einigermaßen hin, und als der Trainer nach zwei Wochen die Eltern zu einer Vorführung einlud, sollte ich direkt mitmachen.

Die Mütter saßen an dem Nachmittag auf Holzbänken und sahen erwartungsvoll zu uns herüber. Ich war nervös, aber Dino schien keine Zweifel zu kennen. Er begann mit seinen Rollen und ließ sich klatschend auf die Matte fallen. Er war gerade dabei, sich für einen Wurf zu positionieren, als ihm knatternd ein lauter Furz entwich. Augenblicklich entstand im Publikum ein peinlicher Moment der Stille. Dann hörte man die Leute kichern. Dino schien das überhaupt nicht unangenehm zu sein. Er grinste und machte einfach weiter. Das war typisch für ihn, und ich mochte ihn, weil er so wenig darauf gab, was die anderen sagten.

Zu Letka ging ich fast jeden Nachmittag, wenn ich von der Schule kam. Sie wohnte in unserem Block, und so hatten wir es nicht weit zueinander. Letkas Mutter hatte kurze Haare wie ein Mann. Sie trug immer ein T-Shirt, Shorts und Flip-Flops. Im Winter wechselte sie zur langen Hose, aber das T-Shirt blieb. Fast immer, wenn Letkas Vater nach Hause kam, stritten ihre Eltern. Sie gingen dafür in ein anderes Zimmer. Bestimmt dachten sie, wir würden es nicht mitbekommen, aber auch wenn wir die Worte nicht verstanden, hörten wir am aggressiven Klang der Stimmen, was los war. Ich hasste diese Streitereien. Die beiden waren sowieso ein merkwürdiges Paar. Nie habe ich gesehen, dass sie sich küssten oder umarmten. Erst viele Jahre später sollte ich erfahren, was der Grund für den Mangel an Zärtlichkeit war.

Der Winter verging. Zum Judo ging ich nicht mehr. Mama hatte da schon das richtige Gefühl gehabt: Eigentlich war Kampfsport nicht mein Ding und die

Übungen langweilig geworden. Stattdessen wünschte ich mir, dass es endlich nicht mehr so kalt wäre und vor allem nicht so früh dunkel, damit ich wieder mit den anderen Kindern draußen spielen konnte. Die Freunde, die ich mittlerweile gefunden hatte, waren sowieso das Wichtigste für mich.

Auch Amoe und Mama begannen wieder ein Sozialleben. Im Flüchtlingsheim war es quasi unmöglich gewesen, Besuch zu empfangen, ganz abgesehen davon, dass da auch niemand gern hinkam. An einem der ersten Frühlingstage des neuen Jahres lud Mama Amoes Bruder und seine Eltern zu einer kleinen Party ein. Beide waren Schriftsteller. Mein Stiefgroßvater war im Iran ein bedeutender Intellektueller gewesen, und meine Stiefoma schrieb Kinderbücher. Ich freute mich, dass sie uns besuchten.

Amoe stellte auf dem Balkon einen Grill auf, den meine Mutter irgendwo für kleines Geld ergattert hatte. Er feuerte ihn mit Holzkohle an und briet das Fleisch, während die Erwachsenen sich unterhielten. Es war laut, gesellig und fröhlich.

Auf dem Balkon nebenan war die alte Nachbarin dabei, Wäsche aufzuhängen. Sie schaute an der gläsernen Trennscheibe vorbei auf das muntere Geschehen auf unserem Balkon und schüttelte immer wieder mit verkniffenem Mund den Kopf. Als niemand sie beachtete, schlug sie mit einem Besenstiel gegen die Wand und rief mit keifender Stimme: »Also jetzt hören Sie mal, so geht das hier nicht. Es gibt eine Hausordnung!«

Mir war damals nicht klar, was sie störte. Wir aßen und unterhielten uns – na und? Was hatte sie dagegen?

Amoe beugte sich über die Balkonbrüstung. »Was wollen Sie von uns?«, rief er. »Das hier ist ein freies Land, und wir haben Rechte. Sie machen uns doch nur Ärger, weil wir Ausländer sind!« Er brüllte und schimpfte so lange auf die alte Nachbarin ein, bis Mama ihn am Arm

nahm und in die Wohnung zog. Sie hielt ihm eine Stand-
pauke, dass man so nicht mit alten Leuten umgehen
könne, und innerhalb von Sekunden wurde seine Miene
reumütig. Im Iran steht der Respekt vor Älteren über
allem, ganz egal, wie bescheuert sich jemand verhält.

Mama stapelte verschiedene Salate, Fleisch und
selbst gebackenes Brot auf einen Teller und ging los,
um nebenan zu klingeln. Pedram und ich lauschten
neugierig. Die alte Frau öffnete die Wohnungstür. Erst
klang ihre Stimme noch ärgerlich, doch dann wurde ihr
Tonfall freundlicher. Von diesem Tag an grüßte sie im
Treppenhaus. Mamas Geste hatte das Eis gebrochen.
Ein halbes Jahr später spendierte mir die Nachbarin sogar eine Laterne für den Sankt-Martins-Umzug, als ich
nicht genug Geld hatte und sie mich darüber weinen
sah. Ich mochte sie am Ende wirklich gern, aber irgendwann wurde sie dement, erkannte mich nicht mehr und
kam ins Altenheim.

Weil das Geld immer noch knapp war, suchte Mama
sich eine Stelle. Sie fing in einer Fabrik an, in der sie
nachts arbeitete. Frühmorgens kam sie wieder, weckte
uns, machte Frühstück und legte sich schlafen, nachdem wir uns auf den Weg zur Schule gemacht hatten.
Ich weiß nicht, wann sie die Hausarbeit erledigt oder
eingekauft hat. Darüber machte ich mir als Kind keine
Gedanken. Aber ich merkte, dass sie sich veränderte.
Schon nach wenigen Wochen in der Fabrik wurde sie
schlanker und vergnügter. Sie mochte es, unter Leuten
zu sein, genau wie ich.

Im April 1997 wurde ich acht Jahre alt. Ich bekam einen Kassettenrekorder mit Radio, weil ich so gern Musik hörte. Mama erlaubte mir, eine Party zu feiern. Die
Einladungskarten bastelte ich selbst und verteilte sie an
Dino, Letka und drei andere Mädchen aus der Nachbarschaft. Mama bereitete aus Keksen eine Art Geburts-

tagstorte. Sie hatte keine Zeit und vielleicht auch kein Geld, um einen richtigen Kuchen zu backen, aber sie gab sich Mühe, es trotzdem wie eine richtige Party aussehen zu lassen. Rausgehen durften wir allerdings nicht, weil sie fürchterlich besorgt war, den anderen Kindern könnte etwas passieren, während sie die Verantwortung für sie trug. So saßen wir im Kreis in meinem sechs Quadratmeter großen Zimmer, hörten Musik aus meinem neuen Radio und aßen den Kekskuchen.

Obwohl mein Fest auf eine beinahe traurige Art bescheiden ausfiel, war ich froh. Es war schon viel besser als im Heim. Immerhin hatte ich Kinder einladen dürfen. Aber ich schwor mir, rauschende Partys mit mindestens hundert Gästen zu feiern, wenn ich endlich erwachsen wäre.

Die großen Ferien verbrachten wir zu Hause. Als ich in die zweite Klasse kam, fühlte ich mich schon deutlich mehr angekommen als zu Beginn der Grundschulzeit. Ich freundete mich mit einer Mitschülerin an. Sie hieß Marjo und trug ihr blondes Haar zu einem hohen, wippenden Pferdeschwanz gebunden. Marjo mochte ich gern, weil sie ganz normal mit mir umging. Die Freundschaft mit ihr war was anderes als die mit Letka, weil wir im gleichen Alter waren. Sie lud mich zu sich nach Hause ein. Wir setzten uns auf den flauschigen Teppich in Marjos Zimmer und spielten, wir hätten ein verletztes Kind. Das Kind war ihre Puppe, die wir sorgfältig mit Creme behandelten, bis das hautfarbene Plastik glänzte wie ein speckig poliertes Osterei.

Wenn ich mit Mädchen spielte, fühlte ich mich nie fremd. Ich bin mir sicher, dass Mama das aufgefallen wäre, wenn sie nicht dauernd damit beschäftigt gewesen wäre, unser Überleben zu sichern. Aber in unserem Flüchtlingsdasein war einfach alles andere wichtiger als die Frage meiner geschlechtlichen Identität.

Das Leben der Jungs erkundete ich mit Dino. Eines Tages erzählte er in der Schule, dass hinter seinem Haus ein Flugzeug abgestürzt sei. Direkt in einen Teich.

»Wenn das Wasser ganz ruhig ist, kann man es sogar sehen!«, flüsterte er mir verschwörerisch zu.

Als es wieder wärmer wurde, machten wir uns eines Nachmittags auf den Weg zu dem Tümpel.

»Da liegt es!«, rief Dino.

»Was soll das denn für ein Flugzeug sein? In den Teich passt doch gar keins rein.« Der spinnt, dachte ich.

Dino zeigte auf die Wasseroberfläche. »Doch! Schau, da schwimmt das Öl aus dem Tank!«

Ich starrte in die dreckige Brühe und versuchte angestrengt, irgendetwas zu erkennen. Ich sah bloß bläuliche Ölflecken und mein Spiegelbild. Dann hörte ich es neben mir plätschern. Das war Dino, der im weiten Bogen ins Wasser strullte. Ich wollte wie er ins Wasser pinkeln, zog die Hose runter und machte zwei Schritte Richtung Uferkante. Unter meinem Fuß gab etwas Glitschiges nach, und mit rudernden Armen fiel ich vornüber in den Tümpel. Japsend tauchte ich auf und krabbelte den flachen Uferhang hoch. Ich schlotterte vor Kälte, und ich schämte mich. Mein Versuch, so cool zu sein wie mein Freund, war kläglich gescheitert. Und das bescheuerte Flugzeug gab es auch nicht.

Auf dem Weg nach Hause hielt ich die Tränen zurück, aber als Mama die Tür öffnete, war es um meine Fassung geschehen. Ich hatte Angst, weil sie mich sicher bestrafen würde.

»Warum weinst du?«, fragte sie. »Du bist patschnass den ganzen Weg gelaufen und hast nicht geweint! Warum jetzt?«

Ich fühlte mich wie ein tollpatschiger Idiot, der niemals irgendwo dazugehören würde, weil ihm alles misslang. Dieser kleine Vorfall war für mich ein echtes Drama. Ich konnte nicht mal im Stehen pinkeln.

Tatsächlich aber gab es auch Dinge, die mir besonders gut gelangen. Ich liebte Musik, das Singen und Tanzen. Außerdem fand ich es großartig, im Mittelpunkt zu stehen. Deshalb war der Playback-Wettbewerb unserer Schule genau mein Ding. In der ersten Klasse war ich noch chancenlos gewesen, weil ich einen persischen Song gewählt hatte. Niemand verstand den Text, kein einziges Kind gab mir seine Stimme. Aber das hatte mich nicht abgeschreckt – im Gegenteil. Als ich in der zweiten Klasse war, wusste ich, dass ich mir einen wirklich coolen Popsong aussuchen musste, den alle kannten. »I Want Candy« von Aaron Carter war zu der Zeit mein Lieblingshit.

Bei MTV sah ich mir das Musikvideo an und studierte die Choreographie, die der Sänger tanzte. Meine Eltern hatten mir einen eigenen Fernseher ins Zimmer gestellt, weil sie total genervt waren von unseren Streitereien um das Programm. Pedram und ich konnten uns eigentlich nie einigen. Es war die Zeit, als es uns finanziell langsam besserging. Sogar ein Auto besaßen wir jetzt.

Für das Vorsingen wollte ich unbedingt aussehen wie Aaron. Er war blond, also stylte ich mir die Haare mit einer Mischung aus gelber Kreide und Schaumfestiger hellgelb. Alle Kinder trafen sich in der Aula. Bunte Scheinwerfer hingen an der Decke, und silberner Flitter schmückte den großen Raum. Die Playback-Show war ein richtiges Highlight in unserer piefigen Kleinstadt.

Als ich auf die Bühne trat, war der Saal voll, und eine erwartungsvolle Stille lag über den Köpfen. Ich nahm das Mikrofon in die Hand. Die Musik startete, und ich begann, meine Arme und Hüften im Takt zu bewegen. Dann sang ich. Es war aufregend, aber vor allem war es ein gutes Gefühl, denn ich tat etwas, das ich liebte. Alle applaudierten. Ich fühlte mich schon in dem Moment wie ein Popstar. Eines Tages würde ich selbst vor

Tausenden auftreten und weltberühmt werden, nahm ich mir fest vor.

Es war ein Mädchending, diese Show. Vermutlich gefiel es mir gerade deswegen so gut. Als alle gesungen hatten, dauerte es eine halbe Ewigkeit, bis die Entscheidung fiel. Als der Direktor verkündete, dass ich gewonnen hatte, sprang ich überglücklich die Stufen zur Bühne hoch. Es war ein unbeschreibliches Gefühl! Ich konnte etwas! Und ich war sogar dazu in der Lage, andere zu begeistern.

Der Direktor überreichte mir die riesige Torte, die jedes Jahr an das Gewinnerkind ging. Ich balancierte sie ehrfürchtig nach Hause. Auf dem Heimweg stellte ich mir vor, die Büsche am Wegesrand wären meine Fans, die mir zujubelten. In der Planetenstraße umarmte mich Mama vor Freude und gratulierte mir. Es war ihr völlig egal, dass sonst fast nur Mädchen bei dem Gesangswettbewerb mitgemacht hatten. Sogar Amoe schien ziemlich stolz zu sein, als er von meinem ersten Platz erfuhr.

Als ich elf war, machte ich sogar einmal bei »Kinder für Kinder« mit, einer Fernsehshow, bei der die Gewinner eine CD aufnehmen. Meine Eltern ermutigten mich, fleißig zu üben. Sie fuhren beide mit mir zur Regionalentscheidung. Da waren mindestens hundert Kinder. Alles musste irre schnell gehen. Jeder durfte nur kurz auf die Bühne, sang sein Lied und schwupps – der Nächste bitte.

»Ihr bekommt in ein paar Tagen Bescheid«, sagten die Fernsehleute und schickten uns wieder nach Hause. Wir warteten eine ganze Weile, bis sie uns endlich mitteilten, wie ich abgeschnitten hatte. Als die Nachricht kam, konnte ich es nicht fassen: Ich war im Finale! »Kinder für Kinder« war ein großes Ding in den Niederlanden, jeder kannte diese Sendung, sogar die Lokalzeitung von Bilthoven rief an, um ein Interview mit mir zu machen.

»Was für Musik magst du denn?«, fragte der Reporter.

»Ich … äh … ich mag Popmusik, und Britney Spears finde ich super.« Ich war echt nervös, aber ich fand es total genial, dass die Zeitungsleute sich für mich interessierten. »Ich gehe auch bald mit meiner Freundin zu einem Konzert von ihr. Wenn ich groß bin, möchte ich auch Sänger werden. Am liebsten wie Britney Spears.«

Am Tag darauf erschien der Artikel, und nun bekamen alle Kinder mit, dass ich bei einer großen TV-Show im Finale war. Für eine Woche war ich ein richtiger Star in der Schule. Auf einmal war es cool, dass ich so gut singen konnte, und sie bewunderten mich.

Weil Mama keine Zeit hatte, begleitete mich Amoe zum Finale. Auf dem Weg von Bilthoven nach Hilversum wurde ich mit jedem Kilometer hibbeliger. Wir waren erst die Hälfte der Strecke gefahren und ziemlich spät dran.

»Amoe, fahr schneller!«, rief ich. Mein Stiefvater lachte und gab Gas. Er fand es gut, dass ich den Auftritt so ernst nahm.

Mehrere aufgeregte Kinder warteten auf ihren großen Moment. Mitarbeiter mit Headsets liefen um uns herum, servierten Cola und fragten dauernd, ob alles okay wäre. So muss es sein, wenn man berühmt ist, dachte ich. Dann ging es los. Auf der Bühne fühlte ich mich großartig, und die Nervosität war verschwunden. Die Scheinwerfer waren so hell, dass ich sowieso niemanden im Publikum erkennen konnte. Ich fühlte mich wie ein Profi. Am Ende kam ich nur auf den siebten Platz, aber das fand ich gar nicht schlimm. Ich fühlte mich trotzdem wie ein kleiner Star.

Ein paar Wochen später ging Letkas Mutter mit uns aufs Britney-Spears-Konzert nach Arnheim. Es war mein allererstes richtiges Popkonzert, und ich fand es unglaublich. Es war das Jahr 2000, und Britney war damals schon ein supererfolgreicher Mega-Star, das perfekte Idol für Mädchen – und für mich. Ich stand vor dem Spiegel, sang ihre Lieder mit und stellte mir vor, ich wäre sie.

In diesem Jahr besuchte ich die vierte Klasse und hatte bereits die vierte Lehrerin. Dieser stete Wechsel in der Grundschule machte es mir noch schwerer zurechtzukommen. Meine Schulakte hatte sich inzwischen mit zahlreichen Beschwerden über mein Benehmen gefüllt. Dieses unruhige Kind, das so schnell mit anderen in Streit geriet und ausrastete, wenn man es ermahnte, war für die Lehrer anstrengend. Sie ließen mich spüren, wie wenig glücklich sie waren, mich unter ihren Schülern zu haben.

Mama überließ es Amoe, mich zu maßregeln, obwohl sie jetzt wieder zu Hause war. Die Arbeit in der Fabrik hatte sie aufgegeben. Chronische Schmerzen im Arm, die bis in den Nacken hinaufstiegen, hatten so heftige Migräneattacken verursacht, dass sie nicht imstande war, das Bett zu verlassen. Sie erholte sich zwar davon, aber ihre Arbeit nahm sie nicht wieder auf. Amoe verdiente mittlerweile genug Geld.

Obwohl mir vonseiten der Erwachsenen selten Gutes widerfuhr, versuchte ich zwischen meinen Trotzanfällen auch immer wieder, einfach nett zu sein. Eines Tages zum Beispiel erzählte unsere Lehrerin, dass ihr Hochzeitstag sei, sie von ihrem Mann aber noch nie einen Blumenstrauß geschenkt bekommen habe. Sie sah ganz traurig aus, und sie tat mir leid. Da wollte ich ihr eine Freude machen und beschloss, ihr eine Blume mitzubringen. Am nächsten Tag ging ich extra früh los und suchte im Laden eine rote Rose aus, die ich von meinem Taschengeld bezahlte. Die Lehrerin war tatsächlich sehr gerührt, als ich ihr mein Mitbringsel übergab.

Es hatte aber offensichtlich wenig Sinn, wenn ich mich zwischendurch immer wieder bemühte. Das

Gute, das ich tat, war deutlich schneller vergessen als das Schlechte. Einmal rief mich der Direktor zu sich. Ich hatte ein Buch geworfen, haarscharf am Gesicht meiner Lehrerin vorbei. Der Direktor hatte bereits einen hochroten Kopf, als ich sein Büro betrat.

»Setz dich«, befahl er. Dann knallte er mir das Telefonbuch auf den Tisch und brüllte: »Such dir eine neue Schule, wenn du dich hier nicht benehmen kannst!«

Ich nahm das Telefonbuch und begann, darin zu blättern. Mir gefiel die Idee, die Schule zu wechseln. Als der Direktor merkte, dass mich seine Drohung kein bisschen einschüchterte, wurde er noch wütender und suspendierte mich für zwei Tage vom Unterricht.

Es gab eine einzige Lehrerin, der ich wirklich wichtig zu sein schien und die mir etwas bedeutete. Sie kam in der vierten Klasse als Vertretungslehrerin, und es war etwas in der sanftmütigen Art, mit der sie mich ansah, das mir Vertrauen einflößte. José war die erste Lehrerin, die bei Streitereien nicht wie selbstverständlich annahm, dass alles meine Schuld ist. Es schien, als wüsste sie, dass all meine Aggressivität aus einer inneren Not heraus entstand. José begegnete mir nicht wie einem feindseligen Wesen, sondern besprach Dinge mit mir. Statt etwas einfach zu verbieten, suchte sie Kompromisse. Während die anderen Lehrer zum Beispiel streng untersagt hatten, im Klassenraum Kopfbedeckungen zu tragen, verabredete sie mit uns Kindern einen Kappentag, an dem alles erlaubt war. Ich liebte diesen Tag, obwohl ich eigentlich nie etwas auf dem Kopf trug, weil ich meine Frisur nicht zerstören wollte. Aber für José kaufte ich mir eine grüne Baseballkappe, die ich an einer Gürtelschlaufe meiner Hose befestigte.

José war fast ein Jahr lang regelmäßig in unserer Klasse. Dann verschwand sie plötzlich. Sie war morgens einfach nicht mehr da, und eine neue Lehrerin stellte sich vor. Ich war enttäuscht, weil José sich nicht einmal verabschiedet hatte. Alle anderen taten, als wäre es kein Ding, dass sie weg war, und ich kam mir irgendwie doof vor, weil sie mir wirklich sehr fehlte.

Ich hatte immer noch keine Ahnung, wer ich eigentlich sein wollte. Statt Antworten zu finden, kamen immer mehr Fragen auf. Nicht nur meine Mitschüler, sondern auch mein Bruder, der inzwischen schon die weiterführende Schule besuchte, nahmen meine Andersartigkeit wahr.

Einmal, als wir mit Nachbarskindern draußen spielten, zwang mich Pedram, ein Mädchen zu küssen. Sie hieß Paula und war so alt wie ich. Ihre große Schwester und Pedram hielten uns fest und pressten unsere Gesichter aneinander.

»Los, ihr sollt knutschen!«, feuerte Paulas Schwester uns an.

Pedram flüsterte mir ins Ohr: »Zeig, dass du ein Kerl bist!«

Ich weiß nicht, ob Paula das alles lustig fand. Für mich war es jedenfalls kein Spiel mehr. Ich spürte, wie Paula ihre Zunge zwischen meine Lippen steckte. Etwas von ihrer Spucke war jetzt in meinem Mund. Ich fand das ekelhaft und riss mich los.

»Lasst mich in Ruhe«, schrie ich und rannte davon. Ganz sicher würde ich nie wieder ein Mädchen küssen. Ich fand es wirklich schlimm, dass ausgerechnet mein großer Bruder mich zu so etwas gezwungen hatte, und irgendwie war es auch traurig, dass er nicht mehr wie früher mein Beschützer war.

Paula mochte ich trotz der Küsserei gern, sie konnte ja nichts dafür. Wir vertrauten einander. Sie erzählte mir eines Nachmittags, wie sie von einem Bekannten missbraucht worden war. Es hatte ganz ähnlich angefangen wie bei mir. Und dann war es immer schlimmer geworden.

Was Paula mir da erzählte, öffnete eine Tür zu meinen Erinnerungen an Paul. Ich hatte das so gut weggesperrt, aber plötzlich war alles wieder da. Dieses elende Gefühl von damals stieg wieder in mir auf.

»Was ist los, Par?« Meine Freundin bemerkte, dass irgendetwas in mir vorging.

»Ach ...«, druckste ich herum.

»Erzähl's mir, ich sag es keinem«, versprach Paula, und ich vertraute ihr alles an. »Und was ist mit Paul passiert?«, fragte sie, als ich fertig war.

»Was meinst du?« Ich sah sie verständnislos an.

»Na ja, meiner ist ins Gefängnis gekommen. Damit der das nie wieder macht!«

Ich war überrascht. Es hatte sich zwar nicht richtig angefühlt, was Paul getan hatte, aber dass er dafür ins Gefängnis hätte kommen können, war mir nicht klar gewesen. Und Mama hatte es mir nicht erklären können, weil sie nichts wusste. Mich beschlich das Gefühl, etwas fürchterlich falsch gemacht zu haben. Zum ersten Mal dachte ich darüber nach, wie viele Kinder Paul außer mir missbraucht haben könnte. Ich hätte es verhindern können. Aber vielleicht konnte Mama ihn jetzt noch anzeigen.

Abends, als unsere Familie beim Essen saß, erzählte ich alles. Zuerst berichtete ich von Paula, dann von Paul. Ich hatte noch nicht ausgesprochen, da begann Mama zu schreien. Es war ein hysterisches, hohes Kreischen. Es kam ihr gar nicht in den Sinn, sich um mich zu kümmern. Es ging in diesem Augenblick offensichtlich mehr um ihr eigenes Drama. Pedram sah betroffen von ihr zu mir und dann zu Amoe.

»Pedram, beruhige deine Mutter«, befahl Amoe meinem Bruder. Dann nahm er mich sanft an der Hand und führte mich in mein Zimmer. Er setzte sich neben mich auf den Teppich und sagte: »Erzähl mir alles, Par. Du rettest damit vielleicht ein anderes Kind.«

Wir redeten zwei Stunden. Es war das erste Mal, dass ich meinem Stiefvater vollkommen vertraute. Er hörte aufmerksam zu und gab mir das Gefühl, dass alles gut werden würde. Ich war ihm dankbar, weil er mich ernst nahm. In diesem Moment gab er mir den Halt, den ich dringend brauchte.

Amoe ging am nächsten Tag zu einem Freund, der Polizist war. Er wollte Paul anzeigen, doch er erfuhr, dass die Taten inzwischen verjährt seien. Immerhin sorgte der Polizist dafür, dass Pauls Name in die Akten aufgenommen wurde. Das Thema war damit innerhalb der Familie abgeschlossen.

Meine Eigenwilligkeit blieb. Alles, was verboten war, zog mich magisch an. Es war im selben Jahr, als ich zum ersten Mal heimlich rauchte. Eines der älteren Mädchen aus der Nachbarschaft hatte Zigaretten gekauft. Sie überredete mich, mit ihr zum Fahrradschuppen zu gehen. Ich war neugierig, wie sich das Rauchen anfühlte – Mama schien es immer sehr zu genießen. Das Mädchen gab mir eine Zigarette und holte ein Feuerzeug aus der Tasche. Die Flamme hatte gerade die Spitze meiner Zigarette zum Glühen gebracht, als die Mutter einer Mitschülerin in den Hof kam.

»Parham, was treibt ihr da? Raucht ihr etwa?«, fragte sie laut.

Erschrocken ließ ich die Zigarette fallen. Ich war mir sicher, dass sie mich bei meinen Eltern verpetzen würde. Doch stattdessen erzählte sie es am nächsten Tag meiner Lehrerin. Ein elfjähriges Kind raucht, man stelle sich das vor! Natürlich waren die beiden Frauen überzeugt, dass ich die anderen angestiftet hatte. Also musste ich wieder mal auf dem Flur sitzen – für eine Sache, die nichts mit der Schule zu tun hatte und die vor allem nicht auf meinem Mist gewachsen war. Trotzdem, als meine Eltern davon erfuhren, waren sie richtig sauer.

»Was hast du dir dabei nur gedacht?«, schimpfte meine Mutter.

»Aber du rauchst doch auch«, protestierte ich.

»Du bist viel zu jung für so was.«

»Das wird Konsequenzen haben«, sagte Amoe streng. »Du verbringst die Ferien in deinem Zimmer. Dann kannst du mal darüber nachdenken, was sich gehört!«

Es sollte ein schöner Sommer werden. Nur ich würde also weder ins Freibad gehen noch draußen spielen. Meine Eltern hatten entschieden: Ich hatte sechs Wochen Hausarrest. Es wurden die blödesten Ferien meines Lebens. Wenn ich den Fernseher nicht gehabt hätte, wäre ich eingegangen vor Langeweile. Als die Schule wieder anfing, war ich zum ersten Mal wirklich froh darüber. Natürlich hielt mich der bescheuerte Hausarrest nicht davon ab, mit dem Rauchen anzufangen. Ich versteckte mich einfach nur besser.

Als ich in die fünfte Klasse kam, war ich bereits zwölf Jahre alt. Ich war jetzt in der Abschlussklasse der Grundschule, und ich war endlich alt genug, um mir einen Schülerjob zu suchen. Mama sorgte zwar immer dafür, dass ich etwas Kleingeld in der Tasche hatte, doch ich wollte mehr.

Mein erstes eigenes Geld verdiente ich damit, noch vor Schulbeginn Zeitungen auszutragen. Von meinem Lohn kaufte ich mir ein schwarz-gelbes Furby. Nach ein paar Wochen aber hatte ich keine Lust mehr auf das frühe Aufstehen und warf die Zeitungen kurzerhand in den Müll. Die Nachbarn, die genau wussten, dass ich für ihre Morgenlektüre zuständig war, riefen bei meiner Mutter an und beschwerten sich.

»Ich lasse mich nicht wegen dir als Betrügerin beschimpfen!«, erklärte sie stinksauer und kündigte den Zeitungsjob.

Die nächste Gelegenheit zum Geldverdienen ergab sich bei dem Metzger im Einkaufszentrum. Ein Junge aus meiner Klasse arbeitete bereits dort, und ich fragte einfach nach, ob sie noch jemanden bräuchten. Ich hatte Glück und konnte schon am nächsten Tag anfangen.

Der Job war echte Schweinearbeit. Meine Aufgabe bestand darin, Hähnchenfleisch in kleine Stücke zu schneiden und auf dünne Hölzchen zu spießen. Ich fand das wirklich eklig. Ich hasste den Gestank des Fleisches, der an mir kleben blieb, bis ich duschte. Aber der dicke Metzger bezahlte mich täglich in bar. Für jeden Spieß bekam ich fünf Cent. Dummerweise durfte ich nur ein paar Stunden am Tag arbeiten, weil ich noch so jung war, doch ich schob die Fleischbrocken auf die Hölzchen, so schnell ich nur konnte. Am Ende des Tages nahm ich regelmäßig dreißig Euro mit nach Hause.

Endlich konnte ich mir Klamotten kaufen, ohne meine Eltern fragen zu müssen, oder auch einfach nur eine Tube Styling-Gel. Stundenlang probierte ich Frisuren aus. Mama ließ mich gewähren, manchmal half sie mir sogar. Bloß in die Schule durfte ich nie mit Gelfrisur.

Ein Schulkamerad kam eines Tages mit grünen Spikes in die Schule. Das sind gegelte Haarbüschel, und der Junge hatte sie sogar farbig eingesprüht. Es sah echt abgefahren aus, so dass ich es unbedingt auch ausprobieren wollte. Auf dem Heimweg ging ich in einen Make-up-Laden und kaufte von meinem Taschengeld grünes Haarspray. Am nächsten Morgen, als Amoe schon weg war, verzog ich mich ins Bad und drückte mir eine glibberige Gelwurst auf die Hand. Ich fing mit den Haarbüscheln über der Stirn an. Als ich drei Stacheln geformt hatte, kam meine Mutter herein.

»Ich habe es dir doch schon hundertmal gesagt, Parham. Ich will nicht, dass du so in die Schule gehst!«, sagte sie ärgerlich.

»Verzieh dich, Mama!«

»So redest du nicht mit mir!«

»Ich mache, was ich will«, erwiderte ich. »Hau ab und lass mich in Ruhe.« Dann knallte ich die Badezimmertür zu, schloss ab und drehte in aller Ruhe jede einzelne Haarsträhne auf meinem Kopf zu einem spitzen Stachel. Am Ende sprühte ich das Grün darauf. So machte ich mich auf den Weg zur Schule.

Als ich nachmittags nach Hause kam, war Amoe schon da. Meine Mutter hatte ihn angerufen und ihm alles erzählt. Ich rechnete schon damit, dass die grünen Haare für Ärger sorgen würden, aber Amoe war so böse, wie ich ihn noch nie erlebt hatte. Mir ist heute klar, dass es nicht wirklich um meine Haare ging, sondern mein Ungehorsam war wie ein rotes Tuch für ihn.

»Ich bin es leid, dass du einfach nicht auf deine Mutter hörst!«, brüllte Amoe mich an, bevor ich überhaupt meine Jacke ausziehen konnte. »Es ist immer das Gleiche mit dir: Du hast keinen Respekt!« Er packte mich am Hals und knallte meinen Hinterkopf gegen die Wand. Wenn ich heute daran denke, macht es mich immer noch wütend und traurig, wie er mich behandelt hat. Aber dass meine Mutter das zuließ, fand ich genauso schlimm. Sie stand einfach daneben und sah erschrocken aus. Heute tut sie mir leid, denn ich weiß, dass sie hilflos war und bestimmt auch Angst vor Amoe hatte, wenn er diese aggressiven Ausraster hatte. Sie versuchte kurz, ihn zu beruhigen, aber er war überhaupt nicht zu stoppen. »Halt dich da raus«, sagte er und schob sie einfach beiseite. »Und dich werde ich lehren, wie du dich unter meinem Dach zu benehmen hast!« Grob zog er mir das T-Shirt aus. Halbnackt zerrte er mich ins Bad. In meinem Hinterkopf pochte es schmerzhaft. Meine Kehle tat weh. Alles drehte sich. Amoe nahm den elektrischen Rasierapparat in die Hand. »Halt still, sonst überlebst du das nicht«, drohte er. Wenn du dich jetzt wehrst, dachte ich, dann bringt er dich um. Amoe

zog mir den brummenden Rasierapparat über die Kopf-
haut. Eine grüne Haarsträhne nach der anderen fiel auf
den Fliesenboden. Es war ein schreckliches Gefühl,
aber ich wagte nicht, mich zu bewegen.

Als Amoe endlich fertig war, schickte er mich in
mein Zimmer. Ich holte den kleinen Handspiegel aus
der Schreibtischschublade und betrachtete meinen
kahlen Schädel. Es sah furchtbar aus. Wie hatte Amoe
so etwas tun können? Alle würden das sehen. Es würde
Monate dauern, bis meine Haare wieder so lang wären
wie vorher. Ich nahm ein Fotoalbum und schaute Bilder
von mir an, auf denen ich noch Haare hatte. Das war
ein anderes Kind. Ich setzte mich auf den Boden und
weinte, ich konnte gar nicht mehr aufhören. Etwas war
in mir zerbrochen.

Nach einiger Zeit öffnete meine Mutter die Tür. Sie
sah die Fotos, meinen kahlen Kopf und meine Verzweiflung und setzte sich neben mich. Sie versuchte, mich
zu trösten. »Die Haare wachsen doch wieder«, sagte sie
und weinte ebenfalls. Ich war jedoch überhaupt nicht
bereit, ihr zu verzeihen. Sie hätte mich beschützen
müssen. Ich machte meinen Rücken ganz gerade und
entzog mich ihren Händen. Zornig sah ich sie an.

»Verschwinde. Ich will nichts mehr mit dir zu haben.« In diesem Moment war ich einfach nur erfüllt von
Hass auf diese beiden Erwachsenen. Heute frage ich
mich, wie es dazu hatte kommen können, dass unsere
Streitereien derart eskalierten. Ich glaube, es lag unter
anderem daran, dass meine Eltern meinen Trotzanfällen
immer nur mit unerbittlicher Härte begegneten. Das
machte alles nur noch schlimmer.

Die einzige Person, die Amoe jemals die Meinung
sagte, weil er mich schlug, war seine Mutter. Wenn
sie zu Besuch war, bekam sie manchmal mit, wie er
mit mir umging. Sie sagte dann, er habe kein Recht,
mich zu schlagen. Ich bin ihr heute noch dankbar, dass

wenigstens sie ihre Stimme für mich erhob. Sie wusste, dass es auch eine andere Art des Umgangs gegeben hätte. Aber leider ist es auch ihr nicht gelungen, meinen Stiefvater davon zu überzeugen, dass Verständnis und Gespräche der bessere Weg gewesen wären, miteinander zurechtzukommen.

An dem Tag, als Amoe mich rasiert hatte, traute ich mich zuerst gar nicht aus der Wohnung. Ich fühlte mich abscheulich hässlich. Aber unter einem Dach mit Amoe zu sein war ebenso schrecklich, also schlich ich mich leise hinaus.

Draußen traf ich meine Freundin Letka. Sie war sehr erschrocken, als sie mich sah. »Was ist denn passiert?«, fragte sie.

Ich konnte zuerst gar nicht sprechen. Sie nahm mich in den Arm, und dann erzählte ich ihr alles. Die anderen Kinder bekamen mit, dass irgendetwas Schlimmes passiert war. Sie fragten nicht, aber sie trösteten mich auf ihre Art, und das berührte mich sehr.

Letkas kleiner Bruder sagte: »Cool, du siehst aus wie Ronaldo«, und klopfte mir auf die Schulter.

Am nächsten Tag schickten mich meine Eltern in die Schule. Keiner der Lehrer fragte, was mir passiert sei. Ich wünschte, jemand hätte sich dafür interessiert.

Viele Jahre lang hatte ich jede verdammte Nacht denselben Albtraum: dass meine Haare weg waren. Ich wachte jedes Mal schweißgebadet auf.

Es war damals ziemlich schwierig für mich, mit dem Jähzorn meines Stiefvaters zurechtzukommen. Ein wirklich solides Vertrauen hatte ich nicht zu ihm, obwohl es auch ganz viele Momente gab, in denen er sich wie ein liebevoller Vater um mich kümmerte. Als ich mir beispielsweise einmal beim Turnen den Fuß verknackst hatte und nach Hause geschickt wurde, kam Amoe extra früher von der Arbeit heim. Meine Mutter war nicht da, also hatte die Schule ihn angerufen. Ich hatte es mir auf dem Sofa gemütlich gemacht und das Bein hochgelegt.

»Zeig mal her, deinen Fuß«, sagte er und wollte danach greifen.

»Lass mich, es ist gar nichts«, sagte ich und zog mein schmerzendes Bein weg. Ich hatte Angst, er würde mir wehtun.

Amoe sah mich verwundert an. »Was stellst du dich denn so an? Nun zeig schon her!« Er nahm meinen Fuß und zog die Socke aus. Dann schmierte er vorsichtig etwas Salbe darauf und holte Eis aus dem Kühlschrank. Es war ein fürsorglicher Akt. Eigentlich war Amoe immer so, wenn es einem von uns schlechtging. Er war ein junger Mann, der schnell die Geduld verlor, aber kein Monster.

Ich besuchte die fünfte Klasse, und so langsam wurde mir bewusst, dass die Noten eine Bedeutung für mein weiteres Leben haben würden. Pedram war immer ein hervorragender Schüler gewesen. Er hatte entschieden, dass er auf ein Elite-Gymnasium wollte. Und weil unsere Eltern so gut wie kein Engagement bei diesem Thema zeigten, hatte er sich selbst dort angemeldet.

Auch ich begann, über meine Zukunft nachzudenken. Ich fragte mich, worin ich besser als andere Kinder war und was ich daraus machen könnte. Da war die Musik. Das Singen und Tanzen. In Kunst und kreativem Gestalten war ich ebenfalls gut. Ich wünschte mir also, an ein bestimmtes Gymnasium mit künstlerisch-musikalischem Schwerpunkt zu kommen. Die ausgewählte Schule befand sich direkt neben Pedrams und war ziemlich bekannt, weil auch die Königin einst dort hingegangen war. Doch sie war voll, und ich wurde nicht angenommen.

Auf keinen Fall wollte ich aber auf einer Schule für schwierige Kinder landen und beschloss, mich selbst auf die Suche nach einem vernünftigen Gymnasium zu machen. Ich war inzwischen dreizehn. Fünf Jahre voll mit den unterschiedlichsten Schulerfahrungen lagen hinter mir. Ich hatte viele üble Auseinandersetzungen erlebt, aber auch gute Freunde gefunden, die zu mir standen. Ich hatte angefangen, mir meine Wünsche selbst zu erfüllen, indem ich dafür arbeitete. Das alles hatte mich stark gemacht. Ich besaß nunmehr den festen Willen, aus der Enge der Kleinstadt Bilthoven zu entfliehen. Ich wollte New York, Paris und Berlin sehen.

Mir war schon klar, dass kein Ritter auf einem weißen Pferd unsere Straße entlanggaloppieren und mir zurufen würde: »Hey, Par, steig auf, ich hol dich hier raus!« Auch meine Mutter und Amoe würden mir keine Hilfe sein. Ich allein musste mich darum kümmern, meine Träume wahr zu machen.

DIE FRAGE

Ich dachte nicht lange darüber nach, an welcher Schule ich mich bewerben wollte. Meine Freundin Marjo würde nach Utrecht auf ein großes Gymnasium gehen und hatte mir vorgeschlagen, dorthin mitzukommen. Sicher würde es toll sein, von Anfang an eine Freundin in der neuen Schule zu haben. Ich fand die Telefonnummer des Gymnasiums im Internet, rief noch am selben Nachmittag dort an und wurde direkt verbunden. Nach all der Zeit, in der ich für meine Mutter dauernd bei Behörden oder beim Stromanbieter hatte anrufen müssen, war ich überhaupt nicht schüchtern, wenn ich mit Erwachsenen sprechen sollte. Höchstens ein bisschen aufgeregt.

»Guten Tag. Ich bin aus Bilthoven und habe viel über ihre Schule gehört«, fing ich an. »Ich möchte unbedingt nach Blaucapel.«

»Wissen deine Eltern, dass du anrufst?« Die Stimme des Direktors klang irgendwie verwundert.

»Ja, aber ich kümmere mich selbst um die neue Schule«, antwortete ich.

»Aha. Soso«, sagte er. »Dann freut es mich, dass du das Gymnasium Blaucapel ausgesucht hast.« Er schien von meiner Entschlossenheit beeindruckt zu sein. »Schick deine Unterlagen her«, sagte er.

Ich besorgte mir die Formulare, füllte sie sorgfältig aus, legte mein Zeugnis bei und bekam tatsächlich nach wenigen Tagen den Bescheid, dass ich angenommen war. Der Direktor erzählte später meiner Mutter, wie verblüfft er gewesen sei, als er mein miserables Zeugnis aus der Grundschule gesehen habe. Die Einschätzung meiner Lehrerin, ich sei unmotiviert, passte in seinen Augen so gar nicht zu einem Kind, das sich selbst bei der neuen Schule anmeldete.

Ich war voller Elan und hatte richtig Lust, auf der neuen Schule ein neues Leben anzufangen. Ich malte mir aus, ich käme an eine Art Harry-Potter-Zauberschule, würde ganz schnell eine Menge neuer Freunde finden und der Star der Klasse sein. Bisher hatte ich das Gebäude nur auf Bildern im Internet gesehen. Alle Bücher, die wir für das neue Schuljahr brauchten, hatte ich schon nach den ersten Ferienwochen durch.

»Par, was ist denn mit dir los?« Verwundert schüttelte meine Mutter den Kopf. Sie konnte es gar nicht fassen, dass ich mich freiwillig mit der Schule beschäftigte.

Ich strich mein Zimmer blau, hängte meine Britney-Poster und die Spice Girls wieder auf und kaufte mir eine Schlafcouch. Meine Mutter spendierte dafür hundert Euro, den Rest verdiente ich mit meinem Job beim Metzger.

Am ersten Schultag wachte ich schon vor dem Piepen des Weckers auf. Ich war wahnsinnig aufgeregt. Um Viertel nach sieben holte ich Marjo ab, und wir radelten los. Der Sommer ging zu Ende, und ich fror erbärmlich auf dem Fahrrad. Der Wind trieb mir die Tränen in die Augen, und meine Wimpern waren so nass, als hätte ich geheult. Ich hängte mich mit einer Hand an Marjos Schulter und ließ mich ziehen.

»Was machst du da? Du kannst doch wohl selber fahren!« Sie meckerte wie eine Ziege. Bei solchen Sachen konnte sie richtig böse werden, aber sie regte sich auch schnell wieder ab.

»Lass mich doch, ich bin noch gar nicht richtig wach«, stöhnte ich.

Marjo schnaufte und schüttelte mich ab.

»Wie weit müssen wir denn noch fahren«, maulte ich, denn ich kannte den Schulweg noch nicht, und er kam mir elend lang vor. Es stank nach Kuhmist, als wir über die Felder radelten.

Nach fünfundvierzig Minuten kamen wir endlich an. College Blaucapel in Utrecht war damals schon ein riesiges Gymnasium mit weit über tausend Schülern. Der langgezogene moderne Betonblock hatte fünf Stockwerke und mehrere Nebengebäude. Ich konnte auf Anhieb überhaupt nicht erkennen, wo überall Schulhöfe waren und Eingänge und Durchgänge. Es wimmelte von Menschen. Von dem Anblick war ich regelrecht erschlagen. Zwischen all den Schülern fühlte ich mich klein wie ein Staubkorn. Diese neue Schule war ein Labyrinth. Wo war welcher Raum, wer waren unsere Lehrer, wo gab es Mittagessen, wo ging es zur Turnhalle?

Ich fragte mich mit Marjo zu unserem Klassenraum durch. Auf dem Flur lungerte eine Gruppe älterer Jungs herum. Sie lehnten in Macho-Pose an der Wand und glotzten die Vorübergehenden an. Allein diese unangenehmen Blicke und ihr Getuschel rochen förmlich nach Streit. Das waren ganz andere Mitschüler als in Bilthoven, so viel war mir sofort klar. Die waren älter, logisch, aber irgendwie war ich nicht darauf vorbereitet, wie feindselig sie uns Neuankömmlingen begegneten. Ich merkte, dass meine Vorstellungen von Blaucapel total naiv gewesen waren.

»Ey, guckt mal, der Schwuli da«, riefen die großen Jungs und zeigten auf mich. Es waren mindestens zehn. Zu viele, um sich mit ihnen anzulegen. Marjo zog mich am Arm weg. Die Clique grölte uns hinterher.

Ich kam mir vor, als wäre ich ein Wesen von einem fremden Stern. Ich hatte nicht einen Funken Ähnlichkeit mit diesen Typen. Mein Körper war schmal und feingliedrig. Ich trug enge Jeans und ein buntes T-Shirt. Auch mein Gang und meine Körpersprache waren damals schon anders; ich schaufelte nicht die Luft mit breiten Händen an meinen Hüften vorbei, wie das pubertierende Jungs gern tun, sondern bewegte mich irgendwie geschmeidig, tänzelnd.

Die männlichen Mitschüler in Blaucapel witterten regelrecht, dass ich anders war als sie. Ich konnte ihnen ansehen, dass sie dachten: Den nehmen wir uns vor. Der ist unser nächstes Opfer. Als der erste Schultag zu Ende ging, war ich dreimal beschimpft und noch viel öfter schräg angeschaut worden. Ich radelte mit einem Scheißgefühl in der Magengrube nach Hause.

Nach der ersten Woche fuhren wir mit der Klasse in ein Feriendorf im Wald. Dort sollten wir Schüler uns besser kennenlernen, schließlich würden wir in Zukunft viel Zeit miteinander verbringen. Schon am ersten Abend war mein Schlafanzug verschwunden. Die anderen kicherten, als ich danach suchte.

»Warum lacht ihr so bescheuert?«, fragte ich wütend.

»Überleg doch mal, Schwuli«, sagte einer, und dann sangen sie im Chor: »Schwuli, Schwuli!«

»Wo ist mein Schlafanzug, ihr bescheuerten Idioten?«

»Guck doch mal im Mülleimer, du dumme Tucke!«

Ich suchte im Papierkorb, der in einer Ecke des Raums stand. Unter benutzten Taschentüchern lag mein Pyjama. Er war tropfnass. Ich wrang ihn aus und hängte ihn über eine Stuhllehne. Am nächsten Tag warfen sie meine Zahnbürste ins Klo. Ich erzählte es unserem Lehrer, der die Jungs zur Rede stellte.

»Der spinnt, wir haben die Zahnbürste überhaupt nicht angefasst!«, behaupteten sie. Sie hatten sie wieder zu meinen Sachen gelegt, also stand ich vor dem Lehrer wie ein Lügner da.

Am Abend dann kroch ich in meinen Schlafsack, ohne ein Wort mit den anderen zu reden. Ich wollte einfach nur meine Ruhe haben. Als ich mit den Armen drin war, fühlte ich etwas Nasses, Glitschiges. Das Ding war lang und schmal und feucht. Ich zog es heraus und ließ es direkt wieder fallen.

»Ihr Schweine!« Vor mir lag eine Damenbinde, die rotbraun verschmiert war. Die anderen brachen in hämisches Gelächter aus. Ich schnupperte. Der Geruch erinnerte mich an eine Frittenbude. Die Idioten hatten Ketchup auf die Binde geschmiert. Wenigstens war es kein Blut, aber ich fand es trotzdem fies. Ich schloss mich in der Toilette ein, heulte und blieb eine Stunde lang dort hocken. Ich war es von der Grundschule ja schon gewöhnt, gehänselt zu werden, aber das hier war noch mal eine andere Stufe.

Als wir nach drei Tagen endlich nach Hause durften, war ich heilfroh, dass es vorbei war. Aber natürlich ging es auf dem Schulhof genauso weiter. Ich wollte keine Schwäche zeigen, und wenn jemand mich schubste, schubste ich umso stärker zurück. Ich war quasi permanent kampfbereit. Marjo nahmen sie ebenfalls ins Visier, weil sie mit mir befreundet war. Aber sie ließ mich nie im Stich. Das alles schweißte uns nur noch enger zusammen.

Meine Mutter merkte, dass ich mich in der neuen Schule nicht wohlfühlte. Meine Motivation war komplett verschwunden. Schule war für mich eine Art Überlebenstraining, es war überhaupt nicht daran zu denken, in Ruhe zu lernen. Geheult habe ich jedoch nur hinter verschlossener Klotür oder zu Hause. Das fiel Mama natürlich auf. Ich erzählte ihr von dem Mobbing, und sie redete mit meiner Englischlehrerin. Die reagierte wohl sehr betroffen und versprach, darauf zu achten, dass die anderen mich in Ruhe ließen. Ich merkte auch, wie sie sich Mühe gab, und ich werde ihr das nie vergessen. Doch Englischunterricht hatte ich nur drei Stunden pro Woche, und wenn sie nicht da war, konnte sie nichts für mich tun.

Ein Junge in meiner Klasse – er hieß Julius und war etwas kleiner als ich – war besonders eifersüchtig, weil ich mit den Mädchen so gut klarkam.

»Du schwules Weichei«, rief er mir nach.

»Halt's Maul, du Idiot!« Ich dachte nicht daran, mir von ihm irgendwas gefallen zu lassen. Er ging mir furchtbar auf die Nerven, also drehte ich ab und ließ ihn einfach stehen.

Als die Schule aus war, ging ich wie immer zu den Fahrradständern, die man vom Hof aus nicht einsehen konnte. Ich zog meinen Fahrradschlüssel aus der Tasche und öffnete das Schloss. Als ich mich aufrichtete, sah ich Julius und zwei ältere Typen in meine Richtung kommen. Sie bauten sich so vor mir auf, dass ich nicht weglaufen konnte.

»Warum redest du so mit meinem Freund?« Der fremde Junge, der sicher einen Kopf größer war als ich und wesentlich muskulöser, sah mich provozierend an und gab mir einen Schubs. Julius lachte und hob seine Faust. Es war ihm vermutlich ganz egal, was ich jetzt sagte oder tat, er schien einfach Lust darauf zu haben, mich zu verprügeln.

Sie waren zwar zu dritt, aber ich war nicht wehrlos. In der rechten Hand hielt ich mein Fahrradschloss. Es war eine schwere Kette. Ich holte Schwung und schlug zu. Das Schloss traf Julius an der Stirn. Er schrie auf und griff sich an den Kopf. Zwischen seinen Fingern tropfte ziemlich viel Blut hervor.

»Verpiss dich, Alter!«, schrie ich ihn an und ließ die Eisenkette vor mir hin und her schwingen. Auch wenn ich zu Hause oft weinte – in der Schule wollte ich nie das Opfer sein, niemals.

In diesem Moment kamen ein paar ältere Mädchen und riefen: »Hey, lasst ihn in Ruhe!« Jeder wusste, wie diese Jungs drauf waren. Sie stellten sich schützend vor mich, und Julius und seine Freunde verzogen sich.

»Alles okay?«, fragte eines der Mädchen, das ich noch nie gesehen hatte. Ich nickte. Auf einmal fühlten sich meine Knie doch ein bisschen wackelig an. Sie bot mir eine Zigarette an. Ich nahm einen tiefen Zug und fuhr dann nach Hause.

Eines Tages, als meine Stiefoma zu Besuch war, geriet ich mit Pedram in Streit über irgendeine Kleinigkeit.

»Du Schwuli«, sagte er und sah mich verächtlich an.

Ich war so allergisch gegen dieses Wort! Das 21. Jahrhundert hatte längst begonnen, und sogar mein älterer Bruder verhielt sich wie im Mittelalter. Obwohl in Europa Homosexualität längst zum Alltagsleben dazugehörte, benutzten diese Idioten das Wort schwul als Beschimpfung. Bis heute kann ich es nicht fassen, wie intolerant die Menschen damals immer noch waren. Es spielt dabei gar keine Rolle, dass ich gar nicht schwul war. Selbst wenn ich es gewesen wäre – na und? Aber auch Pedram war mitten in der Pubertät, und ich glaube, wenn er von irgendwas genervt war, ließ er es gern an mir aus. Außerdem waren wir so verschieden, wie zwei Geschwister nur sein können. Je älter wir wurden, desto deutlicher wurde das: Er war ruhig, fleißig und gehorsam, und ich war extrovertiert und testete ständig aus, wie weit ich gehen konnte.

Mama verwendete für meinen Geschmack viel zu wenig Energie darauf, Pedram in seine Schranken zu weisen, wenn er mich ärgerte. Als hätte er ein Schild umhängen: »Schimpfen verboten – ich bin der gute Sohn«. Meine Stiefoma hingegen, die eine gebildete und tolerante Person ist, richtete sich auf und funkelte meinen großen Bruder empört an.

»Pedram«, sagte sie scharf, »du hast kein Recht, ihn so zu beschimpfen. Wenn er schwul sein will, dann soll er es sein, aber du benutzt das nicht als Schimpfwort, verstanden?«

»Aber er geht mir auf die Nerven«, nölte er.

»Homosexuell zu sein ist nichts Schlimmes. Jeder darf das Leben führen, das er sich wünscht.«

Pedram saß bloß da und glotzte vor sich hin. Er hat sich nie getraut, zu widersprechen. Meine Großmutter besitzt einen scharfen Verstand und hohe Wertvorstellungen. Das verleiht ihr eine Autorität, die wir bedingungslos respektieren.

Ich dachte trotz aller Beschimpfungen niemals daran, mich zu beugen. Mich stachelte das eher noch an, es allen zu zeigen. Nie im Leben würde ich mich verändern, nur um jemand anderem zu gefallen. Ich merkte schon damals, dass mich irgendwas von den anderen unterschied. Aber was genau das war und inwieweit es mit meinem Geschlecht zu tun hatte, davon hatte ich noch keine klare Vorstellung.

Meine Mutter beobachtete mich in dieser Zeit sehr aufmerksam. Ich glaube, sie versuchte, die Eindrücke vieler Jahre zu einem Puzzle zusammenzufügen, das ihr ein Bild vermittelte, was mit ihrem Jüngsten los war. Sie sprach mit meinem Stiefvater über mich, als sie eines Abends in der Küche zusammensaßen. Sie rauchte eine Zigarette nach der anderen und berichtete Amoe von ihren Sorgen.

»Par weint fast jeden Tag, wenn er nach Hause kommt«, seufzte sie. »Ich frage mich, was mit ihm los ist. Glaubst du, er ist schwul?«

Amoe schüttelte nachdenklich den Kopf. »Mir kommt er eher wie ein Mädchen vor. Ich denke, er fühlt sich im falschen Körper.«

»Vielleicht hast du recht«, sagte sie nachdenklich.

Einige Tage später, als ich ziemlich verzweifelt in meinem Zimmer saß, kam meine Mutter herein.

»Nun komm bitte zum Abendessen«, flehte sie. »Du musst doch Hunger haben.«

»Wieso soll ich was essen? Die in der Schule hätten sowieso am liebsten, ich wäre tot«, sagte ich.

»Ach Par, so was darfst du nicht denken!« Sie setzte sich neben mich.

Ich sah sie an und bemerkte, dass sie weinte. »Was ist los, Mama?«

»Ich weiß nicht mehr, was wir mit dir machen sollen«, antwortete sie.

»Wie meinst du das?«, fragte ich und befürchtete, sie würde wieder schimpfen.

»Mein Schatz, du musst uns sagen, was du möchtest.«

»Häh?« Mehr fiel mir nicht ein.

»Du musst entscheiden, wer du sein willst.«

Ich verstand immer noch nicht, was sie meinte.

»Du musst dich endlich entscheiden, wie dein Leben weitergehen soll. Wenn du so weitermachst, wirst du zu einer Witzfigur.« Ich hörte zu und wusste doch nicht, was sie mir eigentlich sagen wollte. Meine Mutter sah mein ratloses Gesicht, nahm meine Hand und fuhr fort: »Es ist okay, wenn du ein Mädchen sein willst!«

»Was meinst du damit – ein Mädchen sein?« Ich war verblüfft. Ich saß da, war traurig, weil es in der Schule mit den anderen so schwierig war, und meine Mutter fragte mich, ob ich ein Mädchen sein wolle? Von Transgender, Hormonbehandlungen und Operationen wusste ich damals noch nichts, das war zu Beginn des Jahrtausends noch kein Thema in der Gesellschaft und den Medien. Ich hatte keine Ahnung, dass man sich dafür entscheiden konnte, ein Mädchen zu sein, wenn man als Junge geboren wurde. Für mich war klar, dass es mein Schicksal wäre, mit dem Körper zu leben, der mir mitgegeben worden war.

»Wenn du möchtest, werden wir uns darum kümmern. Wir werden gemeinsam in ein Hospital gehen und dafür sorgen, dass alles gut wird.« Mama erklärte mir den medizinischen Vorgang der Geschlechtsangleichung. Dann stand sie auf, ging hinaus und schloss die Tür.

Ich dachte lange über ihre Worte nach. Darüber, wie oft ich mich fremd fühlte, einfach irgendwie anders, und dass mich die meisten anderen Jungs niemals als einen der ihren akzeptieren würden. Wobei ich auch niemals einer von ihnen sein wollte, erst recht nicht jetzt, im Gymnasium, wo aus Kindern langsam Männer und Frauen wurden. Ob die Vermutung meiner Mutter stimmte und ich mich wirklich als Mädchen fühlte, war mir noch nicht ganz klar. Woran konnte ich erkennen, was ich war? Mama hatte mir gesagt, das würde man in Gesprächen mit Psychologen herausfinden. Neue Möglichkeiten taten sich auf, von denen ich bisher nichts geahnt hatte. Da waren also Leute, mit denen ich reden konnte. Es gab eine Perspektive, die mein Leben allein schon dadurch veränderte, dass sie existierte. Und vielleicht war da ein Weg, der mich aus dieser inneren Zerrissenheit herausführen konnte.

Ein paar Tage später rief meine Mutter in der Amsterdamer Uniklinik an. Dort gab es ein eigenes Zentrum für Geschlechtsidentitätsstörungen. Das Wort Transsexualität benutzte schon damals kein seriöser Wissenschaftler mehr. Ich mag das Wort auch nicht. Es ist sowieso schon schwierig, damit umzugehen, dass viele Leute offenbar davon überzeugt sind, Trans-Frauen wären dauerscharfe Sexmonster. Da muss man dem Ganzen nicht auch noch einen Namen geben, der auf Sexualität reduziert. Der Begriff Transgender trifft es viel besser. Er umfasst das gesamte Wesen, seine Empfindungen, Gedanken und Wünsche, eben Herz und Seele, nicht bloß die sexuelle Orientierung.

Meine Mutter sprach also mit den Leuten vom Transgender-Zentrum, und kurz darauf kam ein dicker Packen Formulare per Post. Wir füllten sie gemeinsam aus, schickten sie zurück und bekamen nach ein paar Wochen die Nachricht, ich sei auf die Warteliste für die psychologischen Gespräche gesetzt worden.

Meine Mutter erzählte mir erst viel später, dass Amoe es gewesen war, der als Erster den Verdacht geäußert hatte, ich könne ein Problem mit meiner ge-

114

schlechtlichen Identität haben. Er hatte im Iran eine Nachbarin gehabt, die im Körper eines Jungen geboren worden war und sich später operieren ließ. Unsere iranische Herkunft und der dortige Umgang mit dem Transgender-Thema hatten also großen Einfluss darauf, dass ich bereits im Teenageralter Hilfe bekam. Ich hatte viel zu früh den Iran verlassen, um zu wissen, dass Geschlechtsangleichungen dort ausgesprochen häufig vorgenommen werden und ein Teil des öffentlichen Lebens sind. Meine Eltern und Freunde erzählten viel davon, als ich älter wurde. Es ist irgendwie paradox: Zwar gilt Homosexualität im Iran als Straftat, wird moralisch geächtet und sogar mit dem Tode bestraft, aber Menschen, die sich im falschen Körper fühlen, unterstützt der Staat mit Zuschüssen für die Operationskosten. Es ist bereits in den Achtzigern unter Ayatollah Khomeini eine Art Erlass ergangen, dass geschlechtsangleichende Operationen erlaubt seien. Es steht nicht ausdrücklich im Koran, dass es eine Sünde ist, deswegen hat er es erlaubt.

Auch in den Niederlanden wird die Behandlung der Transgender-Patienten und -Patientinnen von den Krankenkassen bezahlt, die wiederum einen Teil der Behandlungskosten vom Staat zurückbekommen. Jede Maßnahme – die psychologischen Gespräche, die Hormone und sogar die großen Operationen, bei denen die Geschlechtsorgane verändert werden – wird übernommen.

Die Mitarbeiterin des Transgender-Zentrums hatte meiner Mutter gesagt, es würde ungefähr ein Jahr dauern, bis ich den ersten Termin beim Psychologen bekäme. Ein Jahr schien mir unendlich lang, aber immerhin hatte ich jetzt eine Idee, was mit mir los sein könnte. Ich war dreizehn und damit in einem Alter, in dem andere schon ihren ersten Freund haben. Für mich hingegen begann eine neue Phase des Lebens, in der ich mich mit der Frage beschäftigte, ob ich als Mädchen oder Junge, später als Frau oder Mann leben wollte.

Die einzige Freundin, der ich von der ganzen Sache erzählte, war Marjo. Ihr konnte ich wirklich vertrauen. Sie richtete nicht über mich, sie stellte keine doofen Fragen, sondern hörte einfach zu. Mit Letka hingegen hatte ich nur noch selten Kontakt. Sie war schon fünfzehn, und der Altersunterschied machte sich jetzt deutlich bemerkbar. Inzwischen hatte sie einen festen Freund, bei dem sie dauernd rumhing, und ganz andere Interessen.

Meine Nachmittage verbrachte ich nur noch selten in Bilthoven. Marjo und ich hatten eine gemeinsame Beschäftigung gefunden, die besser war als alles andere. Auf dem Weg zur Schule radelten wir jeden Morgen an einem riesigen Gutshof mit einer Pferdekoppel vorbei. Eines Tages hielt ich auf dem Nachhauseweg am Zaun. Ich mochte Pferde, und ich hatte eine Idee.

»Marjo, wollen wir fragen, ob wir reiten dürfen?«, fragte ich meine Freundin.

Sie sah mich skeptisch an und zwirbelte ihren blonden Zopf. »Wie sollen wir das denn bezahlen?« Marjos Vater war ein einfacher Arbeiter, genau wie Amoe. Die finanziellen Verhältnisse bei ihr zu Hause waren ganz ähnlich wie bei uns, was uns immer verbunden hat.

»Wir könnten doch anbieten, dass wir uns um die Pferde kümmern!«, schlug ich vor. Kurzerhand wendete ich mein Fahrrad und schob es zu den großen schmiedeeisernen Torflügeln, hinter denen sich ein langer Kiesweg erstreckte. Am Ende der Auffahrt war das Gutshaus zu sehen, das von einer Art Wassergraben umgeben war. Marjo stand immer noch bewegungslos am Zaun. »Nun komm schon«, rief ich ihr zu.

»Ich weiß nicht, meinst du, wir dürfen da ohne Erlaubnis rein?«

»Wir probieren es einfach!« Ich stieg auf und fuhr zum Gutshof hinüber. Marjo radelte mir in sicherem Abstand hinterher. Wir passierten die Pferdeställe und rollten auf einen großen Innenhof. »Wow, schau mal, wie geil das hier ist!«, staunte ich. Es sah fast aus wie in einem Gartenrestaurant, nur waren die Sitzbänke viel schöner. Ich lehnte mein Fahrrad an eine Bank und ging zum Hauseingang. Es gab keine Klingel, also rief ich laut: »Hallo? Ist jemand zu Hause?«

Eine etwa fünfzigjährige Frau mit einem gepflegten blonden Bob und strahlend blauen Augen kam zur Tür.

»Guten Tag, ich bin Par«, stellte ich mich vor. »Und das ist meine Freundin Marjo.« Sie war sicherheitshalber mit ihrem Fahrrad auf dem Hof stehen geblieben.

»Hallo«, erwiderte die Frau freundlich. »Was kann ich denn für euch tun?«

»Wir lieben Pferde«, sagte ich. »Brauchen Sie vielleicht Hilfe mit der Pflege oder so?«

»Klar brauche ich Hilfe, kennst du dich denn mit Pferden aus?«

»Ähh – noch nicht«, sagte ich und grinste. »Aber Sie können uns das ja zeigen.« Wie immer, wenn ich mir etwas in den Kopf gesetzt hatte, war ich überzeugt, ich würde es erreichen. Und tatsächlich schien es auch diesmal zu klappen.

»Hm, wenn ich so drüber nachdenke … Na, kommt erst mal rein«, sagte die Frau und machte eine einladende Handbewegung. Sie heiße Ruth und das Anwesen gehöre ihr, erklärte sie, genau wie die Pferde auf der Koppel. Dann führte sie uns herum und zeigte uns die Ställe. Es roch nach Stroh, Leder und Pferdemist. In einer Box stand ein kleines weißes Pferd, das mich mit seinen graubraunen Augen aufmerksam ansah.

»Wie heißt es?«, fragte ich.

»Das ist Pechora. Sie ist eine reinrassige Araberstute. Sie ist schon viele Rennen gelaufen. Aber jetzt ist sie alt, und niemand will sie haben.« Ruth sah mich prüfend an. »Willst du dich vielleicht um sie kümmern? Das bedeutet allerdings viel Arbeit, du müsstest jeden Tag herkommen.«

Ich legte der Stute meine Hand auf den Hals. Unter dem Fell spürte ich die starken Muskeln. Pechora drehte den Kopf zu mir und suchte in meiner Handfläche nach einer Leckerei. Das kitzelte.

»Ja, wir wollen Ihnen helfen. Können wir morgen wiederkommen?«

Ruth nickte. »Gut, abgemacht! Kommt nach der Schule vorbei.«

Von diesem Tag an fuhren Marjo und ich jeden Tag auf den Hof. Ruth brachte uns bei, wie man Hufe auskratzt und ein Pferd striegelt. Eine ihrer Nachbarinnen gab uns Reitstunden. Ich ritt immer auf einem der jüngeren Schulpferde, denn Pechora wäre unter mir vermutlich zusammengebrochen. Sie war schon eine Pferdeoma. Aber ich fand es gar nicht schlimm, dass ich nicht auf ihr herumtraben konnte. Die Reiterei war sowieso nicht das Wichtigste für mich. Am allerschönsten war das Gefühl, gebraucht zu werden, wenn ich bei Pechora war. Sie vermittelte mir diese Art von bedingungsloser Liebe, wie sie einem nur Tiere entgegenbringen. Dieses alte Pferd verstand mich so gut. Ich konnte ihr alle Probleme und jeden Kummer anvertrauen. Wenn ich mit ihr sprach, bekam ich natürlich keine Antwort, aber genau das gefiel mir. Pechora war das einzige Lebewesen, das mir keine Fragen stellte und nie an mir rummeckerte.

Manchmal kam auch Sanne mit zu den Pferden, das Mädchen, dessen Mutter mich bei meinen Eltern wegen der Raucherei verpetzt hatte. Sanne ging ebenfalls in Blaucapel zur Schule, und wir wurden Freundinnen. Ich weiß nicht, wie ich die Schulzeit durchgehalten hätte, wenn ich nicht meine Freundinnen und die

Pferde gehabt hätte. Die Arbeit mit den Tieren gab mir Stärke und Selbstvertrauen.

Wenn wir nicht bei den Pferden waren, ging ich mit Marjo shoppen. Wir hatten einen ganz unterschiedlichen Geschmack, sie war eher der sportliche Typ, während ich gern mit neuen Trends experimentierte. Im ersten Jahr auf dem Gymnasium hatten wir noch eine ähnliche Figur. Sie hatte schmale Hüften, war flach wie ein Brett und dünn.

»Du wirst mal Topmodel«, war ich überzeugt, aber sie seufzte tief.

»Das verbieten meine Eltern bestimmt.« Sie durfte tatsächlich fast nichts von dem, was für andere Teenager absolut normal war, nicht mal Ohrringe tragen.

An einem Nachmittag überredete ich sie, mit mir in ein Schmuckgeschäft zu gehen. »Meine Freundin möchte sich Ohrlöcher stechen lassen«, sagte ich, aber Marjo machte sofort ein furchtbar erschrockenes Gesicht.

»Meine Eltern drehen durch, wenn ich das mache!«, flüsterte sie und fing an zu weinen.

»Warum heulst du denn jetzt?«

»Ich darf das nicht, die erlauben das nie!«

Marjo heulte oft. Immer ging es um ihre bescheuerten Eltern. Mich regt es immer noch auf, dass dieses arme Mädchen gezittert hat wie Espenlaub, wenn wir mal was Cooles machen wollten. Meist hatte sie Schiss vor ihrem Vater. Doch ihre Eltern waren in diesem Moment nicht da, und was sollten sie denn schon tun, wenn sie mit den Steckern im Ohr nach Hause kam? Sie umbringen? Komischerweise hatten mich meine Erfahrungen mit Amoe nicht ängstlicher gemacht, sondern eher trotziger. Und das übertrug ich auf meine Freundin.

»Nun stell dich nicht so an, das wird gut aussehen! Und ich bring dich danach nach Hause.« Ich redete so lange auf sie ein, bis ich sie überzeugt hatte. Mit einer winzigen weißen Pistole schoss die Verkäuferin zwei hübsche hellblaue Stecker in Marjos Ohrläppchen. Zufrieden sah ich meine Freundin an.

»Sieht super aus!«, kommentierte ich abschließend.

Als ihr Vater am Abend die Veränderung bemerkte, sagte er bloß: »Oh, das sieht doch nett aus!« Er war gar nicht böse, so wie Marjo befürchtet hatte. Sie hatte sich also ganz umsonst Sorgen gemacht.

Kurze Zeit später informierte mich meine Mutter über meinen ersten Gesprächstermin bei den Psychologen.

»Was werden die mich fragen?«, fragte ich aufgeregt.

»Du gehst da einfach hin und redest, und dann fühlst du dich besser«, antwortete sie.

Wir fuhren nach Amsterdam. Unterwegs wurde ich immer nervöser, aber Mama blieb ganz gelassen und redete einfach über andere Dinge, um mich abzulenken. Als wir angekommen waren, gingen wir erst mal zu McDonald's. Ich weiß noch, wie ich es genoss, meine Mutter mal ganz exklusiv für mich zu haben.

Nach dem Essen gingen wir zum Transgender-Zentrum, das in einem Gebäude der Universitätsklinik untergebracht war. Als wir durch den langen Flur liefen, kamen uns immer wieder Leute entgegen, die mich neugierig ansahen. Ich hatte das Gefühl, jemand hätte mir den Stempel »Transgender« auf die Stirn gedrückt. Ich war jetzt vierzehn, und die Situation war mir megapeinlich.

Die Frau an der Anmeldung begrüßte mich, als wären wir gute alte Freunde. »Hallo, wie heißt du denn? Meine Güte, hast du hübsche Augen!« Sie war so herzlich, dass das unangenehme Gefühl von vorhin wie weggeblasen war.

»Ich bin Par Roehi«, antwortete ich. »Heute ist mein erster Termin.«

»Na, dann komm mal mit«, sagte die Frau, auf deren Namensschildchen nur Margriet stand, brachte uns zu einem Raum und öffnete die Tür.

Eine junge blonde Psychologin begrüßte Mama und mich mit einem freundlichen Lächeln. Sie trug Jeans und einen hellroten Pullover. Ich hatte mir vorgestellt, dass hier alle im weißen Kittel und mit ernsten Professorengesichtern rumlaufen würden, deshalb erleichterte es mich sehr, wie normal die Psychologin aussah. Nachdem wir uns gesetzt hatten, ließ sie mich ein Haus malen und von meinem Leben erzählen.

»Hast du denn nette Freunde?«, fragte sie. Ich berichtete von Marjo und Sanne, gestand ihr, dass ich ein bisschen in David Beckham verliebt war, wie alle meine Freundinnen auch, dass mein größtes Idol Britney Spears war und dass ich Pferde liebte. Es war ein lockeres, fast spielerisches Gespräch, das sich gar nicht nach Arzt oder Krankenhaus anfühlte. Die Stunde war schnell um, und wir verabredeten, dass ich von nun an jeden Monat kommen würde.

Zum nächsten Termin ließ mich Mama alleine mit dem Zug fahren. Sie hatte keine Zeit, regelmäßig einen mehrstündigen Ausflug nach Amsterdam zu unternehmen, nur um mich im Krankenhaus abzuliefern. Sie wusste, dass ich die Fahrt und das Gespräch auch ohne sie schaffen würde. Ihr war es wichtig, dass wir Kinder früh lernten, selbstständig zu sein.

»Bist du heute ganz allein gekommen?«, fragte die freundliche Psychologin, als wir uns begrüßten.

»Ja, meine Mutter hat zu tun.«

»Das ist aber toll. Du hast doch einen richtig weiten Weg von Bilthoven hierher.« Ich merkte, dass sie sich bemühte, ihre Verwunderung zu verstecken. Vermutlich kamen damals nicht viele Kinder ohne Eltern in die Klinik. Ich war stolz, dass ich das hinbekommen hatte, und ich fühlte mich gleich ein bisschen erwachsener.

Inzwischen fing ich an, mich mit den körperlichen Unterschieden von Männern und Frauen zu beschäftigen. Da war Marjos Körper, der jetzt regelrecht explodierte. Sie bekam Brüste, und ihre T-Shirts spannten schon richtig. Ich konnte dabei zusehen, wie ihre Oberweite immer fraulicher wurde. Auch Marjos Hintern war viel runder als früher. Innerhalb von wenigen Monaten hatte sie so weibliche Kurven bekommen, dass die Typen ihr auf der Straße hinterherstarrten.

»Marjo, was ist mit dir passiert?« Wie immer war ich ziemlich direkt.

»Findest du, ich bin fett geworden?«, fragte sie verlegen und lief knallrot an.

»Quatsch, das sieht toll aus!«, rief ich. Wie gern hätte ich auch solche Brüste gehabt! Das würde bestimmt schön aussehen, dachte ich. Das war einer der aufschlussreichsten Momente in meinen Teenagerjahren, und ich erinnere mich so gut daran, weil mir diese Gedanken halfen, meine Wünsche besser kennenzulernen.

Wann wusstest du, dass du im falschen Körper bist? Wann wusstest du, dass du eine Frau sein willst? Das sind die Fragen, die mir heute immer wieder gestellt werden. Sie sind nur wirklich schwer zu beantworten, weil es eigentlich nicht ein Tag, eine Stunde oder ein Moment ist, wo dich die Erkenntnis wie ein Hammerschlag trifft, sondern ein Prozess, in dessen Verlauf man sich selbst immer besser kennenlernt.

Während meines fünfzehnten Lebensjahrs realisierte ich, dass irgendetwas an diesem Körper einfach nicht zu mir passt. Zu dem Ding an meinem Unterleib hatte ich keine Beziehung, und breite Schultern wollte ich auch nicht. Viel lieber hätte ich den Körper einer Frau gehabt, mit Busen, mit einer Taille. Ich wollte lange Haare haben, Lippenstift und Lidschatten benutzen – das volle Programm. Ich stellte mir das einfach wunderbar vor. Tatsächlich aber veränderte sich mein Körper kaum. Ich war bloß unglaublich schnell gewachsen, mindestens zehn Zentimeter in einem Jahr. Ich realisierte, dass Frauen eigentlich kleiner sind. Shit, dachte ich mir, für ein Mädchen bist du viel zu groß, und das gefiel mir gar nicht. Ich kenne Trans-Frauen, die sich mit diesen Themen beschäftigt haben, seit sie zehn Jahre alt sind, und frühzeitig Hormone genommen haben, um klein zu bleiben. Ich hatte von all dem keine Ahnung, und die Psychologen drängten mir das Wissen auch nicht gerade auf.

Die männlichen Hormone schienen zum Glück zu wittern, dass sie bei mir unerwünscht waren. In der Klinik drängelte ich, weil ich endlich weibliche Hormone nehmen wollte. Ich sollte damit jedoch noch warten. Zum Glück war ich weder im Stimmbruch noch hatte ich einen Bartflaum. Meine Haut war glatt und samtig. Irgendwann aber bemerkte ich, dass ziemlich viele Haare an meinen Beinen wuchsen. Ich wollte nicht wie ein Affe aussehen, also ging ich zur Drogerie und kaufte mir einen Ladyshave. Am nächsten Morgen probierte ich ihn aus.

»Par, komm endlich aus der Dusche!« Meine Mutter hämmerte mit der Faust gegen die Tür. Ich antwortete nicht, sondern zog den Rasierer über meine eingeseiften Beine, bis alle Haare spurlos verschwunden waren.

Meine Mutter war total genervt von meiner ausgiebigen Schönheitspflege. »Denk an die Wasserrechnung!«, rief sie durch die geschlossene Badezimmertür. »Und den Strom!«

»Ich brauche noch fünf Minuten«, schrie ich zurück und duschte weiter.

Morgens verursachte ich jetzt regelmäßig einen Stau vor dem Badezimmer, vor allem seit ich entdeckt hatte, dass mir meine Augenbrauen viel besser gefielen, wenn ich sie ein wenig in Form zupfte. Ich hatte mir das bei meiner Mutter abgeschaut. Eine Spur Make-up ließ meine Haut viel zarter aussehen. Und Mascara, das war überhaupt das Allerbeste: lange schwarze Wimpern. Aber ich benutzte von all dem nur gerade so viel, dass es nicht auf den ersten Blick auffiel. Meine Haare waren inzwischen schulterlang, und ich ließ sie weiter wachsen. Das stach natürlich ins Auge.

Ich war ganz anders als »normale« Jungs, und ich war – nach den Begriffen meiner Umwelt – auch kein Mädchen. Es schien, als würde mich ständig ein bunter Schatten begleiten, der diejenigen am meisten irritierte, denen es lieber gewesen wäre, die Welt ließe sich in Schwarz und Weiß abbilden. Besonders in der Schule merkte ich das.

Schule war die Pest. Irgendwann kaufte ich mir einen ipod und hörte in voller Lautstärke Musik, wenn ich über den Pausenhof ging, denn so musste ich wenigstens die Beschimpfungen der Macho-Clique nicht hören. Die Schularbeiten erledigte ich fast nie selbst. Ich schrieb bei Marjo ab oder gab anderen Freundinnen Geld dafür, dass sie mir ihre Hausaufgaben überließen. Ich sah es überhaupt nicht ein, mich anzustrengen. Vieles von dem, was man in der Schule lernte, war aus meiner Sicht vollkommen nutzlos. Was bitte sollte ich mit dem ganzen Mathekram anfangen? Ich wollte ganz bestimmt keine Ingenieurin oder Lehrerin werden. Mich interessierten Mode, Musik und Fernsehen.

Die meisten Lehrer waren in meinen Augen frustrierte ältere Männer, die sich wahrscheinlich jeden Tag darüber grämten, dass sie Halbwüchsige unterrichten mussten. Ich war nicht bereit, sie ernst zu nehmen, und konterte jede Ermahnung mit Frechheiten. Nur meine Englischlehrerin mochte ich nach wie vor sehr.

Wenn es in der Schule gar nicht auszuhalten war, ging ich zu den Pferden. Ruth fand es zwar nicht gut, dass ich den Unterricht schwänzte, aber sie hatte Verständnis für mich. Eines Tages saßen Sanne, Marjo und ich in ihrer Küche, als Sannes Mutter hereinkam, um ihre Tochter abzuholen. Sie sah ziemlich ernst aus, und ich glaube, sie hatte geweint.

»Ich muss euch was erzählen«, sagte sie. »Erinnert ihr euch noch an José, eure Lehrerin aus der Grundschule?«

Natürlich erinnerte ich mich an sie. Ich hatte bis zum Ende der Grundschulzeit gehofft, sie würde wiederkommen. »Was ist mit ihr?«, fragte ich ungeduldig.

»José ist letzte Woche gestorben«, sagte Sannes Mutter, und es dauerte einige Sekunden, bis ich begriffen hatte, was sie da sagte.

»Par, du bist ja ganz blass!«, rief Ruth und sah mich erschrocken an. Das war das Letzte, was ich hörte, bevor ich vom Stuhl kippte.

Als ich wieder zu mir kam, flößte Ruth mir mit einem Löffel etwas Zucker ein. Alle saßen still und erschüttert am Tisch. José war ja noch eine junge Frau gewesen. Obwohl es Jahre her war, dass ich ihr begegnet war, schockierte mich die Nachricht von ihrem Tod sehr. Es war das erste Mal, dass ich den Verlust eines Menschen erlebte, der mir etwas bedeutet hatte. Es hieß, ihr Mann hätte sie betrogen und sie wäre in eine schlimme Depression gefallen. Am Ende warf sie sich vor einen Zug.

Die Trauerfeier für José fand einige Tage später statt. Die eigentliche Beisetzung war bereits vorbei, als Sanne, Marjo und ich beim Friedhof ankamen. Das Grab fanden wir schnell. Es war frisch, Kerzen standen darauf, und viele Blumen lagen auf der braunen Erde. Einen Grabstein gab es nicht.

»Der Mann wollte keinen Cent für das Begräbnis bezahlen«, flüsterte eine Frau neben mir.

Ich hatte meine alte grüne Lieblingskappe mitgebracht, denn José war für mich untrennbar mit dem Kappentag verbunden, den sie erfunden hatte. Mit einem dicken Filzstift schrieb ich »Danke« quer über den Schirm und legte das Basecap auf die feuchte Erde.

Zu Hause interessierte sich niemand für meine Trauer, und ich fühlte mich total alleingelassen. Vielleicht hätte jemand mit mir gesprochen, wenn ich mehr erzählt hätte. Doch es gab kaum noch Gelegenheiten, in Ruhe mit meinem Stiefvater oder meiner Mutter über Alltägliches zu reden. Zwar kochte sie weiterhin jeden Tag, aber wenn Pedram oder ich Hunger hatten, nahmen wir uns einen Teller mit Essen mit in unsere Zimmer und aßen dort alleine vor dem Fernseher. Wie alle Teenager fand ich meine Eltern fast immer doof und peinlich.

Die Termine in Amsterdam organisierte ich inzwischen völlig ohne die Hilfe meiner Mutter, sogar die Zugtickets kaufte ich von meinem selbst verdienten Geld. Ich fing an, in der Utrechter Filiale einer großen Modekette zu arbeiten. Den Job beim Metzger und den Fleischgestank vermisste ich keine Sekunde. Die Arbeit in einem Klamottenladen fand ich viel cooler. Die Leute dort hielten mich für schwul, aber auf eine Art, die okay war. Sie registrierten, dass ich anders war, aber hänselten mich deswegen nicht.

Ich verbrachte Stunden damit, mir Outfits zu überlegen und mich zu stylen. Als der Chef des Ladens mir einen Extra-Job auf der Amsterdamer Fashion Week anbot, sagte ich sofort zu. Ich sollte Jeans an Prominente verteilen. Meine Eltern fragte ich gar nicht erst, ob sie einverstanden waren. Ich schloss mich eine Stunde im Bad ein, lackierte mir die Nägel schwarz und machte mir die Haare. Dann fuhr ich mit dem Zug nach Amsterdam.

Während hinter mir die Bässe der Musik wummerten, stand ich am Eingang und sprach die Besucher und Besucherinnen an: »Hi, wie geht's, ich habe eine Superjeans für dich.« Dauernd liefen Leute an mir vorbei, die

126

ich aus dem Fernsehen kannte. Ich dachte damals: Oh mein Gott, ich kann sie anfassen! Sie sind Wirklichkeit, und ich bin mittendrin. Da stand ich, ein fünfzehnjähriges Wesen mit langen Haaren, mehr Mädchen als Junge, und plauderte lässig mit Schauspielern, Lokalprominenz und Models. Und niemand sah mich schräg an. Die waren alle ein bisschen verrückt. Und sie fanden mich gut. In diese Welt passte ich rein.

Wenige Tage später sah ich zufällig in der Utrechter Zeitung die Anzeige einer Modelagentur. »Junge Talente gesucht«, stand da, und eine Telefonnummer.

»Ab morgen gehe ich nicht mehr in die Schule«, verkündete ich meiner Mutter. »Ich werde Model.«

»Was redest du da?« Sie schüttelte den Kopf. »Schule geht vor«, sagte sie streng.

Aber so leicht gab ich nicht auf. Ich ging mit der Zeitung in mein Zimmer und rief die Agentur an. Sie teilten mir mit, ich könne sofort vorbeikommen – aber ich sollte Geld mitbringen.

»Mama, ich brauche zweihundertvierzig Euro!«, sagte ich, zurück in der Küche.

»Jetzt mal langsam. Wofür brauchst du so viel Geld?«, fragte meine Mutter mit hochgezogenen Augenbrauen.

»Na hierfür!« Ich zeigte ihr die Anzeige.

»Par, das ist keine seriöse Anzeige. Wenn du tatsächlich so dumm bist, denen zu vertrauen, wirst du nie wieder von ihnen hören, sobald sie dein Geld haben. Lass die Finger davon.«

Wütend schmiss ich die Zeitung in die Ecke. Ich war wirklich enttäuscht und auch ein bisschen sauer auf meine Mutter, weil sie meinen schönen Plan einfach zerredet hatte. Heute bin ich froh, dass sie so clever gewesen ist und mich vor dem Lockangebot gewarnt hat.

»Wenn du das mit dem Modeln wirklich machen willst, dann suchen wir eine seriöse Agentur in Amsterdam. Aber ich erlaube es nur, solange deine Noten in

Ordnung sind«, sagte sie und schaltete den Computer an. Sie tippte ein paar Suchwörter ein und meinte: »Den Rest machst du selbst. Aber kein Geld bezahlen, hörst du? Und die Schule geht vor!«

So schlimm unsere Differenzen auch manchmal waren: In diesem Moment fanden wir ohne Streit einen vernünftigen Kompromiss, und ich bin meiner Mutter heute noch dankbar, dass sie mich damals unterstützt hat.

Ich verbrachte mehrere Nachmittage damit, Agenturen zu suchen. Zwischendurch rief Ruth an.

»Wo steckst du? Die Pferde müssen versorgt werden!« Ich hatte ein ganz schlechtes Gewissen und fuhr sofort hin, um mich um Pechora zu kümmern. »Was war denn los?«, fragte Ruth. »Hast du Stress in der Schule?«

»Nein, aber ich will Model werden. Und jetzt brauche ich Fotos für die Agenturen«, erklärte ich.

Als ich am nächsten Tag zu Pechora kam, holte Ruth ihre Digitalkamera raus und absolvierte ein richtiges kleines Fotoshooting mit mir. Ich posierte ohne T-Shirt auf der Motorhaube ihres Autos, legte mich ins Gras und stellte mich neben die Pferde. Zu Hause lud ich die Bilder auf den Computer, schickte Mails an alle Agenturen, die ich gefunden hatte, und wartete ungeduldig auf Antwort. Mindestens drei Mails pro Woche schickte ich hinterher, um nachzufragen, wie es stand. Eine Agentur antwortete daraufhin: »Bitte nehmen Sie uns aus Ihrem automatischen Verteiler.«

Ein paar luden mich schließlich zu Vorstellungsterminen ein. Aber sie wollten mich dann doch nicht: Haare zu lang, Augenbrauen zu weiblich. Der eine wollte, dass ich trainiere, um einen Waschbrettbauch zu bekommen, eine andere meinte, dass ich noch ein bisschen abnehmen könnte. Eine weitere fand mich zu kindlich. Aus jedem Vorstellungsgespräch ging ich mit dem Gefühl raus, dass irgendwas mit mir nicht stimmte.

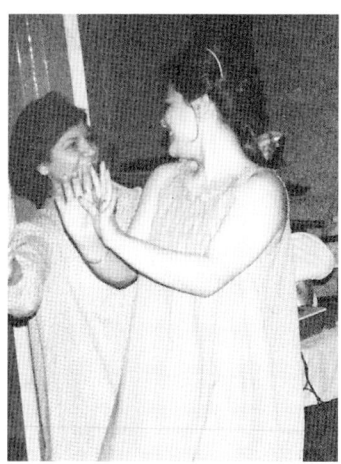

Ihre Hochzeit feiern Kobra und Reza (m. v.) schon bald nach
ihrem Kennenlernen 1979 im iranischen Rascht. Beim Tanz mit
seiner frisch angetrauten Ehefrau flirtet er mit einer anderen

Die Schwester Zahra (l.) besucht
Kobra oft in Teheran, auch kurz vor
ihrer Flucht in die Niederlande

Zu Großmutter Robabe hat Par
eine enge Beziehung. Von ihr
stammt sein zweiter Vorname

I

Par ist ein großer Musikfan und
lauscht stundenlang den Kassetten
seiner Mutter, ca. 1992

Das weiße Prinzessinnen-
kleid seiner Freundin Tara
hat es Par angetan. Er darf
es anprobieren und ist selig,
1993

In den Flüchtlingsheimen werden Pars (r. mit Mutter Kobra)
Geburtstage nicht mehr gefeiert, andere Dinge sind wichtiger.
Nur bei Freunden gibt es Girlanden und Geschenke, Utrecht, 1994

Par (l.) und sein älterer Bruder Pedram im Flüchtlingsheim in Utrecht. Die Einrichtungs-gegenstände hat ihre Mutter müh-sam zusammen-gesammelt

Bei einem Sommercamp für Flüchtlingskinder in Zevenhoven baut Par für einen Wettbewerb eine Hütte aus Paletten und Planen

III

Die meiste Zeit verbringt Par (r.) beim Spiel mit seinen Freunden im Freien. Sein Bruder (v. l.) ist oft mit von der Partie, Utrecht, 1996

Am Fluss hinter dem Flüchtlingsheim geht Kobra oft spazieren, um nachzudenken. Manchmal nimmt sie ihre Söhne mit

Für die Agentur Models at Work übernimmt Par verschiedene Jobs

V

Mit den Clubkids wird Par für Partys und Promotion in Amsterdam gebucht, u. a. für Auftritte mit David Guetta

Verkleidet als Liebesengel tritt Par bei der Valentinsparty im »Jimmy Woo« auf. Kurze Zeit später entscheidet er als Türsteher, wer in den angesagten Club rein darf und wer draußen bleiben muss

Die Silvesterparty im »Exit« zusammen mit ihrem Freund Raphael endet für Pari in einem Desaster

Als MC verantwortet Pari Organisation und Moderation während eines Partyabends

Interview im englischsprachigen Candy Magazine: »Pari ist eine starke Frau mit dem Ehrgeiz, eine Trans-Revolution anzuführen, so dass eines Tages niemand mehr überrascht davon ist, Trans-Frauen im Fernsehen oder auf dem Cover eines Magazins zu sehen.«

Bei einem Festival verliebt sich Pari in die deutsche Hauptstadt und zieht 2012 von Amsterdam nach Berlin, hier bei einem Stadtbummel an der Berliner Mauer, 2016

»Ich habe mir immer eine Tochter gewünscht.« Mit ihrer Mutter verbindet Pari inzwischen eine enge Freundschaft

XI

Der erste rote Teppich: Vorbereitungen für den RTL-Spendenmarathon »Wir helfen Kindern« (Kleid: DSTM)

Nach Amsterdam kehrt Pari immer wieder zurück

Balu ist ein Rettungshund aus Rumänien und begleitet Pari seit 2014 überall hin

Stolz präsentiert Pari die LGBT-Flagge beim Amsterdam Gay Pride, einem der größten Festivals der Szene

Seit 2015 betreibt Pari einen eigenen Youtube-Kanal und ist damit sehr erfolgreich. Sie gibt Mode- und Kosmetiktipps, berichtet von Begegnungen und Begebenheiten im Leben einer Transgender-Frau

rechts:
Bei einem Fotoshooting
gibt Pari backstage ein
Interview für BBC Persia

XV

XVI

Nach drei Wochen stand nur noch ein einziger Vorstellungstermin bevor. Ich nahm mein ganzes Geld, kaufte mir neue Klamotten und fuhr nach Amsterdam.

»Hallo mein Hübscher, komm doch mal näher.« Eine Frau mit pechschwarz gefärbten Haaren und den tiefen Falten einer Kettenraucherin winkte mich zu sich heran. Sie saß hinter einem schweren Holzschreibtisch, auf dem sich Berge von Fotos, Zeitschriften und Papieren türmten. »Na, dann zeig sie her, deine Bilder«, sagte sie und blätterte durch Ruths Fotos. Sie legte sie vor sich auf den Schreibtisch, nahm eine Zigarette aus der Packung, zündete sie an und sah mich durch die Rauchschwaden mit zusammengekniffenen Augen an. »Geh doch mal schnell um die Ecke zum Supermarkt und hol mir eine Flasche Rotwein.« Sie schob mir einen Zehn-Euro-Schein über den Tisch und zeigte grinsend auf die Tür.

Das war meine erste Begegnung mit Anka.

»Du bist fabelhaft, mein Kleiner«, sagte sie, als ich mit dem Wein wiederkam. Ich weiß bis heute nicht, ob sie damit mein Aussehen oder meine Botendienste gemeint hat. War auch irgendwie egal, Hauptsache, sie war bereit, mich in ihre Kartei aufzunehmen. »Hast du auch Eltern?« Sie lachte heiser über ihre eigene Frage, und ich lachte mit. Anka gefiel mir. Sie war außerdem die Letzte auf meiner Liste, also musste das hier klappen. »Du musst noch mal mit deiner Mutter oder deinem Vater kommen, ohne Unterschrift läuft nichts. Du bist ja noch minderjährig, Schätzchen.«

»Klar, kein Problem«, sagte ich. Zum nächsten Termin kam ich mit Pedram, was auch okay war, immerhin war er schon achtzehn, und der Rest war Anka egal.

Es war das Jahr, in dem das britische Model Agyness Deyn zum Megastar wurde. Ihr androgyner Look war derart angesagt, dass jede Agentur ein paar Models in der Kartei hatte, die irgendwo zwischen Junge und

Mädchen schwebten. Anka packte mich genau in diese Schublade: femininer Junge mit langen Haaren.

»Das hat was«, sagte sie.

Meinen ersten Job verschaffte sie mir bei einer jungen Designerin, deren Budget gerade für Anfänger wie mich reichte. Der Termin für das Shooting fand in einem Amsterdamer Studio statt. Anka und ich gingen von der Agentur aus zusammen hin. Ich kam in das riesige Loft und war total überwältigt von dem Profi-Equipment, das da rumstand.

»Lasst uns anfangen, wir sind spät dran«, sagte ein Typ, der eine Kamera in der Hand hielt.

Anka zeigte mir, wo ich mich umziehen konnte, machte mir die Haare zurecht und schickte mich vor die Kamera. Ich war so nervös, dass mein Augenlid unkontrolliert zuckte.

»Schau mich an, ja, Kinn tiefer.« Ich wusste überhaupt nicht, wie ich schauen sollte, und legte den Kopf irgendwie schief, woraufhin der Fotograf die Augen rollte. »Kinn *tiefer*!« Er gab einen genervten Schnaufer von sich. Mein nervöses Augenflattern ließ sich einfach nicht kontrollieren. Ich hatte mir das irgendwie einfacher vorgestellt. Der Fotograf ließ die Kamera sinken und sah mich an. »Ich beiße dich nicht, Schätzchen, komm, nicht so verkrampft!« Er gab sich wirklich Mühe, und irgendwie schaffte er es, in zwei Stunden ein paar brauchbare Bilder von mir zu schießen.

Natürlich erzählte ich Marjo und meinen anderen Freundinnen, dass ich jetzt ein Model war. »Gestern war ich in Amsterdam zum Shooting«, sagte ich so lässig wie möglich.

»Echt? Wie cool«, seufzten die Mädchen.

Das Modeln wertete mich sogar in den Augen der Jungs erheblich auf. Es bedeutete Glamour und Geld und große weite Welt, und endlich war ich nicht mehr nur ein Freak, der für die Macho-Clique ein leichtes

Opfer war, sondern ich war cool, ein It-Kid, viel lässiger als die Typen, die nachmittags vor der Schule rumhingen und sich einbildeten, sie wären die Krone der Schöpfung.

Nach ein paar Monaten Modeln füllte sich so langsam mein Buch, das ich zu den Shootings mitnahm. Nebenbei versorgte ich weiterhin die Pferde. Pechora musste ich eigentlich nur noch saubermachen und ihr Gesellschaft leisten, sie war jetzt so alt, dass sie nicht mehr an der Longe gehen mochte. Als ich das letzte Mal versucht hatte, sie in Bewegung zu bringen, war sie richtig sauer geworden, hatte gebockt und die Zähne gefletscht.

An einem Nachmittag fuhr ich gerade von den Pferden nach Hause, als mein Handy klingelte. Das Ding besaß ich seit dem Gymnasium, meine Mutter hatte wegen des weiten Schulwegs darauf bestanden.

»Hallo?« Ich hielt an. Am anderen Ende der Leitung meldete sich Anka.

»Par, kannst du sofort nach Amsterdam kommen? Du hast ein Casting für Calvin Klein!«

»Calvin Klein? Wirklich? Wouhooou!« Ich ließ mein Rad einfach fallen. Das war meine erste große Chance.

»Bring deinen Bruder oder deine Eltern mit«, sagte Anka, dann legte sie auf.

Ich rief sofort zu Hause an. »Pedram, du kannst dir nicht vorstellen, was passiert ist. Ich habe ein Casting in Amsterdam, für Calvin Klein! Ich muss da sofort hin!«

»Echt, na ja, cool«, sagte mein Bruder. »Und warum rufst du deshalb an?«

»Du musst mitkommen!«

»Alter, wie stellst du dir das vor? Ich kann hier nicht so einfach weg«, grummelte Pedram.

»Du musst, bitte!! Oder frag Mama!«, bettelte ich.

Am Ende sorgte meine Mutter dafür, dass er mich begleitete. Wie gesagt: Gehorsam wird großgeschrieben in der persischen Familie, und Pedram war ein braver Sohn. Wir nahmen den nächsten Bus Richtung Amsterdam. Ich sah mich schon auf riesigen Plakatwänden, die in ganz Holland, ach was, in der ganzen Welt hängen würden. Anka wartete bereits vor Ort auf uns.

»Schätzchen, du siehst ja heute wieder fabelhaft aus«, begrüßte sie mich. »Dann zieh dich mal aus, wir machen ein paar Fotos in Unterwäsche.«

Pedram starrte irritiert auf die knappen Shorts und Slips, die vor Anka lagen, und stotterte: »Par, das machst du nicht!« Er sah mich mit einem strengen Ich-bin-dein-großer-Bruder-also-hör-auf-mich-Blick an, aber das beeindruckte mich überhaupt nicht.

»Lass mich, das ist meine Sache!«, widersprach ich und ging mit der Unterwäsche hinter den Paravent, um mich umzuziehen.

Anka zückte ihre Polaroidkamera und machte einen ganzen Haufen Fotos von mir. Ich war ein bisschen enttäuscht, weil kein Profi-Fotograf da war, aber ich machte ein cooles Gesicht, lässige Posen und dachte daran, wie berühmt ich werden würde, wenn ich diesen Job bekäme. Pedram saß derweil mit verschränkten Armen daneben und fand es sichtlich bescheuert, wie ich da in Unterwäsche rumhampelte. Aber er wusste genau, dass es nichts bringen würde, mich davon abhalten zu wollen.

Zwei Wochen nach dem Shooting rief Anka endlich an. »Hey, Par ... wie geht's?«, begann sie, und ich hörte schon an ihrer Stimme, dass sie keine guten Neuigkeiten hatte.

»Hat sich Calvin Klein gemeldet?«, fragte ich.

»Tut mir leid, aber sie haben dich nicht genommen.«

Vor lauter Enttäuschung hätte ich am liebsten das Handy in hohem Bogen aus dem Fenster geworfen. Stattdessen fragte ich: »Warum wollten die mich nicht?«

»Du bist zu weiblich«, sagte Anka bedauernd.

Die großen Ferien begannen. Unsere Familie saß zu Hause am Esstisch, als Ruth anrief. Am anderen Ende der Leitung hörte ich sie schluchzen.

»Par, du musst sofort herkommen, Pechora ...« Ihre Stimme klang ganz heiser und erstickt.

»Was ist mit Pechora?« Ich spürte sofort, dass etwas Schlimmes passiert sein musste.

»Sie liegt hier, sie ist verletzt. Par, du musst Abschied nehmen.«

»Ruth, was ist passiert, stirbt sie?«, fragte ich panisch, aber Ruth hatte schon aufgelegt.

Ich bat meine Mutter, mich zum Reiterhof zu bringen, doch sie sagte: »Fahr mit dem Rad, das dauert doch nur eine Viertelstunde.«

Mein Stiefvater brummte: »Was hast du nur immer mit diesem Pferd?«

Ich hatte keine Zeit, wütend über diese Absage zu sein, sondern rannte zu meinem Rad und sprintete los. Als ich die Einfahrt zur Koppel passierte, sah ich bereits am anderen Ende der Weide eine Menschengruppe, die auf dem Boden kniete. Ich raste hin, warf mein Fahrrad ins Gras und lief auf die Leute zu. Pechora lag zwischen ihnen. Ihr Bein hing merkwürdig abgeknickt in der Luft. Es war blutüberströmt, und auch das Gras war voller Blut. Mir wurde ganz schlecht, und ich drehte mich auf der Stelle um und lief in die andere Richtung. Obwohl ich Pechora so liebte, hielt ich es nicht aus, sie anzusehen.

»Par!« Ruths Schwiegertochter hielt mich fest. »Ich weiß, es ist ein furchtbarer Anblick«, sagte sie und nahm mich in den Arm. »Aber du musst jetzt stark sein und von ihr Abschied nehmen.«

»Warum muss sie denn sterben?«, fragte ich, und mir liefen Tränen übers Gesicht.

»Sie ist zu schwer verletzt, wir mussten ihr eine Spritze geben.«

Sie führte mich zu meinem Pferd. Ich kniete mich neben Pechoras Kopf, legte meine Hand auf ihre Nase und sah ihr in die Augen. Ich bin ganz sicher, dass sie spürte, wie sehr ich sie liebte. Sie atmete noch einmal ganz tief aus. Dann verdrehten sich ihre Augen, und alles Lebendige war plötzlich verschwunden.

Es war das erste Mal, dass ein Tier in meinen Armen starb, und ich fühlte mich auf einmal ganz leer. Ich saß da, hielt ihren Kopf auf dem Schoß und weinte so laut, dass ich überhaupt nicht hörte, was um mich herum vorging. Ruth und die anderen versuchten alles, um mich zu trösten, aber nichts konnte wiedergutmachen, dass Pechora jetzt nicht mehr da sein würde.

Ich saß da, bis es dämmerte. Dann kam Ruth, strich mir tröstend über den Rücken und sagte: »Par, du musst nach Hause. Hier kannst du doch nicht ewig sitzen.«

In der Planetenstraße verstand niemand, warum ich so traurig war. »Es war doch nur ein Tier!«, sagte mein Stiefvater kopfschüttelnd. Für mich aber war diese alte Stute viel mehr gewesen: meine Freundin, meine Vertraute, meine Gefährtin. Es dauerte drei Tage, bis ich wieder etwas essen konnte.

In den Wochen nach Pechoras Tod ging ich nicht mehr zu den Pferden. Ich besuchte Ruth zwar noch, aber eigentlich eher, weil ich mich mit der Nachbarstochter angefreundet hatte. Robyn ging in dieselbe Klasse wie Marjo und ich. Sie lebte mit ihrem Vater im Haus neben Ruth. Ihre Mutter hatte die Familie verlassen, und ihr Vater arbeitete den ganzen Tag. Robyn durfte machen, was sie wollte.

Ich dagegen hatte in dieser Phase fast jeden Tag Stress zu Hause. Irgendwas war immer, entweder wegen der Schule oder weil ich mich mit Pedram stritt. Es war unglaublich, wie wir uns anschreien konnten! Und immer wegen Kleinigkeiten. Er suchte seine schwarzen Socken und dachte, ich hätte sie ihm weggenommen, oder ich brauchte das Telefon, und er gab es einfach nicht raus. Solcher Kram. Wenn er dann anfing mit seiner »Schwuli«-Schimpferei, drehte ich regelmäßig durch.

»Du Scheißtyp, halt endlich dein dreckiges Maul!«

»Geh doch zu den Mädchen, du Oberschwuli!«

Einmal nervte er mich so lange, bis ich ein Messer nahm und damit laut schreiend hinter ihm herrannte. Amoe machte es rasend, wenn wir uns so stritten. Er zerrte mich dann meist grob von Pedram weg. Ich war ja immer schuld, natürlich lag es an mir, wenn wir aneinandergerieten. Es war zum Kotzen.

Eines Abends, als wieder irgendeine Keilerei im Gange war, kam mein Stiefvater aus der Küche geschossen und packte mich am Arm. »Parham, jetzt ist Schluss! Ab in dein Zimmer mit dir«, schrie er.

»Nimm deine Finger von mir«, zischte ich und entwand mich seinem Griff. Ich war inzwischen so groß wie Amoe und nicht mehr bereit, mir seine Grobheiten gefallen zu lassen.

»Ich werde dich lehren, was Respekt bedeutet«, sagte er und hob die Hand, um nach mir zu greifen. Wie immer ging es ihm bloß um den bescheuerten Respekt.

»Fass mich nie wieder an!«, spuckte ich ihm entgegen und ging heulend vor Wut in mein Zimmer. Auf meinem Oberarm waren deutlich die Abdrücke seiner Finger zu sehen. Die Male begannen bereits, sich bläulich zu verfärben.

An diesem Abend beschloss ich, mein Zuhause zu verlassen. Das war nicht irgendein hysterisches Teenager-Getue, sondern ich war wirklich bereit, allein zu leben. Ganz sicher würde ich bestens zurechtkommen. Ich verdiente mein eigenes Geld, regelte mein Schulleben selbst und organisierte die Amsterdamer Psychologentermine. Also stopfte ich meine Lieblingsklamotten in einen großen Müllsack und setzte mich an den

Schreibtisch. Auf einen Zettel schrieb ich: »Mama, ich werde weggehen. Ihr seid ohne mich sowieso besser dran. Wir alle brauchen Frieden, und deswegen werde ich jetzt woanders wohnen.« Den Brief legte ich auf mein Kopfkissen, schnappte mir den Plastiksack, öffnete das Fenster und stieg hinaus in den offenen Hausflur. Von dort lief ich direkt zum Treppenhaus.

Das ist also das Ende, dachte ich. Damals glaubte ich noch, man könnte sich so einfach von seinen Eltern trennen. Ich ging zu meinem Fahrrad, klemmte den Müllsack auf den Gepäckträger und fuhr zu Marjo.

»Ich musste zu Hause weg. Kann ich bei dir schlafen?«, fragte ich meine Freundin.

Ihre Mutter schaute aus der Küche in den Flur, als sie meine Stimme hörte. »Was ist los?«, fragte sie besorgt.

»Par hat Stress mit seinen Eltern«, antwortete Marjo für mich. »Kann er hierbleiben?«

»Hier? Auf keinen Fall!« Ihre Mutter sah total entsetzt aus bei dem Gedanken, mich in ihrer Wohnung zu beherbergen. Diese Frau hatte immer nur Bedenken.

»Bitte«, flehte ich, »der schlägt mich sonst noch tot.«

»Ich werde es deinen Eltern nicht sagen, dass du hier warst, Par. Aber du musst woanders hin«, sagte sie streng.

Ich sah Marjo an und rollte mit den Augen. Immerhin, ihre Mutter würde nicht sofort bei mir zu Hause anrufen und mich ausliefern.

»Komm, wir gehen in mein Zimmer.« Marjo zog mich an der Hand hinter sich her. Ich war ratlos, was ich jetzt machen sollte und wen ich kontaktieren könnte. Irgendwo musste ich doch hin. »Was ist mit Letka?«, schlug Marjo vor. »Kannst du sie anrufen?«

Ich dachte über die Idee nach. Seit über einem Jahr hatte ich Letka nicht gesehen. Sie war richtig abgestürzt, als sie auf die weiterführende Schule kam, und dreimal sitzengeblieben. Ihre Mutter hatte sich einige Monate vorher von ihrem Vater getrennt, weil dieser nach siebzehn Jahren Ehe offenbart hatte, dass er homosexuell sei und mit einem Mann zusammenleben wolle. Das also war der Grund, warum die beiden als Paar immer so wenig liebevoll miteinander umgegangen waren. Letka hatte schon wieder einen neuen Freund, und die Leute in der Straße tratschten darüber, dass sie bestimmt bald schwanger würde.

»Okay, ich rufe Letka an.« Ich suchte in meinen Taschen nach dem Handy. Es war nicht da. Ich musste es zu Hause liegen gelassen haben.

»Verdammt! Wir müssen mein Handy holen.« Marjo bekam wieder ihren ängstlichen Gesichtsausdruck. »Los, komm mit! Wenn du dabei bist, kann nichts passieren«, trieb ich sie an.

Wir radelten zu meinem Haus. Inzwischen war es dämmrig, und wir schlichen unbemerkt über den Flur zu meinem Fenster. Es war offen, mein Handy befand sich auf dem Bett, und der Abschiedsbrief lag unberührt daneben. Sie hatten also noch nicht mal bemerkt, dass ich weg war. Eigentlich klar, denn warum sollten sie auch in mein Zimmer kommen? Trotzdem war ich enttäuscht. Meine Eltern waren damals einfach froh, wenn sie mal keinen Stress mit mir hatten. Vermutlich dachten sie, ich würde Musik hören oder schlafen.

Als wir zurück bei Marjo waren, rief ich Letka an.

»Hey, wie geht's?«, fragte sie.

»Nicht so gut. Ich bin abgehauen und brauche einen Schlafplatz«, sagte ich. »Kann ich zu dir kommen?«

»Hm … ich hab eine bessere Idee«, antwortete Letka. »Wir fragen meinen Freund. Die haben ein großes Haus, da ist bestimmt Platz.« Ich war ihr wirklich dankbar, dass sie so hilfsbereit war, obwohl wir so lange keinen Kontakt gehabt hatten.

Das Haus von Letkas Freund Eric war nicht einfach nur groß, es war ein Palast und einfach der Hammer. Seine Eltern mussten stinkreich sein, denn die Bude hatte ungefähr zwanzig Zimmer und einen Pool. Dabei war Erics Mutter gar keine affektierte High-Society-Lady, wie sich herausstellte, sondern eine mollige, lustige Person, geschieden von ihrem Mann, aber nicht unglücklich.

Sie nahm mich gleich in den Arm und fragte: »Was ist denn passiert, Schätzchen?« Dann bot sie mir eine von ihren Zigaretten an, nahm sich auch eine und gab uns Feuer. Wir setzen uns in die Küche, die doppelt so groß war wie unser Wohnzimmer, und rauchten. Ich erzählte ihr von Amoe.

»Er akzeptiert mich einfach nicht«, sagte ich. »Ich weiß nicht, ob ich trans bin oder schwul, und meine Eltern machen mir dauernd Stress.«

»Was tun sie denn?« Erics Mutter sah mich mit einer Mischung aus Neugier und Verständnis an. Ich fand sie sofort sympathisch.

»Mein Stiefvater schlägt mich. Und er erlaubt gar nichts. Ich möchte Ballett lernen, und sie lassen mich einfach nicht.« Ich übertrieb schamlos, denn ich hatte die Befürchtung, Erics Mutter könnte mich wieder nach Hause schicken. Ich wollte meine Eltern in richtig schlechtem Licht dastehen lassen.

»Jetzt bleibst du erst mal hier, und dann sehen wir weiter«, sagte sie. Zusammen brachten wir meinen Müllsack in eins der Gästezimmer, wo sie mir einen komplett leeren Schrank zeigte, der nur auf mich gewartet zu haben schien.

Am nächsten Morgen stand ich wie immer um halb sieben auf, radelte um Viertel nach sieben los und kam pünktlich in die Schule. Ich wollte es meinen Eltern so richtig beweisen. Schwänzen würde ich auf keinen Fall. Die sollten mal sehen, dass ich nicht abgehauen war, um Party zu machen.

Erics Mutter verriet mich nicht, aber irgendwie sprach es sich rum, wo ich steckte. Bestimmt hatte mich jemand gesehen und verpetzt. An einem Abend rief Amoe bei ihr an.

»Sie können mein Kind nicht bei sich behalten, ich rufe die Polizei!«, schrie er so laut, dass ich jedes Wort verstehen konnte, obwohl ich zwei Meter entfernt stand.

»Behandeln Sie Ihr Kind anständig «, sagte Erics Mutter leise, aber bestimmt. Ich hätte sie küssen können. »Sie dürfen Par nicht schlagen. Er bleibt erst mal hier, bis sich alles beruhigt hat.« Sie kannte mich ein paar Tage und sagte meinem Stiefvater die Meinung – ich fand das großartig.

Nach zwei Wochen redete sie mir einen ganzen Abend lang gut zu und brachte mich dazu, es noch einmal mit meinen Eltern zu versuchen. Mit dem Abstand, den ich inzwischen hatte, kam die Hoffnung, dass es vielleicht auch bei uns zu Hause möglich wäre, vernünftig miteinander umzugehen. Wenn wir es nur versuchen würden. Ich war jedenfalls bereit dazu.

Als ich die Haustür aufschloss, schien meine Mutter sich ehrlich zu freuen, mich wiederzusehen.

»Du bist groß geworden, Par«, sagte sie, und es war deutlich, dass sie damit nicht einfach nur Meter und Zentimeter meinte.

Ich merkte an diesem Tag, dass meine Angst vor Amoe weg war. Wie weggeblasen. Ich hatte mein Leben selbst in die Hand genommen und wusste nun, dass es an mir lag, was ich daraus machte. Ich allein konnte bestimmen, was damit passierte. Ich fühlte mich nicht mehr ausgeliefert oder bedroht. Außerdem hatte ich wirklich viele Freundinnen, zu denen ich gehen konnte, und die hatten coole Eltern. So wie Lolita, die ich über eine Freundin kennengelernt hatte.

Lolita war ein Jahr älter als ich und wohnte in Utrecht. Sie hatte sechs Schwestern und wohnte mit ihren Eltern in einem großen Haus. Wir konnten dort jederzeit hinkommen, auch ihre Schwestern brachten ihre Freunde mit. Wir hingen im Garten rum, rauchten und tranken Bier. Mit Lolita habe ich den Reiz des Verbotenen entdeckt und Sachen gemacht, die zu Hause ein absolutes No-Go waren.

Eines Tages bot mir Lolita einen Joint an. »Willst du?«, fragte sie.

»Ist das Gras?!?« Ich verschluckte mich fast an meinem Bier. »Lass mal, ich will doch nicht in die Hölle kommen«, sagte ich.

Lolita lachte. »In die Hölle? Bist du irre? Du bekommst Flügel und denkst, du bist im Himmel, wenn du Gras rauchst. Probier es einfach.«

»Bloß nicht! Meine Mutter hackt mir alle Finger ab«, sagte ich. Ich hatte wirklich eine Heidenangst, wenn es um dieses Thema ging. Bei vielen Dingen war mir egal, was meine Mutter dazu sagte, aber Drogen? In diesem Punkt war sie absolut unerbittlich. Drogen waren für sie ein totales Reizthema, weil mein Vater dadurch so abgestürzt war. Ihre klare Ansage dazu lautete: »Ich erschieße dich, wenn ich das rausfinde! Und dann wirst du in der Hölle landen, so wahr ich hier stehe, und dein Arsch wird brennen.«

Als ich Lolita davon erzählte, prustete sie los: »Glaub mir, wenn du in der Hölle brennst, dann bestimmt nicht, weil du Gras geraucht hast, Par! Komm, wir besorgen uns was, du kannst es dir ja noch überlegen.«

Schließlich zogen wir los. Als wir im Coffeeshop standen, war der Gestank derart penetrant, dass ich fast in Ohnmacht fiel. Ich tat aber ganz cool und sah zu, wie Lolitas große Schwester fertig gedrehte Joints kaufte. Dann schlugen sie vor, wir könnten zu Carl rübergehen. Carl war ungefähr vierzig und wohnte allein. Lolita erzählte, sie hätten schon öfter bei ihm gekifft. Halleluja, dachte ich, ein Schock nach dem anderen! Ist das Freiheit, passiert das hier wirklich?

Carl bot uns die Couch im Wohnzimmer an. Lolita zündete den Joint an und nahm den ersten Zug. Ich beobachtete genau, wie sie den Rauch einsog, den Mund für einen Moment geschlossen hielt und den Qualm langsam wieder entweichen ließ. Ich nahm den Joint und machte es ihr nach. Und stellte sofort fest, dass Gras zu rauchen etwas völlig anderes ist als eine normale Zigarette. Ich bekam einen solchen Hustenanfall, dass ich vom Sofa auf den Teppich rutschte.

»Entspann dich«, sagte Lolita und reichte mir ein Glas Wasser.

Ich nahm den zweiten Zug. Auf einmal spürte ich, wie mein Kopf ganz wattig und leicht wurde. Ich musste kichern und nahm einen dritten Zug, dann einen vierten. Auf einmal fühlte es sich an, als würde ich über dem Sofa schweben. Ich war total unkoordiniert, fiel erneut auf den Teppich und riss dabei alle Gläser um. Ich richtete ein echtes Chaos in Carls Wohnzimmer an, fand das aber alles unglaublich witzig. Auf einmal stieg jedoch eine Welle von Übelkeit in mir hoch.

»Ich glaub, ich muss kotzen«, sagte ich panisch, »Oh mein Gott, Lolita, ich vertrage das nicht!«

»Ist schon gut, das geht gleich vorbei«, beruhigte sie mich. Tatsächlich merkte ich, wie erst die Panik und dann der Brechreiz nachließen.

»Das ist nichts für mich«, stöhnte ich. »Und jetzt muss ich duschen, sonst riecht es meine Mutter.« Ich ging rüber in Lolitas Haus und ließ mir eine Viertelstunde lang das Wasser über den Körper laufen. Dann sah ich im Spiegel, wie rot meine Augen waren. Wenn meine Mutter irgendetwas merkte, würde es einen Riesenärger geben. Also übernachtete ich bei Lolita, und am nächsten Morgen fühlte ich mich zum Glück wieder normal.

Mit Lolita konnte man großartig feiern. Zu meinem sechzehnten Geburtstag lud ich sie ein, dazu noch zehn andere Freundinnen. Ruth stellte uns ihr Schwimmbad zur Verfügung, und wir feierten eine unvergessliche Poolparty. Meine Mutter hatte gekocht und gebacken, und wir hörten bis in die Morgenstunden Musik und tanzten. Es war ein wirklich schöner Geburtstag.

Zu Hause wurde es wieder stressiger. Dauernd ging es um Gehorsam, und daraus entstanden immer wieder Konflikte. Ganz gleich, wie sehr ich meine Eltern liebte oder wie sehr sie mich liebten – es gab keine Möglichkeit für mich, in diesem Haushalt meine eigene Persönlichkeit zu entfalten, da besonders mein Stiefvater es eher als Bedrohung zu empfinden schien, wenn ich eine andere Meinung hatte als er.

Ein Streit mit Pedram war schließlich der Anlass, warum ich so sehr mit Amoe aneinandergeriet, dass ich beschloss, wieder abzuhauen. Es fing damit an, dass Pedram an meinem Outfit rummeckerte.

»Wie du wieder aussiehst, du Modepuppe! Was bist du denn eigentlich, Mädchen oder Junge?«

»Das kann dir doch egal sein, du Arsch«, giftete ich zurück. »Lass mich einfach in Ruhe, und kümmere dich um deinen eigenen Scheiß.« Klar, ich fand es cool, mich möglichst auffällig und extrem anzuziehen. Ich trug eine enge Jeans, die ich an den Knien so lange mit einer Gabel bearbeitet hatte, bis sie richtig schön zerfetzt aussah, darüber ein Oversize-T-Shirt und eine neue schwarze Lederjacke.

»Oh, jetzt drehst du wieder durch«, sagte Pedram mit überheblicher Stimme, mit der er mich gekonnt provozierte.

»Halt die Fresse, du blöder Penner«, schrie ich.

Ich hatte den Mund noch nicht wieder zugemacht, da kam Amoe, packte meinen Arm und sagte: »Parham! So redest du nicht in meinem Haus!«

»Wieso bin ich schon wieder schuld?« Ich riss mich los. Jetzt war ich wütend auf Amoe, und Pedram war

Nebensache. Ich war kein Kind mehr. Was dachte der sich dabei, mich so zu behandeln? »Das war das letzte Mal, dass du mich so anfasst«, schrie ich und rannte in mein Zimmer. Hier würde ich keine Sekunde länger bleiben. Es hätte mir eigentlich schon nach den zwei Wochen bei Eric klar sein müssen, dass sich Amoe einfach nicht ändern würde. Ich musste dringend hier raus.

Diesmal rief ich Ruth an und bat sie um Hilfe.

»Bleib ruhig, damit er dich nicht schlägt«, sagte sie. »Pack deine Sachen, ich hole dich mit dem Auto ab.«

Wieder nahm ich einen Müllsack und stopfte alle meine Lieblingsklamotten hinein. Diesmal aber kletterte ich nicht heimlich aus dem Fenster. Mein Stiefvater sollte mir dabei zusehen, wie ich ging. Ich wollte ihm zeigen, dass ich keine Angst mehr vor ihm hatte. Ich riss also die Zimmertür auf, ging auf Amoe zu, bis ich ihn beinahe berührte, und sah ihm direkt in die Augen. Es war schon ein kleines Drama, das ich da inszenierte, und ehrlich gesagt gefiel es mir sogar, dass ich die Hauptrolle spielte.

»Ich gehe, und wenn du mich das nächste Mal siehst, werde ich eine eigene Wohnung haben. Du kannst dann von weitem zuschauen, wie ich Karriere mache!« Dann knallte ich die Wohnungstür so fest hinter mir zu, dass es wie ein Pistolenknall durchs Treppenhaus hallte. Es war Februar 2006, in ein paar Monaten würde ich sowieso mit der Schule fertig sein, und dann konnten sie mich mal, meine Eltern.

Ruth ließ mich in ihrem Gästehaus schlafen. Jeden Morgen fuhr ich zur Schule und nachmittags nach Utrecht zum Arbeiten, für Modeljobs oder Termine im Transgender-Zentrum nach Amsterdam. Nach ein paar Wochen fragte mich Ruths Nachbar Ben, ob ich bei ihm und Robyn wohnen wolle.

»Dann hat sie etwas Gesellschaft, und ihr könnt zusammen lernen«, schlug er vor.

Ben war ein netter Typ, der viel arbeitete. Als seine Frau ihn und Robyn hatte sitzenlassen, versuchte er alles, um seiner Tochter ein guter Vater zu sein. Also zog ich zu den beiden. Und ich fing wirklich ernsthaft an zu lernen. Robyn und ich büffelten gemeinsam. Wenn ich zurückblicke, finde ich es selbst erstaunlich, was für einen Arbeitseifer ich auf einmal an den Tag legte. Ganz bestimmt lag das auch daran, dass ich es an der Schule nicht mehr ganz so schlimm fand. Meine Modeljobs hatten viel verändert. Modeln fanden alle cool. Viele, auch die Jungs, bewunderten mich deswegen, und wenn ich mit irgendeinem neuen extremen Styling in die Schule kam, fanden sie das mega. Meine Haare fielen jetzt bis weit über die Schultern, und ich war ein richtiges Fashionidol. Ich hatte neue Freundinnen gefunden, und die paar Jungs, die mich weiter hänselten, machten mir nichts mehr aus.

Eines Vormittags auf dem Pausenhof stand auf einmal meine Mutter vor mir. Sie sah mich mit einem traurigen Hundeblick an.

»Was willst du?«, fragte ich verächtlich.

»Komm doch wieder nach Hause, Par, schau …«

»Was soll ich denn bei euch?«, unterbrach ich sie. »Ich brauche jetzt meine Ruhe. Ich bereite mich auf mein Abitur vor, kapierst du das nicht? Das ist jetzt mein Leben!«

»Aber Par …«

Ich ließ sie einfach stehen. So viel hatte ich von meinem Stiefvater ertragen müssen, und es fehlte mir total, dass meine Mutter sich ihm gegenüber für mich stark machte. Anstatt ihr das zu sagen, reagierte ich nun mit Abwehr. Ich konnte nicht anders.

Ein paar Tage danach sprach mich mein Lehrer an: »Hör mal, du solltest wirklich wieder zu deinen Eltern gehen. Du musst dich auf deinen Schulabschluss konzentrieren, sei doch vernünftig!«

»Sie sind mein Lehrer, aber Sie wissen gar nichts über mein Leben«, fauchte ich. »Also mischen Sie sich nicht in meine Privatangelegenheiten ein.«

»Aber Parham, wir wollen doch nur dein Bestes …«

»Nein«, fuhr ich ihm dazwischen, »ich weiß selbst, was gut für mich ist. Sie verschwenden Ihre Zeit.« Ich drehte mich um und ging. Er war genau wie meine Mutter. Sie, die Lehrer, mein Stiefvater – sie alle wollten mich einfach nicht verstehen. Sollten sie doch versuchen, mich zu überreden, sie würden schon sehen, wie weit sie damit kommen, dachte ich trotzig. Niemand würde mich zwingen, mir diese Schreierei zu Hause freiwillig wieder anzutun. Meine Welt war größer geworden, alles war offen, ich konnte gehen, wohin ich wollte, und ich war froh, meine Ruhe zu haben.

Ich blieb bei Ben und Robyn. Es war eine gute Zeit. Ich hatte Termine in Amsterdam und redete regelmäßig mit meiner Psychologin, was sich umso einfacher organisieren ließ, je öfter ich sowieso in Amsterdam war. Kurz nach meinem siebzehnten Geburtstag durfte ich endlich anfangen, Hormone zu nehmen. Ich hätte gern schon viel früher damit begonnen, weil ich mir so sicher war, dass ich mich weiblich fühlte. Aber jedes Mal, wenn ich vom Stress zu Hause erzählt hatte oder davon, wie unglücklich ich in der Schule war, waren die Psychologen besorgt gewesen wegen meiner depressiven Verstimmungen und hatten mich auf Orange statt Grün gesetzt – Warteposition. Dann aber schickten sie mich zu einer Untersuchung, nach der sie entscheiden wollten, wie es weiterging. Die Ärzte scannten meine Knochen und machten ein Blutbild, um zu sehen, ob gesundheitlich etwas gegen die Hormongabe sprach. Zum Glück war alles in Ordnung.

Vier Wochen später kam ich wieder in die Klinik.

»Gratuliere«, sagte die Psychologin. »Du darfst die Hormone nehmen.«

Ich stieß einen Freudenschrei aus, holte mir sofort beim Facharzt das Rezept und nahm gleich die erste Tablette. Ich war total gespannt, was jetzt passieren würde. Am Anfang dachte ich, ein paar Tabletten würden reichen, damit mein Körper sich veränderte. Aber so war es natürlich nicht. Es dauerte etwa eine Woche, bis ich den ersten Effekt bemerkte, und der war ganz anders, als ich es mir vorgestellt hatte. Ich war mit ein paar Freundinnen unterwegs, und wir hatten noch gar nicht viel getrunken, da wurde mir plötzlich furchtbar schlecht.

»Par, was ist denn los mit dir?«, fragte Marjo besorgt.

»Vielleicht vertrag ich jetzt keinen Alkohol mehr wegen der Hormone«, vermutete ich.

»Mach langsam, das sind starke Medikamente«, sagte sie. »Du musst jetzt echt gut aufpassen.«

Mein Körper gewöhnte sich tatsächlich nur langsam an die tägliche Dosis, und mir war monatelang jeden Tag kotzübel. Ich musste mich jedes Mal überwinden, die Tabletten zu schlucken. Wenn ich so zurückschaue, war das wirklich der härteste Teil der Therapie. Aber ich wollte eine Frau werden!

Ein bedeutendes Detail aus dieser Lebensphase war meine neue Krankenkassenkarte. Ich bekam sie, nachdem die Uniklinik meiner Kasse mitgeteilt hatte, dass ich mit der Hormonbehandlung begonnen hatte. Die Versicherungskarte war das erste offizielle Ausweisdokument, in dem als Geschlecht »weiblich« stand. Es war ein richtiges Glücksgefühl, sie in den Händen zu halten. Jahrelang habe ich sie als Ausweisersatz benutzt, wenn ich in Clubs ging, bis ich endlich meinen geänderten Pass bekam.

So langsam fing ich an, über Jungs nachzudenken. Ich stellte mir vor, wie mein Freund aussehen sollte, wenn ich irgendwann einen hätte. Ich sah im Fernsehen genau hin, wenn Liebesszenen gezeigt wurden, und fragte mich, wie sich das alles wohl anfühlen würde. Mir wurde auch viel bewusster, wie mein eigener Körper aussah, und dass es bei Mädchen nichts gibt, was sich am Unterleib nach vorne wölbt. Also kaufte ich mir Unterwäsche, mit der man den Penis so nach hinten binden kann, dass im Schritt alles flach aussieht.

Inzwischen arbeitete ich nicht mehr ausschließlich für Ankas Modelagentur. Es war gar nicht so leicht, mich zu vermitteln, weil ich so ein dünnes Mädchen-Jungs-Ding war, weder der einen noch der anderen Welt zuzuordnen. Mit meinen Jobs verdiente ich nicht genug, so dass Anka mich einer Bekannten vorstellte, die ebenfalls eine Agentur besaß. Models at Work beschäftigte Models als Hostessen, nichts Anrüchiges, sondern coole Promotionjobs bei Events oder in Amsterdamer Discos. Die Chefin hieß Maartje und fand mich genau so gut, wie ich war.

Wenn ich unterwegs war, beobachtete ich die anderen Mädchen. Ich studierte ihre Art zu sprechen, zu gehen, sich zu bewegen. Ich versuchte, meine Stimme sanfter klingen zu lassen, wie Frauen das eben machen. Besonders eine Modelfreundin, Isabella, wurde mein Vorbild. Ich liebte es, wie sie gestikulierte. Isabella hatte eine graziöse Art, ihre Hände beim Reden zu bewegen, die mir sehr gefiel. Sie strich mit ihren langen Fingern durch ihre Haare und warf sie mit einer eleganten Kopfbewegung über die Schulter nach hinten.

Ich arbeitete nachts, meist freitags oder samstags, und montags ging ich wieder zur Schule. Im Mai schrieb ich meine letzten Klausuren. Es ist verrückt, wenn ich heute an diese Zeit denke, denn die Schule lief irgendwie so nebenher. Drumherum passierte total viel, und trotzdem schaffte ich einen anständigen Abschluss.

Mailand, Paris, London und New York – das sind die großen vier der Modewelt. Ich wollte endlich weiterkommen und bedrängte Anka, mich nach Mailand zu schicken. Models aus der ganzen Welt reisen dorthin, um Castings zu machen und einen Job für die Fashion Week zu ergattern.

»Es ist noch zu früh. Wir haben nicht mal eine Partneragentur vor Ort, die deine Termine machen kann«, sagte Anka.

»Ist mir egal, ich suche mir eine!«, beharrte ich.

»Und dein Flugticket, wer soll das bezahlen?« Sie schüttelte den Kopf. »Überleg's dir gut, Schätzchen!«

Abends erzählte ich Robyn, Ben und seiner neuen Freundin Anneke, dass mir das Geld für das Flugticket fehle. Ben war sofort bereit, es mir zu leihen.

»Du kannst es mir zurückzahlen, wenn du auf der ›Vogue‹ bist«, sagte er und lachte. »Wann soll's denn losgehen?«

»Anfang Juli«, antwortete ich. »Dann bin ich zehn Tage vor der Fashion Week da und habe genug Zeit für die Castings.«

»Okay, aber willst du dann nicht vielleicht vorher wieder zu deinen Eltern ziehen?« Ben sah mich aufmunternd an. »Du kannst uns natürlich weiterhin besuchen kommen.«

Ein paar Tage später rief ich meine Mutter an, kündigte meine Rückkehr an und zog wieder nach Hause. Amoe und Pedram begrüßten mich eher kühl, nur meine Mutter freute sich wirklich sehr, dass ich zurückkam. Ich war auch froh, sie zu sehen. Aber es fühlte sich merkwürdig an, mich wieder in das winzige Zimmer einzuquartieren, in das ich zehn Jahre vorher eingezogen war. Mein Leben hatte sich gerade in den letzten Monaten so sehr verändert, *ich* hatte mich geändert, und nun würde ich nach Mailand gehen, schon in wenigen Tagen.

»Denk nicht, dass die da alle auf dich gewartet haben«, warnte mich Amoe. »Die werden nicht dastehen und dir sagen, dass du das nächste Supermodel bist. Also sei nicht enttäuscht, wenn sie dich wegschicken, hörst du?« Er wollte mich darauf vorbereiten, dass die Realität härter war, als ich es mir erträumte. Ich war natürlich überzeugt, dass irgendetwas klappen würde.

Der günstigste Flug ging ab Köln/Bonn. Meine Mutter organisierte einen Bekannten, der mich im Auto von Bilthoven bis Köln mitnahm, und dort übernachtete ich bei einer iranischen Familie, die wiederum der Bekannte kannte. Am nächsten Morgen fuhr ich zum Flughafen. Ich hatte die Adresse eines Mailänder Hostels in der Tasche, wo ich für zwölf Euro pro Nacht in irgendeinem Zwanzigbettzimmer schlafen würde, außerdem ein bisschen Bargeld, mein Handy und Ankas Nummer.

Es war das erste Mal, dass ich alleine mit dem Flugzeug reiste, aber ich war überhaupt nicht ängstlich, sondern aufgeregt und voller Vorfreude. Nachmittags kam ich in Mailand an, kaufte mir einen Stadtplan, suchte mein Hostel und zog früh am nächsten Morgen los, um eine Agentur zu finden. Als ich mir gerade ein Brötchen kaufen wollte, klingelte mein Handy. Anka war dran.

»Hast du was zu schreiben?«, sprudelte sie los. »Ich habe fünf Castings für dich.«

Ich hatte gar keine Zeit, mich zu bedanken, so schnell diktierte sie mir die Zeiten und die Adressen. Bis zum ersten Casting hatte ich genau fünfundzwanzig Minuten Zeit. Ich schlang mein Brötchen im Gehen runter, fuhr mit der U-Bahn in die Innenstadt und war um neun Uhr morgens bei meinem ersten Termin. Er fand in einem alten Gebäude mit schmalem Treppenhaus statt, wo bereits eine lange Schlange junger Männer und dünner Mädchen wartete. Ich reihte mich ein, und als ich endlich dran war, war es schon kurz vor zehn.

An einem Tisch saßen zwei Männer und eine Frau. »Gib mal her«, sagte einer und blätterte durch mein Buch.

Die Frau musterte mich. »Lauf mal ein Stück«, forderte sie mich auf, und ich war kaum fünf Schritte gegangen, da sagte sie: »Okay, Nächster.«

»Sorry, Schätzchen, wir haben hier schon so einen Typen wie dich«, sagte der Mann und zuckte mit den Schultern.

Ich lief los zum nächsten Casting und zum übernächsten, und als der Tag zu Ende war, war ich fünfmal kurz gemustert und fünfmal wieder auf die Straße gespuckt worden. Es war total anstrengend, und ich war deprimiert. Es wimmelte hier von diesen Dolce & Gabbana-Typen mit kantigen Gesichtern und breiten Schultern. Kein Wunder, dachte ich, wenn die so was suchen, bin ich hier falsch.

Am nächsten Morgen versorgte mich Anka mit neuen Casting-Terminen, und ich rannte herum und holte mir Absagen. Immerzu dachte ich daran, dass ich unbedingt einen Job ergattern musste, und zählte die Tage, die mir noch blieben: Noch sieben. Noch sechs. Noch fünf. Dann hatte Anka Neuigkeiten für mich.

»Ich habe jetzt eine Partneragentur für dich gefunden«, sagte sie. »Die haben ein Modelapartment, da kannst du hin. Dann musst du wenigstens nicht mehr im Hostel wohnen.«

Ich nahm mein Gepäck mit zu den nächsten Castings und machte mich abends auf die Suche nach dem angekündigten Apartment. Inzwischen kannte ich mich wenigstens einigermaßen mit den U-Bahn-Linien aus.

Modelapartments haben überhaupt nichts Glamouröses. Es sind billige Wohnungen am Stadtrand, die von den Agenturen angemietet werden, um möglichst viele Leute für möglichst wenig Geld unterzubringen. Es ist ein Platz zum Schlafen, nicht viel mehr. Die Wohnung, in der ich landete, hatte vier Zimmer. Anka hatte mir erzählt, dass ich dort Isabella treffen würde, meine Modelfreundin aus Amsterdam. Ich war wirklich froh, jemanden zu haben, den ich kannte, denn die anderen Mädchen in dem Apartment waren Russinnen und Brasilianerinnen, die mich entsetzt musterten.

»Was soll der Kerl hier in unserer Wohnung?«, fragte eines der russischen Models.

»Du kannst bei mir im Zimmer schlafen«, sagte Isabella. »Du bist doch sowieso ein Mädchen.« Sie lachte.

Im Apartment wohnte noch eine weitere Amsterdamerin. Sie hieß Fenja, und wir freundeten uns an. Wir schafften es immer, uns wenigstens kurz zwischen den Castings zu treffen. Mittags setzten wir uns auf die Piazza vor dem Dom. Wir hatten eine halbe Stunde Zeit, dann ging es weiter. Es war eine wahnsinnige Hektik, und wir waren jeden Abend nicht vor neun im Apartment. Auf dem Weg dorthin kauften wir uns was zu trinken, hörten Musik und machten Party mit den Brasilianerinnen. Die waren irgendwie netter als die Russinnen und hatten sich inzwischen an mich gewöhnt. Sie hatten gemerkt, dass ich eigentlich kein Kerl war.

Am Sonntag, als keine Castings stattfanden, fuhren wir alle zusammen an den Comer See, dorthin, wo George Clooneys Haus steht. Wir breiteten unsere Handtücher auf den Steinen aus, chillten in der Sonne, tranken und rauchten einen kleinen Joint, an dem ich vorsichtshalber nur einmal zog.

Nach neun Tagen hatte ich immer noch keinen Job, überall Mückenstiche, geschwollene Beine vom vielen Herumlaufen und vor allem keine Hoffnung mehr. Es war ein schlimmes Gefühl, und ich dachte darüber nach, was ich Ben erzählen sollte.

»Denkt ihr, jetzt geht noch was?«, fragte ich Isabella und Fenja. Die beiden schüttelten bedauernd die Köpfe.

»Wenn du jetzt noch nichts hast, dann kommt auch nichts mehr«, meinte Fenja. »Aber lass uns trotzdem heute Abend zusammen feiern. Ich kenne einen coolen Club, da gehen alle Models hin.«

Die Party war fantastisch. Wir trafen noch mehr Mädchen aus Amsterdam und tanzten zusammen. Alles fühlte sich herrlich und leicht und unbeschwert an. Ich wurde immer betrunkener, und dann tauchte da plötzlich dieser junge Mann auf. Die Mädels wussten, dass er eines der männlichen Topmodels war und eine oder zwei von den ganz großen Designer-Schauen gelaufen war. Ich fand sein Lächeln toll und die Art, wie er mich ansah. Ich warf meine langen Haare zurück und tanzte ganz nah bei ihm, bis wir uns wie zufällig berührten. Ich war eins achtzig und flachbrüstig, so sahen alle Models aus, und ich glaube, er hielt mich für ein Mädchen. Mir war das egal, und ihm schien es ebenso zu gehen, da er auch irgendwie high war.

Wir tanzten und tranken, und Lichter flogen um mich herum. Dann lag auf einmal sein Arm um meine Taille, und ich sah ihn an, und er beugte seinen Kopf zu mir, bis sich unsere Lippen berührten. Ich küsste zum ersten Mal in meinem Leben einen Mann. Es war aufregend und herrlich zugleich. Ich war glücklich.

Als die Party langsam zu Ende ging, liefen wir Hand in Hand noch ein Stück zusammen. Dann musste er in eine andere Richtung, und ich winkte ein Taxi heran. Wir verabschiedeten uns, ohne an irgendein Wiedersehen zu denken. Als der Taxifahrer mich in der Nähe der Modelwohnung absetzte, färbte sich der Himmel über den Häusern zartorange. Alles war noch still. An einem Balkon hing die italienische Flagge und bewegte sich im leichten Morgenwind. Es war ein unglaublich romantischer Moment. Ich stand da, ganz alleine, guckte nach oben und sah der Sonne dabei zu, wie sie aufging.

Sechs Stunden später saß ich im Flugzeug, und als ich Mailand unter mir verschwinden sah, brach ich zusammen. Die Chancen waren vertan und meine Hoffnungen fürs Erste dahin. Ich saß da und starrte aus dem

Fenster, während mir unaufhörlich die Tränen übers Gesicht liefen. Die vergebliche Rennerei zu den Castings war so anstrengend gewesen, und jetzt erst merkte ich, wie erschöpft ich war. Was würden Ben, Robyn und meine Familie dazu sagen, dass ich nicht mal einen einzigen Job bekommen hatte? Und dazu kam der letzte Abend.

Das Modeln ist wirklich eine Achterbahnfahrt. Jedes Mal gibst du alles, isst zu wenig, schläfst kaum, und dann schauen sie dich einmal flüchtig an und schicken dich wieder weg: zu dünn, zu weiblich, zu – irgendwas. Jedes Mal zerbricht etwas in dir, wenn sie dir absagen. Aber so ist das Geschäft, es geht um den Look, den sie suchen, nicht um dich. Ich saß da, grübelte und schlief irgendwann traurig ein.

EIN VAMPIR IN HIGH HEELS

Es war später Nachmittag, als das Flugzeug in Köln landete. Ich nahm meine Tasche, fuhr mit dem Bus zum Hauptbahnhof und nahm den nächsten Zug nach Utrecht. Abends, als ich nach dreimal Umsteigen und einer weiteren Busfahrt endlich in Bilthoven ankam, fühlte ich mich leer und ausgelaugt.

Pedram saß in seinem Zimmer und lernte für die Uni. Er hatte angefangen, Jura zu studieren. Was Vernünftiges. Meine Mutter war stolz auf ihn.

Amoe hing vor dem Fernseher. »Na, wie war's denn?«, fragte er, als ich ihn begrüßte.

»Ganz okay«, sagte ich und verschwand in mein Zimmer. Ich hatte keine Lust, ihm von meinen Misserfolgen zu erzählen.

Meine Mutter war für ein paar Wochen in den Iran gereist, um ihre Schwester Zahra zu besuchen. Sie rief mich am nächsten Tag an.

»Par, ich vermisse dich!«, rief sie. »Übermorgen bin ich wieder zu Hause.« Als sie ankam, war ich total froh, mit ihr über die anstrengende Zeit in Mailand reden zu können.

»Da liefen überall diese Muskeltypen rum. Ich habe gar keine Jobs bekommen«, gestand ich.

»Mach dir darüber keine Gedanken. Du hast es versucht, und ich bin stolz auf dich. Beim nächsten Mal klappt es bestimmt«, tröstete sie mich.

Obwohl sie in diesem Moment so lieb mit mir umging, hatte ich wieder dasselbe Gefühl wie nach der Zeit bei Robyn und Ben: Ich war erwachsen, und das hier war nicht mehr mein Zuhause. Diese Wohnung, dieses winzige Zimmer gehörten zu meiner Kindheit. Aber die war vorbei.

Ich ging noch einmal an die Schule, um meine Unterlagen und mein Zeugnis abzuholen. Wegen meiner Reise war ich nicht bei der Abschlussfeier gewesen, und der Direktor hatte meine Mutter angerufen und sich nach mir erkundigt. Marjo erzählte mir später, dass alle darüber geredet hatten. Wow, Mailand, abgefahren! Sogar die Jungs, die mich früher so oft geärgert hatten, bewunderten mich jetzt. Für mich war das eine große Genugtuung. Jetzt sahen sie, dass ich Erfolg hatte mit dem, was ich machte. Ganz gleich, ob ich Jobs bekommen hatte oder nicht – ich war längst viel weiter als jeder Einzelne von ihnen.

Ich war siebzehn, hatte meinen Schulabschluss in der Tasche und beschloss, eine große Abi-Geburtstags-Party mit all meinen Amsterdamer, Utrechter und Bilthovener Freunden zu organisieren.

»Darf ich wieder bei dir feiern, eine richtig fette Party?«, fragte ich Ruth.

»Na klar, wenn du danach aufräumst«, sagte sie und half mir damit wie so oft, einfach so, weil sie mich mochte.

Eigentlich hatte ich damit gerechnet, mit einem kleinen Vermögen aus Mailand zurückzukommen, aber jetzt war ich total pleite und wusste nicht, wie ich die Party bezahlen sollte. Ich war zwar für Models at Work für verschiedene Einsätze in Clubs gebucht, aber es dauerte immer eine Weile, bis ich mein Honorar bekam; mein Fest wollte ich aber unbedingt jetzt ausrichten. Es war einfach der richtige Zeitpunkt. Meine Eltern gaben mir nichts dazu.

»Wenn du feiern willst, musst du arbeiten«, predigte meine Mutter.

»Wünsch dir doch einfach Geld von deinen Gästen. Dann strecke ich dir was zum Einkaufen vor«, schlug

Ben vor, als ich eines Abends mit ihm, Robyn und Anneke zusammensaß. Ich nahm sein Angebot natürlich
dankend an.

Ben fuhr mit mir zum Supermarkt, Marjo und Sanne
halfen bei den Vorbereitungen. Mein Party-Motto war
»Weiß«; alle Gäste sollten in weißen Klamotten kommen, und die Deko war ebenfalls weiß. Das passte
wunderbar zum Beginn des Sommers. Wir fegten Ruths
Innenhof, stellten Tische auf und hängten Klopapier-
streifen vom Dach runter. Das sah super aus, das Papier
wehte wie weiße Girlanden im leichten Wind. Dann
stylte ich Marjo und Sanne als Kellnerinnen. Sie trugen
kurze Kleider, ich klebte ihnen lange falsche Wimpern
an und bastelte aus Servietten weiße Schürzchen.

Und alle kamen: meine Eltern, meine Stiefoma,
Isabella, Fenja, meine Modelfreundinnen, Lolita und
viele alte Freunde. Es war das letzte Mal, dass ich sie
alle zusammen sah. Wenn ich heute zurückblicke, war
dieses Fest gewissermaßen mein Abschied von all den
Freunden, die mich während der Zeit im Gymnasium
begleitet hatten. Bilthoven und Utrecht und alles, was
dazugehörte, waren mein altes Leben. Meine neue Welt
war Amsterdam.

Jeden Freitag und Samstag fuhr ich mit dem Zug nach
Amsterdam, um für Maartje zu arbeiten. Manchmal war
es Promotion für irgendwas, manchmal ein Party-Motto,
zu dem wir performten, so was wie »Valentinstag«, wo
ich als Liebesbote verkleidet mit weißen Locken und
Harfe auftrat. Ich machte das wirklich gern, denn alles,
was ich mochte, spielte dabei eine Rolle: Musik, fanta-
sievolle Outfits, Tanzen. Vor allem buchte mich Maartje
viel regelmäßiger als Anka, wo ich ja obendrein vor den
Castings nie wusste, ob ich den Kunden gefallen würde.

Meine Mutter war total genervt davon, dass ich so
viele Jobs in Amsterdam hatte, vor allem machte sie

sich Sorgen, weil ich häufig nachts unterwegs war. Wir hatten ständig endlose Diskussionen darüber, was für mich gut wäre. Sie hatte da komplett andere Vorstellungen als ich.

»Such dir eine Uni und studiere was Vernünftiges!«, ermahnte sie mich. Sie hatte gut reden! Drei Nähmaschinen hatte ich in der Bewerbungsphase geschrottet, so sehr hatte ich mich ins Zeug gelegt, um einen Studienplatz für Modedesign zu ergattern. Aber bei der renommierten Arnheimer Modeschule Artez war ich nach der zweiten Bewerbungsrunde nicht mehr weitergekommen. Man musste alle möglichen Berechnungen machen – darin war ich einfach nicht gut. Auch bei einer Utrechter Modeschule scheiterte ich an Mathe.

»Ich arbeite und verdiene mein eigenes Geld, was willst du eigentlich von mir?«, fragte ich meine Mutter, als sie wieder einmal damit anfing.

»Es geht nicht, dass du morgens erst um sechs nach Hause kommst. Das hier ist meine Wohnung, und ich will das nicht«, erwiderte sie.

»Aber es ist mein Leben!«, rief ich aufgebracht. »Und du hast mir gar nichts zu sagen.«

»Pass auf, wie du mit mir redest! Solange du hier wohnst, machst du, was wir dir sagen.« Das war so typisch: Kaum waren wir ein paar Wochen in einer Wohnung, gerieten wir in Streit.

»Weißt du was? Fick dich!« Ich rannte in mein Zimmer und knallte die Tür hinter mir zu. Dauernd nörgelten meine Eltern an mir rum. Nichts von dem, was ich tat, schien ihnen recht zu sein. Und obendrein machten mich die Hormone, die ich nahm, ziemlich empfindsam und dünnhäutig. Heute gelingt es mir besser, in solchen Situationen auch mal geduldig zu sein und nicht immer gleich wüst rumzuschimpfen, aber damals konnte ich meinen Jähzorn nicht zügeln. Vor allem fühlte ich mich ständig ungerecht behandelt.

Noch am selben Abend packte ich meine Tasche, nahm den Zug nach Amsterdam und rief Maartje an. »Meine Mutter hat mich rausgeschmissen, und jetzt steh ich auf der Straße«, sagte ich.

»Ach du Scheiße. Wo bist du denn jetzt?«, fragte Maartje.

»Ich bin schon in Amsterdam.«

»Okay, dann kannst du erst mal bei mir im Büro schlafen«, bot sie an.

Das Büro von Models at Work war am Singel, das ist eine der Grachten im Zentrum. Es waren ziemlich große Räumlichkeiten, und es gab sogar ein ungenutztes Zimmerchen hinter der Küche, wo Platz für eine Matratze und meine Tasche war. Maartje gab mir einen Schlüssel – und ein paar Aufgaben. Ich war dafür zuständig, morgens für alle ein Frühstück vorzubereiten und mittags einen kleinen Lunch.

Wenn wir für Performances gebucht waren, gab Maartje mir immer irgendeine Position mit ein bisschen mehr Verantwortung. Ich war dann Head of Performance oder Head of Styling, weil sie meinte, dass ich ein gutes Gefühl für einen coolen Look hätte. Sie traute mir etwas zu, obwohl ich keine Ausbildung hatte.

Im September vermittelte Anka mir meinen ersten Job in Paris. Junge Designer vom Artez hatten eine ganze Gruppe Models für den Showroom gebucht, um ihre Entwürfe auf der Pariser Modewoche zu präsentieren. Unisex wurde total gehypt. Für diesen Look buchte kein Designer breite Schultern oder Muskeln. Ich war sehr dünn, und durch die Hormone, die ich nahm, war an mir nichts typisch Männliches. Ich passte perfekt in das Bild des androgynen, fast schon geschlechtslosen Models.

Wir fuhren mit dem Bus für zwei Tage nach Paris. Ein paar der Mädchen kannte ich von anderen Jobs. Es war eine ganz andere Erfahrung als Mailand. Natürlich war es nicht Chanel, es war alles eher klein, aber das

Artez war in der Szene bekannt. Eine prominente Mode-Bloggerin schrieb sogar auf der Homepage der französischen »Vogue« über die Entwürfe, die wir vorführten.

Die Modeschulen waren experimentierfreudig, aber leider verdiente ich da nie viel Geld, so dass ich jeden zusätzlichen Job, den Maartje mir vermittelte, sofort annahm. Als ich aus Paris zurückkam, hatte sie einen Auftrag im »Jimmy Woo« für mich. Das »Jimmy Woo« war damals schon der bekannteste und angesagteste Club in ganz Amsterdam. In jedem Reiseführer steht er als Must-See, wobei längst nicht jeder reinkommt. Prominente natürlich schon, und wenn internationale Stars in Amsterdam feiern, dann im »Jimmy Woo«.

Ich sollte an diesem Abend Zigaretten an die Leute verteilen. Bevor der Club öffnete, zeigte uns jemand das Hinterzimmer, wo ich mich umziehen konnte. Maartje hatte mein Outfit besorgt. Diesmal würde ich als Chinesin verkleidet auftreten. Ich setzte eine schwarze Perücke auf, dazu trug ich eine Art sexy Kimono, lange künstliche Wimpern und einen dicken schwarzen Lidstrich. Neben dem Spiegel standen zwei Flaschen bereit: Sekt und Wodka. Das war in jedem Club so, schließlich sollten alle gut drauf sein. Ich nahm mir ein Glas, schenkte es halbvoll mit Wodka, tat drei Eiswürfel hinein und trank es in einem Zug aus.

Über der riesigen Tanzfläche des »Jimmy Woo« schwebte ein Himmel aus Lampen, und darunter federten die Köpfe der Leute auf und ab. Ich tanzte zwischen ihnen und verteilte die Zigaretten. Ich wurde dafür bezahlt, ein bisschen verrückt zu sein; es fühlte sich gar nicht wie Arbeit an. Irgendwann ging ich vor die Tür. Draußen warteten die Leute immer noch in einer langen Schlange.

»Hi, ich bin Par«, sagte ich zu der Frau, die die Gästeliste in der Hand hielt. Wir rauchten und quatschten ein bisschen.

»Ich muss mal aufs Klo, kannst du so lange die Stellung halten?«, fragte sie irgendwann.

»Klar, ich mach das schon«, antwortete ich.

Bei den guten Clubs sind immer mehrere Leute an der Tür. Es gibt die Security und eine weitere Person, die die Gäste selektiert. Wer wichtig oder berühmt ist, muss nicht anstehen. Wer verrückt oder schön oder beides ist, hat auch gute Chancen, schnell reinzukommen. Ich machte nun eine Riesenshow daraus, die Leute auszusuchen. Ich wollte auffallen, aber mit Stil.

»Hi, komm rein, viel Spaß. Nein, sorry, Darling, wir sind total voll …«

»Du machst das aber gut«, sagte ein Mann neben mir. Es war der Chef des Ladens, den alle nur Mr. Woo nannten.

»Ich heiße Par«, sagte ich und winkte mit einer divenhaften Geste eine Frau aus der Warteschlange zu mir.

»Bist du nicht von Models at Work?« Mr. Woo wusste offensichtlich genau Bescheid, wer in seinem Laden unterwegs war.

»Ja, ich arbeite für Maartje.«

Bevor wir uns weiter unterhalten konnten, kam die Selekteurin von der Toilette zurück, und ich ging wieder rein. Am nächsten Tag rief Mr. Woo bei Maartje an.

»Dieser Typ von gestern, der ist ja unglaublich. Ich möchte ihn bei mir an der Tür haben«, sagte er.

Noch am selben Tag ging ich wieder in den Club und machte meine ersten Termine aus. Ich war erst ein paar Wochen in Amsterdam, aber schon im Zentrum der Partypeople angekommen. Wer an der Tür vom »Jimmy Woo« arbeitet, ist allein deswegen interessant, weil er die Macht hat zu entscheiden, wer reinkommt. Es war krass, wie viele Leute plötzlich wussten, wer ich bin, und ich tat alles, damit sie sich meinen Namen merkten. Klar redeten sie nicht immer positiv. Manchmal raunten sie sich zu: »Pass auf, das ist die verrückte Transe.« Aber ich war im Gespräch.

Ich versuchte, das an mir abperlen zu lassen, schließlich überwogen die Vorteile meines neuen Jobs. Den ganzen Abend über bekam ich freie Drinks und verdiente jedes Wochenende richtig gutes Geld. Ich stürzte mich in jedes Abenteuer, das mir das Nachtleben bot, und da gab es einige.

Einmal, als ich im Club Schichtende hatte, ging ich mit zu einer Kollegin, die eine Afterparty in ihrer Wohnung feierte. Ich war schon ziemlich betrunken. Die Kollegin bugsierte mich an einen Tisch und holte ein kleines Beutelchen aus der Tasche.

»Kommt, wir ziehen uns eine Linie rein«, sagte sie und streute das Pulver auf den Tisch.

»Oh mein Gott, ist das Kokain?«, fragte ich schockiert, was mir aus heutiger Sicht ziemlich naiv vorkommt. »Aber du darfst es niemandem sagen, wenn ich das tue!« Tatsächlich hatte ich immer noch Angst, dass meine Mutter es erfahren würde, doch ich war so neugierig, dass ich schließlich alle Bedenken beiseiteschob und die weiße Linie einsog. Ich war weit weg von zu Hause, alle machten es, also ist es okay, wenn ich es auch tue, redete ich mir ein. Wenige Minuten später fühlte ich mich großartig: Ich war auf einer der geilsten Partys der Stadt, und alle hier waren meine Freunde. Ich tanzte und fühlte mich absolut unbesiegbar. Ich war die Königin der Nacht.

Als ich zwei Stunden später auf meiner Matratze lag, war ich unendlich erschöpft und schlief sofort ein, ohne noch ein einziges Mal an meine Mutter zu denken.

Zwar war ich fast jede Nacht unterwegs, aber ich schaffte es immer, meine Termine in der Amsterdamer Universitätsklinik einzuhalten. Alle vier Wochen musste ich zu meiner Psychologin und alle paar Monate zu den Ärzten, um überprüfen zu lassen, wie mein Körper auf die Hormone reagierte. Ich hatte in den ersten Wochen nur eine sehr geringe Dosis genommen, weil die Nebenwirkungen sonst viel zu heftig gewesen wären. Meine monatelange Übelkeit war zum Glück vorbei.

Die Psychologin bat mich, zum nächsten Termin ein Familienmitglied mitzubringen, das sei Standard. Ich rief meine Mutter an.

»Kannst du nach Amsterdam kommen? Die in der Klinik sagen, sie wollen dich sehen.«

»Warum denn das?«, fragte sie verwundert.

»Ich glaube, die wollen hören, was du von dem Ganzen hältst«, antwortete ich.

»Na gut, wenn's sein muss, dann komme ich«, versprach meine Mutter.

Zwei Wochen später saßen wir gemeinsam in der Klinik.

»Die Situation ist sicher für Sie alle nicht ganz leicht«, begann die Psychologin und sah meine Mutter mit professionell-verständnisvollem Lächeln an.

»Nicht leicht? Hören Sie, wollen Sie mit mir darüber reden, was ich für Probleme habe? Ich habe keine Probleme«, sagte sie barsch.

Die Psychologin sah sie überrascht an. »Nun, wir machen hier häufig die Erfahrung, dass Angehörige die Geschlechtsidentitätsstörung eines Kindes als sehr belastend empfinden.«

Meine Mutter schüttelte energisch den Kopf. »Ich habe keine Zeit, darüber zu weinen. In Afrika sterben Kinder vor Hunger, das ist ein Problem. Aber wir haben hier eine optimale medizinische Versorgung, und mein Kind ist kein Opfer. Wir lösen hier etwas.«

Die Psychologin zog die Augenbrauen hoch, nickte bedächtig und notierte sich etwas. »Dann würde ich jetzt meinen Kollegen hinzuziehen. Er erläutert ihnen die nächsten Schritte der Hormonbehandlung«, sagte sie.

Der Arzt kam, begrüßte meine Mutter und mich und blätterte in seinen Unterlagen. »Wir werden die Dosis jetzt etwas steigern«, sagte er.

»Was passiert dann?« Ich war gespannt, ob ich nun bald Brüste bekommen würde.

»Dein Körper wird ein wenig weiblicher. Vielleicht bekommst du rundere Hüften, und in ein paar Wochen oder Monaten wird wohl das Brustwachstum einsetzen«, erklärte er. »Wie schnell und wie stark ein Körper auf Hormone reagiert, ist individuell ganz unterschiedlich.«

»Heißt das, ich nehme eine höhere Dosis und weiß trotzdem nicht, wie das dann wirkt?«, hakte ich nach.

»Wir werden sehen. Wir müssen das Östrogen so dosieren, dass es für dich passt.« Er schrieb mir ein Rezept aus und verabschiedete sich. Ich besorgte mir die Hormone und vergaß bald wieder, was er gesagt hatte. Mein tägliches Leben war aufregend genug.

»Ich habe ein paar Castings für die Amsterdamer Fashion Week«, berichtete mir Anka. Es war Dezember, und die Designer begannen, ihre Models für die Shows im Januar zu buchen. Ich rannte eine Woche lang zu verschiedenen Castings, zeigte mein Buch, bekam ein paar Zusagen, aber auch einige Absagen von denjenigen, die männliche Kerle suchten.

»Was bist du überhaupt«, fragte mich einer der Model-Booker mit gerunzelter Stirn. »Ein Junge oder ein Mädchen?« Ich hasste diese Frage, weil ich mich nie als Junge gefühlt hatte, aber auch kein Mädchen war. Bevor ich etwas dazu sagen konnte, sprach der Booker schon weiter: »Für meine Show bist du zu weiblich, wir haben nichts für dich. Aber eine Freundin von mir sucht androgyne Typen, ich gebe ihr die Nummer von deiner Agentin.«

Ein paar Tage später hatte ich ein Casting bei Sunny. Von ihr hatte ich schon viel gehört. Sie war in Amsterdam eine bekannte Transgender-Frau. Sie hatte sich die Anerkennung schwer erarbeitet, leitete einen Club und organisierte Events. Für die Amsterdamer Fashion Week bereitete sie eine Reihe von Shows junger extravaganter Designer vor. Ich war zu einem Casting für den brasilianischen Designer Victor Ferreira eingeladen.

Sunny saß hinter einem Tisch, als ich den Raum betrat. Sie trug ihre langen dunklen Haare offen. Sie war damals Anfang dreißig und eine wunderschöne Frau. »Machst du nicht die Tür im ›Jimmy Woo‹?«, fragte sie. »Ich hab schon von dir gehört.« Wir lächelten, und ich spürte sofort eine Verbundenheit zwischen uns.

Sie buchte mich für die Show. Später erzählte sie mir, dass sie bereits bei unserem ersten Treffen ganz sicher gewesen war: Dieses Wesen hier ist ein Transgender-Mädchen. Sie wusste aus eigener Erfahrung, was das bedeutet, und beschloss, sich um mich zu kümmern.

Anfang Januar begann die Fashion Week. Vor der Ferreira-Show war ich ziemlich aufgeregt, denn es war meine bisher größte Modenschau. Ich musste vier Stunden vorher da sein. Eine Stylistin drehte meine langen Haare auf winzige Lockenwickler, und als sie sie rausnahm, explodierten meine Haare im Afro-Look. Ich war sofort ganz verliebt in meine neue Frisur. Für die Show waren mehr als zwanzig Models gebucht, und alle waren extrem beschäftigt mit den Vorbereitungen. Zwei Männermodels wurden neben mir die Haare zu einer Tolle toupiert. Hinter uns liefen Mädchen in Bikinis herum und schlüpften in derbe Leder-Boots. Eines stand völlig nackt vor den Kleiderständern, während ein Stylist ihr silbernes Tape auf die Brüste, in den Schritt, auf Arme und Oberschenkel klebte. Dazu trug sie hohe weiße Stiefel. Es war eine ziemlich verrückte Kollektion, und genau das gefiel mir.

Victor Ferreira, der neben all den hochgewachsenen Models wie ein hyperaktiver Zwerg wirkte, wuselte in einem gestreiften Anzug herum und zupfte Federkopfschmuck und Lederwesten zurecht. Ich sollte mit nacktem Oberkörper laufen und ein Halsband mit langen Lederfransen tragen, die mir bis zur Hüfte fielen, dazu schwarze Armstulpen mit Fell und eine enge Lederhose. Die Stylistin hatte meine Augen mit schwarzem Lidschatten betont. Ich war glücklich mit meinem Outfit, es war wie für mich gemacht.

Als es endlich losging, spürte ich eine Energie in mir wie lange nicht. Ferreira hatte für die Show einen Song von Depeche Mode ausgesucht. »Reach out and touch faith«, dröhnte es aus den Lautsprechern, ich lief im Rhythmus, es war, als würde der ganze Laufsteg mir gehören. Ich hatte mir genau überlegt, wie meine Posen auf dem Laufsteg aussehen sollten. Ich wiegte die Hüften und bewegte geschmeidig meine Schultern, während der Mann vor mir eher wie ein tonnenschwerer Roboter den Laufsteg entlangstapfte. Ich breitete meine Arme weit aus, und die schwarzen Lederfransen fächerten sich auf wie die Schwingen eines Paradiesvogels.

Mein Bild erschien in mehreren Modezeitschriften. Ich war aufgefallen, weil ich besonders aussah. Der Auftritt für Victor Ferreira hatte mich auf ein neues Level gebracht. Auf einmal war ich richtig gut gebucht und lief gleich mehrere größere Shows auf der Fashion Week. Es war eine absolut tolle Woche, vor allem, weil ich mit vielen großartigen Menschen zu tun hatte. Da waren Sunny und Sally, die heute Designerin ist. Damals war sie meine Dresserin. Aus dem kurzen Kontakt wurde eine gute Freundschaft.

Ich dachte, dass ich eine neue Agentur bräuchte, um wirklich erfolgreich zu werden, und verließ Anka. Ich wechselte zu einer Firma, die sich The Real Cool People nannte, und der Chef, Snato, versprach mir, meine Karriere voranzubringen.

»Wir schicken dich nach Paris, aber dafür brauchst du einen anderen Look«, stellte er fest, zupfte an meinen langen Haaren rum, drehte mein Kinn hin und her und musterte mich ausgiebig. »Wir machen einen ganz neuen Typ aus dir.«

Ich lief damals wie eine Mischung aus Pete Doherty und Partygirl rum, trug viel Schwarz, aber auch Frauenklamotten, und ich liebte meine dunkelbraune Mähne. Was wollte Snato aus mir machen?

»Wir schneiden dir die Haare, und du wirst sehen, dann buchen sie dich auch in Paris.« Ich nickte beklommen.

Als ich auf dem Friseurstuhl saß und Strähne um Strähne auf den Boden fiel, hätte ich heulen können. Es war ja viel mehr als einfach nur eine Frisur; es war ein Stück Weiblichkeit. Aber ich war bereit, für meine Karriere Opfer zu bringen. Nach der Prozedur sah mich aus dem Spiegel ein völlig fremdes Gesicht an: An den Schläfen waren meine Haare raspelkurz, den Pony hatten sie lang gelassen und punkig über die Stirn frisiert. Wenn ich den Kopf bewegte, fielen mir die Haare bis zur Nasenspitze. Ich strich mir über den Nacken. Da war nichts mehr außer kurzen Stoppeln, was ich ziemlich scheußlich fand.

Snato machte Bilder von mir, und es zeigte sich, dass mein Umstyling aus professioneller Sicht die richtige Entscheidung gewesen war. Auf einmal wurde ich gebucht, sogar auf der Pariser Modewoche, *dem* Zentrum der Fashionwelt. Ich bekam ein paar Jobs für verschiedene Showrooms, wo ich diesmal ganz klassische Männerklamotten anziehen musste, Sachen, die ich in meinem ganzen Leben noch nie am Leib getragen hatte. Wie eine lebendige Schaufensterpuppe stand ich auf einem Podest und hatte einen hellgrauen Anzug an, wie ein junger Banker, der gleich ins Büro geht. Die Besucher fummelten an meinen Hosenbeinen rum, um zu fühlen, was das für ein Stoff war. Sie sahen mir nicht ins Gesicht. Ich fühlte mich furchtbar. Das war es nicht, was ich mir vorgestellt hatte.

Alle Männermodels hier waren schmale Jungs, und ich glaube, die meisten waren homosexuell. Abends, wenn wir zusammen ausgingen, gab es immer irgendwelche Booker oder Castingdirektoren, die mit uns flirteten.

»Hey, ich bin nicht schwul«, sagte ich im Versuch, die Anmachen abzuwehren. Aber das war ziemlich aussichtslos. Sie taten so, als hätte ich einen besonders lustigen Witz gemacht.

Plötzlich befand ich mich in einer Situation, die mich total verwirrte: Ich war auf der Suche nach meinem weiblichen Ich, und nun steckte ich in einer Schublade, in die ich gar nicht gehörte, und hatte obendrein irgendwelche älteren Männer an den Hacken, die mich für schwul hielten. In dieser Woche, in der ich als kurzhaariges Männermodel arbeitete, merkte ich deutlicher denn je, dass ich so nicht sein wollte. Das alles hier fühlte sich falsch an. Das ganz neue Buch, das Snato mir mit all den Fotos dieser Woche zusammenstellen wollte, habe ich nie bei ihm abgeholt. Auch in meinem Pass, den ich extra für die Paris-Reise hatte erneuern lassen, starrte mich ein kurzhaariger Typ an. Kurze Zeit später besorgte ich mir einen neuen. Ich musste dafür sechzig Euro bezahlen, aber das war es mir wert. Ich wollte nicht wie ein Junge aussehen. Und Snato sagte ich, dass ich für solche Männereinsätze nicht mehr zur Verfügung stünde. Lieber würde ich ganz aufs Modeln verzichten.

Eines Abends – es war noch Winter – war ich mit meiner Freundin Fenja unterwegs. Sie war ein Großstadtmädchen, wusste immer, welcher Laden gerade angesagt ist oder was der neueste heiße Scheiß ist. Wir gingen oft zusammen feiern.

»Ich kenne eine Crew, die sucht solche Typen wie dich«, erzählte sie.

»Was denn für eine Crew?«

»Die nennen sich Amsterdam Clubkids, die musst du treffen. Heute Abend treten sie im ›Cineac‹ auf.« Ich war neugierig, also ging ich mit.

Das »Cineac« war gerade erst eröffnet worden und eine Kombination aus Restaurant und Nachtclub auf mehreren Ebenen. Früher hatte sich hier ein riesiges Kino befunden. Wow, ist das geil hier, dachte ich. Fenja, die jeden zu kennen schien, nahm mich mit ins oberste Stockwerk, wo uns ein Typ in ein Hinterzimmer brachte. In dem kleinen Raum standen fünf halbnackte Mädels, die sich gerade Tape auf die Brustwarzen klebten. Auf ein paar Stühlen lagen bunte Klamotten, die aussahen, als hätte sie ein Comiczeichner entworfen. Auf einem der Stühle saß Leo, der Boss der Clubkids, ein Hüne mit rotblonden Haaren. Fenja stellte uns vor.

»Hi, machst du heute mit?«, fragte er und reichte mir ein Glas Champagner.

Ich war sofort angefixt von der ganzen Atmosphäre und dachte nicht lange über Leos Frage nach. »Klar, kein Problem, ich hab Zeit. Was muss ich tun?«

»Wir gehen auf die Straße und machen Werbung für das ›Cineac‹. Du machst Party, und ich bezahle dich dafür.«

»Okay, super!« Perfekte Jobbeschreibung, genau in meinem Sinn.

Die Mädchen hatten inzwischen Corsagen, bunte Söckchen und High Heels angezogen. »Hier, probier das mal«, sagte Leo und reichte mir ein weißes, ultra-kurzes Trägerkleid mit Hello-Kitty-Aufdruck, dazu Engelsflügel aus Federn und eine weiße Strumpfhose. Zögernd nahm ich die Sachen.

»Kann ich nicht auch so eine Corsage anziehen?«, fragte ich.

Leo lachte. »Beim nächsten Mal vielleicht.« Er wusste natürlich nicht, wie viel es mir bedeutete, wie die Mädchen angezogen zu sein. Na gut, dachte ich, immerhin muss ich hier nicht als Kerl-Kerl rumlaufen. Ich schlüpfte in den Kitty-Engelslook, schminkte mir die Wangen pink und fand es hip.

Es wurde eine lustige Nacht. Ich zog mit den Club-kids durch die Innenstadt. Wir waren alle ein bisschen angetrunken, hatten Spaß – und erhielten Geld dafür.

Mein ganzes Leben fand in der Folgezeit nachts statt. Entweder arbeitete ich an der Tür vom »Jimmy Woo«, performte im »Cineac« oder tanzte mit den Clubkids bis in den Morgen. In dem ehemaligen Kino traf ich auch David Guetta zum ersten Mal. Er legte dort auf. An diesem Abend trug ich ein pinkfarbenes Tüllkleid, eine blonde Perücke mit megalangen Haaren, Stöckelschuhe und eine riesige Sonnenbrille. Ich hatte es geschafft, Leo davon zu überzeugen, dass ich auch im Kleid gut ausse-hen würde. Auf den riesigen Boxen tanzten zwei von un-seren Mädels. Ich wartete nur darauf, dass sie runterstie-gen, weil ich selbst da rauf wollte. In dem Moment, als der Platz auf der Box endlich frei war, sprang ich hoch und fing an, eine Riesenshow abzuziehen. Irgendwer reichte mir eine Flasche Champagner, und ich sprühte das Zeug über die Leute. Alle kreischten, ich trank die Flasche aus und feuerte von oben die tanzende Menge an. Die ganze Szene sollte wissen, wer Par ist.

»Das war eine coole Nummer«, sagte David Guetta, als ich ihn später traf. Er buchte uns nach diesem Abend regelmäßig für seine Shows. Bei so ziemlich jedem sei-ner Auftritte in den Niederlanden waren wir dabei. Ich war auf einmal echt viel unterwegs.

Meine Träume aus der Schulzeit waren vom wirkli-chen Leben überholt worden, und jeder Tag war auf-regend und neu. Ich fühlte mich freier als je zuvor. Ich war siebzehn und wollte was erleben, und ich fand es

natürlich sehr angenehm, dass da keine Eltern mehr
waren, die mir Vorschriften machten. Ich lebte wie eine
Nomadin. Mal schlief ich bei einer meiner Freundinnen, mal bei Maartje im Büro, und einmal überließ mir
Leo für einen ganzen Monat seine Wohnung. Ich verzichtete dafür auf meinen Lohn, und er zog so lange bei
seiner Freundin ein.

Ich kam gut ohne meine Mutter und ohne meinen
Stiefvater klar. Meine neuen Freunde ersetzten meine
Familie. Sunny war für mich da, wenn ich Rat brauchte.
Ich lernte eine junge Marokkanerin kennen, Saliha, die
mich oft bei sich übernachten ließ und genau wusste,
wie es war, in einem überstrengen Elternhaus aufzu-
wachsen. Ich freundete mich mit Aireen und Mimi an,
zwei Schwestern aus Surinam. Ich besuchte Sally, die
für mich kochte. Ich lernte Thierry kennen, einen ange-
henden Arzt, in den ich mich ganz sicher verliebt hätte,
wäre er nicht schwul gewesen. Es war ganz anders als in
der piefigen Kleinstadt, wo ich als Flüchtlingskind ein
totaler Außenseiter gewesen war. Hier in der Großstadt,
im Partyzentrum schlechthin, waren wir eine bunte Mischung junger Leute, die einander akzeptierten.

Im April 2007 wurde ich volljährig. Mittlerweile fand
ich es ziemlich lästig, dauernd auf irgendeiner Couch
oder in Maartjes Agentur zu schlafen. Aber in Amsterdam eine günstige Wohnung zu finden ist wie ein Sech-
ser im Lotto, und ehrlich gesagt verwendete ich nicht
wirklich viel Energie auf die Suche. Es war wie so oft
ein Glücksfall, dass sich mein Wunsch nach einer eigenen Wohnung trotzdem erfüllte. Ich war gerade mit den
Clubkids bei einer TV-Show mit David Guetta in Paris,
als mich eine Freundin aus Amsterdam anrief.

»Pari, ich hab ein Haus für uns gefunden!«, rief Sheron. »Ich werde im ersten Stock wohnen, und du kannst
im dritten einziehen.«

»Echt? Wo denn?«, fragte ich überrascht.

»Mitten in de Pijp, ist das nicht genial? Wir werden unser eigenes Zuhause haben!«

»Und die Wohnung?«

»Sie hat zwei Zimmer. Das Haus ist zwar eine Bruchbude und sieht aus, als würde es jeden Augenblick zusammenfallen, aber hey – dafür kostet die Wohnung nicht viel.«

Sherons Beschreibung schockte mich nicht, und die Gegend kannte ich. De Pijp ist das Studentenviertel am südlichen Rand der Innenstadt, mit dem Rad nur ein paar Minuten ins Zentrum, eine perfekte Lage.

»Okay, ich nehme die Wohnung«, beschloss ich kurzerhand. Zwei Tage später ging ich mit meinem Koffer schnurstracks zum Maklerbüro, zückte die sechshundert Euro, die ich gerade in Paris verdient hatte, und unterschrieb den Mietvertrag. Erst danach fuhr ich zu meiner neuen Wohnung.

Ich schloss die Haustür auf und stieg die schmalen alten Treppen bis in den dritten Stock hoch. Als ich die Wohnungstür öffnete, traf mich fast der Schlag: Im Flur schälte sich die Tapete ab. Die kleine Küche war versifft und voller Schimmelflecken. In den Wänden der beiden kleinen Zimmer waren mehrere Löcher, manche so groß, dass man in den Flur durchschauen konnte. Die Wohnung hatte zwei kleine Balkone, einer davon war morsch und unbenutzbar. Der Makler hatte mich gewarnt, da bloß nicht draufzugehen, das alte Gemäuer würde nicht mal mehr eine Katze aushalten.

Ich stellte meine Tasche in das Zimmer, das später mein Schlafzimmer werden sollte, und setzte mich auf den Boden. Wenn ich hier einziehen wollte, musste ich eine Menge machen, so viel war klar. Ich hatte nur leider fast mein gesamtes Geld für die erste Miete ausgegeben, also würde ich mir irgendwo etwas leihen müssen. Ich fragte alle möglichen Freunde, aber niemand konnte mir helfen, und am Ende rief ich Ben an, der mir was borgte, damit ich mir Möbel kaufen konnte.

Als Erstes radelte ich in den Baumarkt, kaufte Gips und fing an, die Löcher in den Wänden zuzuschmieren. Dann fuhr ich mit Sheron zu Ikea und besorgte einen Tisch mit Stühlen, ein Kuhfell für den Boden im Wohnzimmer und eine weiße Kunstledercouch. In der Küche dekorierte ich die Wände mit alten Schallplatten, die ich unten im Hof gefunden hatte. Der Rest des Geldes ging für einen Kühlschrank und eine Waschmaschine drauf. Schon wenig später musste ich das Kuhfell für die Hälfte wieder verscherbeln, weil ich kein Geld mehr hatte, um mir etwas zu essen zu kaufen. Der arme Ben musste drei Jahre warten, bevor er sein Geld zurückbekam, denn mir war damals alles Mögliche wichtiger, als Schulden zurückzuzahlen. Schließlich konnte ich endlich machen, was ich wollte, und musste auf niemanden mehr Rücksicht nehmen. In den ersten Wochen ging ich zum Duschen zu Sheron, weil ich noch keinen Warmwasserboiler besaß. Es war alles total provisorisch, und ich schlief auf einer Luftmatratze, aber ich war froh, meine eigenen vier Wände zu haben.

Eines Morgens um fünf, als ich von einer Party kam, entdeckte ich ein paar Häuser weiter zwei Boxspringbetten. Sie sahen noch richtig neu aus, und mir war schleierhaft, wie jemand so was wegwerfen konnte. Obwohl ich ziemlich angetrunken war, schleppte ich die Betten in meine Wohnung. Ich war total verschwitzt und dreckig, als ich die Dinger oben im Flur hatte, aber total happy über meinen Zufallsfund. Am nächsten Tag bat ich Sheron, mir dabei zu helfen, sie im Schlafzimmer aufzustellen. Als wir sie endlich in den kleinen Raum bugsiert hatten, fiel mir auf, dass wir die beiden Betten gar nicht nebeneinander aufstellen konnten, weil aus dem Boden des Zimmers eine kastenförmige Erhöhung emporragte.

172

»Sie passen nicht rein«, stöhnte Sheron. »Wir müssen alles wieder rausschaffen.«

»Auf keinen Fall! Wir hauen das Ding einfach weg«, sagte ich und holte einen Hammer. Wir lehnten die Betten gegen die Wand, und ich schlug, so fest ich konnte, gegen den Kasten. Plötzlich gab er nach und fiel krachend nach unten.

»Oh«, sagte Sheron und beugte sich über das Loch im Boden. »Ich glaube, das ist das Klo vom Nachbarn!«

Ein paar Sekunden später klopfte es schon an meiner Wohnungstür. »Seid ihr noch ganz dicht?«, schrie der Mann. »Ihr habt meine Lüftung demoliert!«

Ich entschuldigte mich und versprach, alles wieder in Ordnung zu bringen. Mit ein paar Brettern schloss ich das Loch, und gemeinsam mit meinem Nachbarn, der sich schnell abgeregt hatte, hängten wir die Lüftung wieder auf.

In der Zwischenzeit hatte ich auch wieder einen Termin im Transgender-Zentrum der Uniklinik. Es war immer nett, dorthin zu kommen. Besonders die Sekretärin, Margriet, begrüßte mich jedes Mal wie eine Freundin. Im Wartezimmer saß ich mit den verschiedensten Menschen zusammen. Eine total bunte Mischung, die sich da traf. Einmal hockte neben mir ein etwa fünfzigjähriger Mann, der als Frau leben wollte und eine furchtbare rote Perücke trug. Er hatte breite Schultern und einen dunklen Bartschatten und sah mit Make-up aus wie ein Freak, und ich dachte damals, das kann nicht meine Welt sein. Ich achtete selbst immer peinlich genau darauf, dass mein Styling stimmte. Beim besten Willen konnte ich mir nicht vorstellen, irgendetwas mit diesem Typen gemeinsam zu haben. Ich war fast noch ein Kind und wurde hier mit Leuten konfrontiert, die dreißig Jahre lang als Mann gelebt hatten und sich jetzt als Transe lächerlich machten – so dachte ich anfangs, aber zum Glück änderte sich meine Einstellung. Denn während wir warteten, erzählten wir uns aus unserem Leben, und ich sah nicht mehr nur die Hülle, sondern das Herz derjenigen, die hier genau wie ich darauf hofften, ihr Leben zum Besseren zu wenden.

Als ich dran war, kam meine Psychologin und nahm mich mit in ihr Sprechzimmer. Ich war ein bisschen übermüdet von der letzten Nacht, in der ich gefeiert hatte, und blinzelte im hellen Licht der Leuchtstoffröhren.

»Was wünschst du dir für dein Leben?«, begann die Psychologin das Gespräch.

»Ich möchte mal heiraten«, sagte ich, ohne zu zögern.

»Aha, und wenn du die Augen schließt und dir das vorstellst, was siehst du dann?«

»Ich sehe mich in einem langen weißen Hochzeitskleid.«

»Aha«, sagte die Psychologin wieder, nickte und schrieb etwas auf. Sie machte sich dauernd Notizen, und ich fragte mich jedes Mal, was sie da wohl notierte.

Wir sprachen über meine unguten Erfahrungen als Männermodel in Paris, und ich erzählte ihr, wie wohl ich mich dagegen bei den Clubkids fühlte, wo ich ganz frei mit Weiblichkeit experimentieren konnte. Keiner hatte was dagegen, im Gegenteil, Leo und die anderen fanden es gut, wenn ich neue Looks ausprobierte.

»Ich glaub, ich möchte jetzt als Frau leben«, sagte ich.

»Nun, du befindest dich ja bereits auf dem Weg«, sagte sie. »Was möchtest du denn konkret?«

Ich dachte nach. »Ich will mich in der Öffentlichkeit als Frau zeigen. Mit Namensänderung und Kleidung und so.« Die Fachleute nennen das Real-Life-Phase, ich hatte schon zwei- oder dreimal mit der Psychologin darüber geredet, aber das war total theoretisch gewesen und irgendwie ganz weit weg. Jetzt stellte ich es mir zum ersten Mal in Bezug auf mein eigenes Leben vor.

»Wenn du zu diesem Schritt bereit bist, probiere es aus. Ich bin gespannt, was du mir bei unserem nächsten Termin erzählst«, verabschiedete mich die Psychologin.

Nach ein paar Tagen war ich sicher: Die Entscheidung, auch äußerlich konsequent weiblich aufzutreten, war richtig. Das war der Weg, den ich gehen wollte.

Meine Modelfreundin Fenja war die Erste, der ich davon erzählte, als sie an einem Wochenende bei mir in der neuen Wohnung übernachtete.

»Echt? Du willst jetzt als Frau rausgehen, so richtig?«

»Ja, mit langen Haaren, BH, Frauenklamotten und einem neuen Namen. Vergiss Par, ab jetzt will ich Pari sein«, antwortete ich.

»Okay, Süße! Wenn du wirklich als Frau auf die Straße gehen willst, müssen wir was mit deinen Augenbrauen machen. Diese Balken!« Sie rollte theatralisch die Augen. »Die müssen wir vernünftig zupfen!« Fenja hatte eine resolute Art, die ich liebte, und ich fand es toll, dass sie meine Entscheidung sofort akzeptierte.

Ich hatte mir ja schon vorher die Augenbrauen gezupft, aber niemals so schmal, wie es die Mädchen machten. Fenja reichte mir eine Pinzette aus ihrem Kosmetikbeutel, und ich riss Haar für Haar damit aus. Bald waren meine dichten schwarzen Brauen zu feinen Linien gezupft. Sofort sah mein Gesicht zarter und weiblicher aus.

»Zufrieden?«, fragte ich.

»Geht doch«, sagte Fenja und grinste. Dann zog sie einen BH aus ihrer Tasche. »Der müsste passen«, sagte sie und hielt ihn mir hin. Er war pink-orange. Ich zog ihn an, steckte Socken in die Körbchen, zog ein T-Shirt drüber und betrachtete mich kritisch im Spiegel. »Sieht super aus«, kommentierte Fenja anerkennend.

»Was machen wir mit meinen Haaren?«, fragte ich. Sie waren seit Snatos Umstyling kurz, und ich fand, das ging gar nicht, wenn ich als Frau durchgehen wollte.

»Wir kaufen eine Perücke«, schlug meine Freundin vor, und wir machten uns auf den Weg zu einem der vielen Perückenshops. Die gibt es in Amsterdam an jeder Ecke, und man bekommt dort alle Arten von Haarteilen. »Die hier wird dir stehen«, sagte sie und setzte mir eine schwarze Langhaarperücke mit Pony auf. »Die nehmen wir. Und heute Abend gehen wir aus.«

Fenja lieh mir ein blaues Kleid. Ich schminkte mich sorgfältig, aber nicht zu auffällig, und zog Schuhe mit hohen Absätzen an, die mir Maartje einmal nach einer Promotion geschenkt hatte. Wir sahen aus wie zwei ganz normale Freundinnen, die sich für den Samstag schick gemacht hatten. In dem Club hat mir jeder abgekauft, dass ich ein Mädchen bin. Fenja war großartig. Sie sprach mich den ganzen Abend mit »Pari« an, und wenn sie über mich redete, benutzte sie konsequent das weibliche Pronomen.

Am nächsten Morgen verkündete ich bei Models at Work meine Entscheidung. Ich bestand sogar darauf, dass Maartje meine BH-Größe mit in die Kartei eintrug. Es freute mich ungemein, dass sie sofort bereit war, meinen Entschluss mitzutragen. Sie nahm es ganz locker auf, fast so, als hätte sie damit gerechnet.

In den Tagen danach rief ich meine Familie an – meine Eltern, meine Oma, sogar meine Tante im Iran – und erzählte ihnen die Neuigkeit. Das war ein sehr wichtiger Schritt für mich. Alle sollten von meiner neuen Identität erfahren.

»Ich habe mir immer eine Tochter gewünscht«, sagte meine Mutter gerührt.

Tante Zahra dagegen lachte. »Na endlich, Mädchen, gut für dich.«

Alle hatten so deutlich gesehen, wo mein Weg hinführte. Es war einfach an der Zeit gewesen, den nächsten Schritt zu gehen. Ich nahm mir fest vor, mich in Zukunft immer wie eine Lady zu benehmen.

Ich lud meine Mutter und meinen Stiefvater ein, mich in meinem neuen Leben und meiner ersten eigenen Wohnung zu besuchen. Meine Güte, ich war so aufgeregt bei dem Gedanken, ihnen als Frau zu begegnen! Ich bat Fenja, mir beizustehen, denn ich dachte, alleine würde ich den Besuch nicht durchstehen. Sie half mir, den Tisch zu decken und die Wohnung herzurichten.

»Pari, ich glaub, jetzt geh ich mal lieber«, druckste Fenja rum.

»Auf keinen Fall! Du bleibst!«, rief ich. »Wenn du mich jetzt allein lässt, krieg ich eine Herzattacke, weil ich zum ersten Mal in Frauenklamotten vor Mama stehe.«

Wenige Minuten später klingelte es an der Tür, ich öffnete, und meine Eltern kamen herein. Meine Mutter umarmte mich, Amoe drückte mir einen Kuss auf die Wange und gab Fenja die Hand. Es war ganz normal, alles wie immer – jedenfalls im ersten Moment. Wir setzten uns an den Wohnzimmertisch. Ich hatte Tee gekocht und schenkte meiner Mutter ein, und auf einmal, ganz unerwartet, fing sie laut und herzzerreißend an zu weinen. Sie rutschte von ihrem Stuhl, kniete sich auf den Boden und weinte und weinte. Ich wusste gar nicht, was los ist, ich ging zu ihr, hockte mich vor sie hin und nahm ihr Gesicht in die Hände.

»Mama, was ist los? Was hast du denn?«, fragte ich irritiert.

»Ich bin so stolz auf dich«, schluchzte sie, atmete tief durch und wischte sich die Tränen aus den Augen. »Du bist so selbstständig, eine erwachsene Frau.«

Fenja sah sich das alles etwas verlegen an und räusperte sich. »Leute, ich hole mir jetzt einen Kaffee. Das ist zu viel Drama für mich!«, sagte sie und ließ uns allein.

Mama, Amoe und ich verbrachten den ganzen Nachmittag miteinander. Es tat wirklich gut zu spüren, wie stolz beide auf mich waren. Sie sagten kein kritisches Wort, sondern gaben mir einfach nur zu verstehen, dass ich ihre volle Unterstützung hatte.

Ein paar Wochen nachdem ich meine Wohnung bezogen hatte, lernte ich Gia kennen. Maartje veranstaltete dreimal im Jahr eine Riesenparty in einem Club, den sie extra dafür mietete. Die Party im »USSR« war ein Mega-Event. Die Leute kamen aus ganz Holland, um mitzufeiern. Von der Decke hingen an Seilen Tänzer, die in der Luft akrobatische Kunststücke vollführten.

Ich tanzte in irgendeiner fantastischen Verkleidung mit anderen Models auf einem Podest, als Maartje mir ganz aufgeregt zurief: »Pari, ich habe deinen kleinen Bruder kennengelernt!«

»Meinen kleinen Bruder?«, staunte ich. »Aber Pedram ist älter als ich.«

»Nicht Pedram. Es ist unglaublich, er ist dir so ähnlich, fast wie eine Kopie«, sagte sie. »Komm mit, ich stelle ihn dir vor.« Sie zog mich an der Hand durch die Menschenmenge und brachte mich zu einem androgynen Wesen mit schwarzen Locken.

Gia lebte damals noch nicht als Frau. Sie war eher ein geschlechtliches Neutrum. Viele hielten sie für ein Mädchen, manche dachten, sie wäre ein schwuler Junge, andere vermuteten eine Transgender-Frau. Gia war ein Jahr älter als ich, ebenso groß, dünn und feingliedrig. Zusammen mit ihrer Schwester Zoe war sie zum Feiern extra aus Tilburg nach Amsterdam gekommen. Das waren zwei Stunden Zugfahrt.

Wir tanzten die ganze Nacht. Gefeiert hatte ich schon mit vielen Leuten, und Freunde hatte ich auch genug, aber mit Gia verband mich von der ersten Sekunde an etwas Besonderes. Sie war wie ich in einem anderen Land aufgewachsen, kam aus der ehemaligen niederländischen Kolonie Surinam. Viel entscheidender aber war: Sie war auch auf der Suche nach der eigenen geschlechtlichen Identität. Wir tauschten unsere Handynummern aus und verabredeten uns schon bald zur nächsten Party. Gia wurde meine neue beste Freundin, sie war mir ähnlicher als all meine anderen Freundinnen zuvor.

Gia, Zoe und ich gingen schon bald jeden Mittwoch zum 24-Hour-Party-Rave ins »Studio 80«. Das war das Mekka der elektronischen Musik, und es war das Mekka der Drogenszene. Ich hatte meine ersten Erfahrungen mit Kokain gemacht, Gras gehörte sowieso dazu, aber nun begann ich, Partydrogen auszuprobieren. Ich nahm Ecstasy und Speed, weil ich neugierig war, MDMA und Kokain, ohne viel darüber nachzudenken, was das für Auswirkungen haben würde.

Im »Studio 80« waren immer viele Leute wie ich: Trans-Frauen, lesbische Mädchen, Schwule. Wir waren eine kleine LGTB-Community. Ich war keine Außenseiterin mehr. Wir waren alle irgendwie speziell, aber ich gehörte dazu. Manchmal feierte ich zwei Tage durch. Wenn ich irgendwas einwarf, kannte ich keine Grenzen.

Schon nach ein paar Wochen wirkte sich der Konsum der Partydrogen auf meine Arbeit aus. Bei einem Einsatz mit den Clubkids war mir von einer Mischung aus Alkohol und Speed so schlecht geworden, dass ich mich zuerst auf der Toilette auskotzte und dann dort einpennte. Eins der anderen Mädchen fand mich, machte mich mit Kokain wach und schleppte mich zurück auf die Tanzfläche. Sie rettete mir gewissermaßen den Arsch, bevor Leo mitbekam, dass ich mich abgeschossen hatte.

An einem Samstag im Frühling stand ich vor der Tür des »Jimmy Woo«, hatte schon ein paar Gläser Wodka-Red Bull intus und war gut drauf. Irgendwer steckte mir eine Ecstasy-Pille zu, ich warf sie ein und kippte einen Gin Tonic hinterher. Normalerweise wirkte Ecstasy bei mir entspannend, es machte mich irgendwie sinnlicher. An diesem Abend aber war alles anders. Die kleine bunte Pille sorgte dafür, dass ich plötzlich in einem schlimmen Albtraum steckte. Ich fing an zu zittern und bildete mir ein, alle würden mich hasserfüllt anstarren. Ich begann zu heulen und zu kreischen. Ich rastete komplett aus und machte eine Riesenszene vor dem Club. Die Security-Jungs schnappten mich und trugen mich ins Hinterzimmer, wo Mr. Woo auf mich wartete.

»Pari, so geht das nicht weiter. Ich kann dich nicht mehr an der Tür arbeiten lassen. Du gehörst in eine Entzugsklinik, ist dir das klar?«

Ich heulte auf. »Nein, das kannst du doch nicht machen!«

»Doch, das muss ich sogar. Wenn du so weitermachst, wirst du irgendwann krepieren.«

»Aber ich bin okay, wirklich!« Mir war nicht bewusst, in was für einem bedenklichen Zustand ich mich befand. Was wollte der von mir?

Heute muss ich zugeben, dass Mr. Woo natürlich recht hatte. So konnte ich nicht vernünftig arbeiten. Ein Club wie das »Jimmy Woo«, in dem sogar Weltstars verkehrten, konnte sich niemanden leisten, der besoffen und auf Droge vor der Tür rumhängt.

Mr. Woo kümmerte sich darum, dass mich zwei von seinen Jungs nach Hause brachten. Als ich am nächsten Tag aufwachte, fühlte ich mich beschissen. Ich war ziemlich niedergeschlagen und fiebrig. Noch während ich mich von meinem Rausch erholte, klingelte eine Kollegin an meiner Tür. Sie blieb im Flur stehen und sah mich betreten an.

»Pari, ich muss dir leider sagen, dass du nicht mehr für das ›Jimmy Woo‹ arbeiten darfst.« Sie hob entschuldigend die Hände.

»Was? Wieso denn nicht?«, fragte ich überrumpelt.

»Mr. Woo sagt, du sollst erst wiederkommen, wenn du clean bist«, antwortete sie.

»Fuck you, clean wovon? Ich hab Spaß im Leben, aber ich bin nicht süchtig!«

Bedauernd schüttelte Mr. Woos Abgesandte den Kopf, drehte sich um und ging. Ich fand es ungerecht, dass sie mir den Job wegnahmen, und dachte gar nicht daran, einen Entzug zu machen. Ich habe damals wirklich übertrieben, aber das sah ich nicht. Das Fatale an diesen ganzen Partydrogen ist, dass sie körperlich nicht abhängig machen. Die Leute tun immer so, als wäre das alles ganz harmlos, und auch ich habe es unterschätzt. Ich habe mich damals echt in die Scheiße geritten.

Wenn ich an diese Zeit zurückdenke, frage ich mich manchmal, ob ich eigentlich glücklich war oder einfach nur zu beschäftigt, um unglücklich zu sein.

Ein paar Tage nach meinem Rausschmiss wachte ich auf, streckte mich und spürte einen bislang unbekannten Schmerz. Meine Brust tat weh und war so empfindlich, dass sogar eine leichte Berührung unangenehm war. Ich erschrak. Was war das jetzt wieder? Ich nahm das Telefon und rief meine Mutter an. Sie war die Erste, an die ich in diesem Moment dachte.

»Mama, irgendwas passiert mit mir, ich hab tierische Schmerzen in der Brust!« Ich hatte Angst, dass ich eine fiese Krankheit hätte, Krebs oder so.

»Schau mal in den Spiegel«, sagte sie und lachte.

Ich ging in mein kleines Bad und hob mein T-Shirt hoch. Meine Brustwarzen waren angeschwollen. Es sah aus, als hätte mir jemand zwei halbe Pflaumen aufgesetzt. »Ach du Scheiße, was ist das?«, rief ich verwundert.

»Du bekommst einen Busen, so fängt das an«, sagte meine Mutter. »Als ich ein Mädchen war, war das genauso.«

Vielleicht hatte mir der Arzt sogar erzählt, dass die Brust am Anfang schmerzempfindlich ist, aber das Gespräch war schon so lange her, dass ich in diesem Moment nicht daran dachte. Es war ein krasser Moment nach all den Monaten der Hormoneinnahme, in denen ich mich kaum merklich verändert hatte. Immerhin war ich jetzt beruhigt, Krebs war es also nicht.

In den folgenden Wochen und Monaten bildeten sich ganz langsam kleine Wölbungen, nicht mal eine Handvoll. Selbst wenn man Hormone nimmt, macht es nicht Peng! und man hat plötzlich Körbchengröße A. Es ist eine Art künstliche Pubertät, in die der Körper versetzt wird, und die Ärzte achten darauf, nichts zu stark zu forcieren.

Ich kaufte mir Silikoneinlagen für den BH und pushte das, was da war, so hoch es eben ging, um wenigstens ein bisschen Dekolleté zu haben. Mittlerweile flirtete ich gern mit Männern, was allerdings nicht ganz unproblematisch war. Wenn ich ausging, begegnete ich zwei Sorten von ihnen: Die einen hatten schon von Pari, dem Trans-Mädchen, gehört und sahen mich als Witzfigur. Es war aussichtslos, bei denen zu landen. Die anderen, die neu in der Stadt waren oder mich nicht kannten, traten mir unvoreingenommen gegenüber.

An einem Abend im »Studio 80« tauchte Daan auf. Er fiel mir sofort auf, weil er zwei Meter groß war, muskulös und wahnsinnig gut aussehend.

»Hast du den heißen Typen da drüben gesehen?«, fragte ich Gia, mit der ich wie immer zusammen unterwegs war.

»Schnapp ihn dir«, sagte sie grinsend.

Ich tanzte an den Leuten vorbei, bis ich bei ihm angekommen war. »Hi, bist du neu hier?«, fragte ich und sah zu ihm auf. Es war selten, dass ich Männern begegnete, die größer waren als ich, und ich fand es toll, mich neben ihm wie ein kleines Mädchen zu fühlen.

»Ich war ein paar Monate in den USA, weißt du, ich spiele Basketball«, erzählte Daan. Das passte. Er besaß einen geschmeidigen Sportlerkörper.

»Oh, cool«, sagte ich und lächelte ihn an. »Das war bestimmt eine Superzeit.«

»Na ja, die Reise war schon stressig. Der lange Flug – ich hab immer noch einen Jetlag.« Er redete immer weiter. Es quoll einfach aus ihm heraus, und während wir uns unterhielten, fand ich ihn immer toller. Nachdem wir eine Weile getanzt hatten, beugte sich Daan runter und raunte mir ins Ohr: »Lass uns was nehmen, ich will mich entspannen.«

»Okay, ich besorg uns was.« Ich holte bei einer meiner Quellen eine Pille und teilte sie mit ihm.

An diesem Abend kam ich auf einen guten Trip. Ich fühlte mich unglaublich wohl in meiner Haut, hatte Schmetterlinge im Bauch und war total verliebt in diesen Kerl, mit dem ich gerade tanzte. Ich wollte ihm ganz nah sein, er roch so gut, und es fühlte sich wunderbar an, sich eng an ihn zu schmiegen.

Ecstasy kann erregend wirken, und offenbar tat es das bei Daan. »Ich will mit dir nach Hause gehen«, flüsterte er und presste mich fest an sich. Ich nahm ihn mit zu mir, ohne einen Moment zu zögern.

Technisch gesehen haben wir in dieser Nacht nicht miteinander geschlafen. Ich achtete genau darauf, mich untenrum bedeckt zu halten. Daan bemerkte das gar nicht. Er war so erregt und betrunken, dass er sich mehr auf seine eigene Lust als auf meinen Körper konzentrierte. Ich bin mir ziemlich sicher, dass er in der festen Überzeugung nach Hause ging, einen Superabend mit einem hübschen Mädchen gehabt zu haben.

Wir trafen uns noch zwei-, dreimal. Dann ging Daan wieder für ein paar Wochen in die USA. Als er wiederkam, meldete er sich nicht bei mir. Ich war traurig, und ich vermisste ihn.

Eines Abends sah ich ihn auf einer Party wieder. Er war mit ein paar Freunden unterwegs, und einer seiner Kumpels sprach mich an.

»Du und Daan, ihr kennt euch gut, was?« Er sagte das auf eine anzügliche Art, die mich sofort ahnen ließ, dass nichts Gutes nachkommen würde.

»Wie meinst du das?«, fragte ich.

»Er hat mir erzählt, wie das mit euch gelaufen ist«, lallte der Typ. »Du hast versucht, ihn zu verführen, aber dann hat er deinen Schwanz gesehen und ist abgehauen.«

»Ach, ist ja interessant«, sagte ich und versuchte, ruhig zu bleiben. »Das hat er dir wirklich erzählt?«

»Ja, als er gemerkt hat, dass du ein Kerl bist, ist er verschwunden.« Angewidert verzog er seine Oberlippe.

Ich ließ ihn einfach stehen und steuerte durch die tanzenden Menschen direkt auf Daan zu. Der tat so, als würde er mich erst in diesem Moment bemerken.

»Hi, Babe, wie geht's dir?«, begrüßte er mich, als wäre alles wie immer. Es klang schleimig und falsch, und ich hatte überhaupt keinen Bock auf sein pseudo-freundliches Getue.

»Ich bin ein Kerl? Das erzählst du also deinen Freunden über mich?« Bevor er reagieren konnte, holte ich aus und schlug ihm so fest ins Gesicht, wie ich konnte. Dann drehte ich mich um, radelte nach Hause und heulte in meine Kissen.

Ich fühlte mich benutzt und beschmutzt. Daan war gern mit mir zusammen gewesen, und er hatte seinen Spaß gehabt. Nun war ich ihm offensichtlich peinlich, weil irgendwer ihm erzählt hatte, Pari sei eine Transe. Daraufhin hatte er wohl diese blöde Geschichte erfunden, damit seine Freunde nicht über ihn lästerten. Wie ich mich dabei fühlte, darüber dachten sie natürlich nicht nach – es war ihnen scheißegal. Mein Wunsch, dass Männer ganz natürlich mit mir umgehen, so wie mit allen anderen Mädchen auch, blieb unerfüllt.

Statt meinem Ziel, wie eine echte Frau auszusehen, näher zu kommen, gab es einen herben Rückschlag für mich: Quasi über Nacht wuchsen mir stoppelige Haare am Kinn. Innerhalb von einer Woche hatte ich einen dunklen Bartschatten. Es war Horror. Ich lebte als Frau, und auf einmal sah ich aus wie die bärtige Lady in irgendeinem Provinzzirkus.

Ich fing an, mich zu rasieren, mindestens zweimal am Tag. Natürlich sah man trotzdem was, also schminkte ich mich mit dicken Schichten Abdeck-Make-up. Und ich ging überhaupt nicht mehr aus dem Haus, wenn es hell war. Ich lebte wie ein Vampir, so sehr scheute ich das Tageslicht. Ich musste Tag um Tag etwas verstecken, das in meiner Vorstellung überhaupt nicht zu mir passte – einen Bart und einen Penis –, damit ich das haben konnte, was für die meisten Frauen ganz selbstverständlich ist: einen Mann, der mich begehrt und respektiert. Ja, die Ärzte hatten angedeutet, dass die weiblichen Hormone den Bartwuchs nicht komplett unterdrücken würden. Aber solange mein Kinn zart und glatt gewesen war, hatte ich gehofft, dass es bei mir nicht so schlimm sein würde.

Eines Nachts baggerte mich ein Typ an, der ganz offensichtlich nicht aus Amsterdam kam. Er gefiel mir, und ich nutzte es natürlich aus, dass er mich für eine Frau wie jede andere hielt. Wir tanzten, nahmen ein bisschen Ecstasy, und ich fühlte mich attraktiv und begehrt. Irgendwann meinte der Typ, wir könnten doch zu ihm ins Hotel fahren. Wir gingen raus. Draußen wurde es schon hell. Ich hatte in dieser Zeit immer einen Schal dabei, den ich mir auch jetzt ums Kinn wickelte. Leider fiel das sofort auf. Niemand trug in dieser Jahreszeit Schals.

»Wieso wickelst du dich in das komische Ding ein?«, fragte mein Begleiter. Er hatte noch nicht genug intus und war total misstrauisch.

»Mir ist kalt«, behauptete ich und versuchte, ein Taxi heranzuwinken. »Komm, wir fahren zu deinem Hotel.« Bloß schnell irgendwo ins Dunkle, dachte ich.

»Lass mich erst dein Gesicht sehen«, beharrte er und schob einfach den Stoff beiseite. Er starrte mich an, und dann bekam sein Gesicht genau diesen angewiderten Ausdruck wie bei Daans Kumpel.

»Du hast einen Bartschatten!«, stellte er fest. »Hast du mir was zu sagen?«

»Nein, vergiss es«, sagte ich, drehte mich um und ging.

Nach diesem Abend nahm ich immer, wenn ich ausging, mein Rasierzeug und Schminksachen mit. Ich befahl meinen Freundinnen, mir sofort Bescheid zu sagen, falls sie etwas an meinem Kinn entdeckten. Dauernd musste ich daran denken, was in meinem Gesicht passierte. Vielleicht wächst jetzt schon wieder was, vielleicht sehen es die anderen? Es wuchs sich zu einem regelrechten Tick aus.

»Gia, habe ich einen Bartschatten?«, fragte ich sie so oft, dass sie mich noch heute damit aufzieht.

Sie starrt mir dann aufs Kinn, tut ganz erschrocken und sagt: »Du hast einen Bartschatten!« Dann lacht sie sich kaputt, wenn ich alarmiert vor den Spiegel renne.

Ich rasierte mich abends, bevor ich ausging, und nach ein paar Stunden auf irgendeiner Toilette. Meine Haut war dauernd gereizt, und ich war total unglücklich. Ich fragte Sunny, wie sie die Barthaare losgeworden war.

»Laser«, sagte sie lakonisch. »Hunderte Euro für Laserbehandlungen.«

Ich war froh, wenn ich meine Miete bezahlen konnte. Oft hatte ich nicht einmal genug Geld für Essen, weil ich mir lieber Klamotten kaufte; manchmal lebte ich wochenlang von Reis mit Ei. Wie sollte ich so viel Geld für eine Behandlung auftreiben?

»Ich frag meine Mutter, ob sie es für dich günstiger macht«, sagte Gia. Ihre Mutter hatte ein eigenes

Kosmetikstudio und bot dort Laserepilation an. Sie machte mir einen guten Preis, und ich fuhr bis nach Tilburg, um mich behandeln zu lassen.

Die Zeit, als ich gegen den Bartwuchs kämpfte, war hart. Ich fühlte mich niemals wirklich frei. Es dauerte Monate, in denen nur langsame Fortschritte zu erkennen waren. Außerdem war die Haut nach jeder Behandlung rot und sehr schmerzempfindlich. Ich habe damals noch mehr getrunken und noch mehr Drogen genommen, denn dann musste ich nicht dauernd an die dämlichen Haare im Gesicht denken.

Im Sommer 2007 war ich mit den Clubkids für die Bread & Butter in Barcelona gebucht. Sie ist die wichtigste europäische Messe für Streetwear und Clubfashion. Wir sollten dort für Panuu auftreten, eine skandinavische Marke, die schrill-bunte Klamotten verkauft. Mir war ziemlich egal, für welchen Kunden wir arbeiteten, ich fand es einfach nur geil, nach Barcelona zu fliegen. Es war Juli, wir würden ohne Ende feiern und den Sommer in Spanien genießen.

Am Tag vor der Abreise ging ich mit ein paar Leuten ins »Studio 80«.

»Willst du richtig Spaß haben? Dann nimm das hier mit«, sagte ein Mädchen aus unserer Clique und gab mir eine kleine Flasche mit einer hellblauen Flüssigkeit.

»Was ist das?«, fragte ich und musste schreien, um die wummernden Beats zu übertönen.

»Das ist das Beste, was du je probiert hast«, schwärmte sie. »GHB. Das kickt dich ins Weltall, Baby.«

GHB, okay, das hatte ich noch nicht ausprobiert. Ich war natürlich neugierig und wollte es öffnen, aber meine Freundin hielt meine Hand fest.

»Du darfst es auf keinen Fall nehmen, wenn du schon was getrunken hast. Das ist gefährlich«, warnte sie. »Du musst megagut aufpassen.«

Machte sie sich wichtig oder war das Zeug echt so gefährlich? Ich hatte grob geschätzt eine halbe Flasche Wodka intus und mir vorhin auf dem Klo eine Linie Koks reingezogen, also nahm ich das Fläschchen und steckte es in meine Jackentasche.

Am nächsten Tag sollte es mittags losgehen. Ich war noch betäubt von der Nacht und stolperte gerade rechtzeitig in Leos Büro. Er sah mich genervt an und tippte auf seine Uhr.

»Wir müssen los, ab in den Wagen mit euch«, befahl er, und wir stiegen ein.

Am Flughafen angekommen liefen wir wie Schafe hinter ihm her. Ich war echt müde, und ich schwitzte in meiner Lederjacke. Ich zog sie aus und fühlte am Check-in-Schalter gewohnheitsmäßig, ob ich noch irgendwas in den Taschen hatte. Da war ein zylinderförmiger kleiner Gegenstand, und auf einmal war ich hellwach. Das GHB! Verdammt! Ich nahm es heraus und zeigte es Leo.

»Bist du total bescheuert?«, zischte er, sah sich um und drückte meine Hand mit dem Fläschchen herunter. »Wenn wir damit erwischt werden, gehst du in den Knast, und ich kann die ganze Bread & Butter vergessen!«

»Was soll ich machen?«, fragte ich verwirrt.

»Schmeiß es unauffällig weg und komm dann wieder her. Verstanden?« Er war wirklich sauer.

Ich entfernte mich ein paar Meter von der Gruppe. Die Ersten waren schon durch die Schleuse gegangen. Ich sollte das gute GHB wegschmeißen? Ich war doch nicht bescheuert! Ich wollte das Hammerzeug unbedingt ausprobieren, also sah ich mich einmal kurz um, ob mich jemand beobachtete, öffnete das Fläschchen und leerte es in einem Zug. Es schmeckte total unspektakulär, ein bisschen salzig vielleicht, sonst nach nichts. In der Partyszene ging das Gerücht, es sei ein ultrastarkes Narkosemittel, mit dem sogar Nashörner oder Elefanten betäubt werden könnten. Ich dachte keine Sekunde daran, was passieren würde, wenn ich mir die volle Dosis gab. Drogen nahm ich inzwischen, wie andere Bier trinken. Die Risiken wollte ich nicht sehen.

Es dauerte keine zehn Minuten, und ich war dem hellblauen Zeug völlig ausgeliefert.

»Nächster, bitte«, sagte die Frau von der Security und winkte mich zu sich.

Ich tanzte auf sie zu. Dann sollte ich meinen Gürtel ausziehen. »Oh, Sie wollen einen Striptease«, kreischte ich und ließ die Hüften wie eine Nachtclubtänzerin kreisen.

Trotz meiner Show schaffte ich es durch den Sicherheitsbereich. Dahinter aber packte mich Leo am Arm und zog mich weg. Natürlich merkte er, dass ich total high war. Im Flugzeug muss ich so herumgestolpert sein, dass er mich fast auf meinen Sitz tragen musste. Ich lachte und schwankte und redete wirres Zeug. Ich versuchte, den Gurt zuzumachen, aber die Schnalle fiel mir immer wieder aus der Hand, und am Ende gurtete mich irgendjemand anderes an; ich habe es nicht mal mitbekommen. An den ganzen Flug konnte ich mich hinterher nicht erinnern. Im Nachhinein wundere ich mich, dass die Bordcrew mich überhaupt mitgenommen hat.

»Mann, warst du peinlich«, sagte meine Kollegin Leontine zu mir, und Leo war so sauer, dass er an diesem Tag überhaupt nicht mehr mit mir sprach. Drei Stunden später, als wir in Barcelona ankamen, war die Wirkung des GHB zum Glück verflogen.

Das Messegelände war riesengroß. Unser Hotel lag direkt daneben. Wir hatten eine ganze Suite mit mehreren Zimmern für uns. Unser Job bestand darin, in den Panuu-Klamotten auf der Messe rumzulaufen. Überall war was los, es kam mir vor wie eine einzige riesige Party. Ständig drückte mir jemand einen Drink oder einen Joint in die Hand. Dabei vergaß ich komplett, zwischendurch auch mal was zu essen. So vergingen zwei Tage, und am dritten Tag stieg die große Abschlussparty. Sie fand etwas entfernt von der Messe statt.

Nach der Promotion fuhren wir ins Hotel, um uns frisch zu machen. Natürlich tranken wir auch dort, was die Minibar hergab, und kifften wie an den anderen Tagen zuvor auf der Dachterrasse. Als wir bei der Party ankamen, war ich schon ziemlich breit. Ich nahm mir einen Gin Tonic und ging raus. Der Sauerstoff wirkte wie ein Verstärker für alles, was ich schon intus hatte. Mir war auf einmal ziemlich schwummerig, und ich setzte mich neben Leo auf eine Bank.

»Was ist los?«, fragte er.

»Ich fühl mich gar nicht gut«, murmelte ich und stützte den Kopf in die Arme.

»Hey, Pari, reiß dich zusammen und steh auf«, befahl er. »Ich möchte dir jemanden vorstellen.«

Ich rappelte mich auf und sah einen Typen im Anzug vor mir, der megawichtig aussah. Ich streckte ihm die Hand entgegen und nuschelte: »Hallo, ich bin Pa…«, doch weiter kam ich nicht. Ich wollte noch die Hand vor den Mund halten, aber mir war so übel, dass die Kotze einfach aus mir herausschoss und sich in einem stinkenden Schwall über den Mann ergoss. Angewidert hielt er die Arme seitwärts vom Körper, und irgendwelche Assistentinnen fingen hektisch an, ihn mit Servietten abzutupfen. Ich erfuhr später, dass es der Boss der Bread & Butter höchstpersönlich gewesen war, den ich vollgekotzt hatte.

Ich wischte mir das Kinn ab und rülpste noch zweimal. Danach war es besser. Jemand packte mich am Arm und zog mich weg. Ich war so zu, dass mir das Ganze in dem Moment nicht mal peinlich war. Der

Boden schwankte. Alles egal, Hauptsache, ich kann mich hinlegen, dachte ich, und ließ mich wie ein nasser Sack in die Arme fallen, die mich festhielten. Ein paar der Mädels kümmerten sich um mich, aber irgendwann trieb Leo uns alle zum Aufbruch. Wir sollten drei Stunden später zurück nach Amsterdam fliegen, mussten vorher noch ins Hotel und unsere Sachen packen, aber ich war so fertig, dass ich nicht mal laufen konnte. Die anderen lachten, der Chef guckte grimmig, und zusammen schleppten sie mich in unsere Suite.

»Los, los, los, macht mal voran!«, schrie Leo und sammelte seinen eigenen Kram in den Koffer.

Ich war noch voller Kotze und lag halb bewusstlos herum, nicht imstande, mich um irgendwas zu kümmern. Zwei von den Jungs setzten mich in die Dusche und brausten mich kalt ab.

»In einer Stunde müssen wir am Flughafen sein!«, brüllte Leo, und Leontine, die total übermüdet war, fing an zu heulen.

Es war ein Riesenstress. Leo schaffte es irgendwie, uns alle ins Auto zu treiben. Aber als wir endlich am Check-in-Schalter standen, war unser Flug weg.

»So eine Scheiße! Habt ihr eine Ahnung, was das kostet, alle umzubuchen?«

Nun heulte jeder wegen irgendwas. Ein paar Leute würden ihre Anschlussflüge nach London oder Paris oder sonst wo hin verpassen.

»Das ist alles deine Schuld!«, schluchzte Leontine. Sie war total außer sich und schlug wie wild mit den Fäusten auf mich ein. Innerhalb von Sekunden waren wir ein Knäuel aus hysterischen, fluchenden jungen Leuten, und am Ende musste uns die Security trennen.

Nach der Barcelona-Reise waren alle wirklich genervt von mir, was ich sogar verstehen konnte. Den Job hatte ich verkackt. Ich schäme mich noch heute dafür. Auf die nächste große Reise nahmen sie mich gar nicht erst mit. Erstaunlicherweise aber schmiss Leo mich nicht ganz aus der Crew. Bei Events in Amsterdam buchte er mich noch, aber die Aufträge wurden seltener.

Damals dachte ich nur, okay, wenn ich bei den Clubkids nicht genug verdiene, suche ich mir eben was Neues. Ich gründete mit Gia und ein paar Freunden eine neue Performance-Truppe. Wir nannten uns Sabotage, unser Look war düsterer und schwärzer als die Clubkids, und wir wurden relativ gut gebucht. Außerdem ließ mich Sunny ein paarmal im »Supperclub« arbeiten. Sie leitete den Laden, und sie wusste, dass ich immer Geld brauchte. Natürlich bekam auch sie mit, wie locker ich mit Drogen und Alkohol umging. An einem Abend, als wir mit ein paar Kollegen zusammensaßen, nahm sie mich richtig in die Mangel.

»Ist dir eigentlich klar, dass du nicht nur deinen Ruf ruinierst, sondern auch meinen?« Die Leute verwechselten Sunny und mich manchmal.

Ich schüttelte den Kopf. »Wieso?«

»Ich bin die erste Trans-Frau, die sich hier ohne Drogen und all diese Verrücktheiten was erarbeitet hat, Pari. Und du solltest mal überlegen, wie du in deinem Leben weitermachen willst.«

Ohne zu antworten, stand ich auf und ging. Auf dem Heimweg weinte ich. Sunny hatte mir vor anderen Leuten eine Riesenstandpauke gehalten, und natürlich fühlte ich mich bis auf die Knochen blamiert. Sie war eine Autorität für mich und meine Freundin – gerade deshalb trafen mich ihre Worte im Innersten. Ich war damals aber noch nicht so weit, etwas zu ändern.

An einem Abend im Herbst war ich mit Freunden im Amsterdamer Schwulenviertel unterwegs. Ich hatte gerade meine Amy-Winehouse-Phase: schwarzes Kleid, Mega-Lidstrich, schwarzes Haarteil. Wir feierten in einem Laden in der Reguliersdwarsstraat. Das »Exit« war eine kleinere Bar, in der am Wochenende immer viel los war. In der Bar waren fast nur Schwule. Ich stand gerade am Tresen, um meinen dritten oder vierten Drink zu ordern, als der Barkeeper mich ansprach.

»Hey, der Chef hat dich gesehen. Er findet dich super, hast du nicht Lust, hier zu arbeiten? Wir hätten so gern ein Trans-Mädchen an der Bar.« Er sagte das auf eine nette Art, so als wäre es eine ganz selbstverständliche Sache.

»Wann braucht ihr denn jemanden?«, fragte ich.

»Am Wochenende, da ist hier am meisten los.«

Ich war gerade ziemlich pleite, und ich hatte keine Ahnung, wann die Clubkids mich mal wieder buchen würden, also sagte ich zu. Eine Woche später schob ich meine erste Schicht. Ich zapfte Bier, mixte Drinks und hatte wieder etwas gefunden, das mir meinen Lebensunterhalt sicherte.

An einem Samstag im »Exit« lernte ich Raphael kennen. Der Abend hatte ganz normal angefangen: Die meisten Leute waren auf der Tanzfläche. Ich sah ihnen zu, wie sie sich im Rhythmus der Musik bewegten, tauchte meine Hände ins Wasser und spülte Gläser, als sich ein Mann zusammen mit einer brünetten Frau an die Bar setzte. Die beiden fielen mir sofort auf. Es war wirklich selten, dass sich ein Heteropärchen hierher verirrte. Waren das Touris oder wollten die sich mal ein paar Schwule angucken?

»Hi«, sagte der Mann. Er stützte seine Unterarme auf die Bar und lehnte sich ein Stück in meine Richtung.

»Hi, was bekommst du?«, fragte ich. Er antwortete nicht, sondern sah mich unverwandt an und lächelte. Seine Freundin, die sich in Richtung Tanzfläche gedreht hatte, schien ihm in diesem Augenblick völlig egal zu sein.

»Ich bin Raphael. Der neue Manager vom ›The April‹.«

Ich gab ihm die Hand, und er hielt sie etwas länger fest, als man das normalerweise tut. Ich fand ihn nett, vom ersten Moment an. Er war etwas älter als ich, ein bisschen kleiner, hatte schöne blaugrüne Augen, die besonders auffielen, weil er keine Haare auf dem Kopf hatte. Nach ein paar Minuten zog ihn seine Freundin auf die Tanzfläche. Er warf mir noch einen langen Blick zu, dann verschwanden die beiden hinter fremden Männerkörpern.

Am nächsten Abend kam Raphael wieder, diesmal alleine. Ich war gerade dabei, die Kühlschränke aufzufüllen.

»Na, hast du Zeit für ein Bier, bevor es hier losgeht?«, fragte er. Natürlich hatte ich Zeit. Es war aufregend, seine Aufmerksamkeit zu spüren.

Er kam nun an jedem Freitag und Samstag. Die braunhaarige Frau tauchte nicht mehr auf, und ich begann zu glauben, dass sie vielleicht doch nicht seine Freundin gewesen war.

Eines Nachts fragte mich Gia, ob ich mit zu Dezas Afterparty kommen wolle. Meine Schicht war jedoch noch nicht zu Ende. Also versprach ich, später nachzukommen. Dezas Partys waren immer genial. Er drehte die Anlage auf, egal wie spät es war. Einmal ist er deshalb sogar aus seiner Wohnung geflogen, aber das hielt ihn nie vom Feiern ab. Er war schwul, total verrückt und ein guter Kumpel.

Kurz bevor ich gehen wollte, kam Raphael ins »Exit« und setzte sich an den Tresen.

»Was machst du heute noch?«, fragte er. Es war völlig klar, dass er nicht einfach neugierig war, wie mein Abend verlaufen würde, sondern dass er den Rest der Nacht gern mit mir verbringen wollte.

Ich überlegte kurz. Nein, ich würde Gia nicht hängenlassen, und außerdem hatte ich Lust auf die Party. »Ich geh noch zu einer Afterparty«, sagte ich.

»Nimmst du mich mit?«, fragte Raphael. Eine ganz einfache Frage, aber ich hatte plötzlich Herzklopfen, Schmetterlinge im Bauch und zittrige Knie.

»Okay, lass uns gehen«, antwortete ich und versuchte, mir nicht anmerken zu lassen, wie aufgeregt ich war. Wir suchten uns ein Taxi und fuhren zu Deza. Als wir ankamen, hörte ich schon auf der Straße die Bässe wummern. Die anderen waren alle schon da, als ich mit Raphael in die Wohnung ging.

»Sorry, ich muss mal. Wo ist denn hier das Klo?«, fragte er. Jemand zeigte ihm die kleine Tür am Ende des Flurs, und Raphael verschwand auf der Toilette.

Deza umarmte mich kreischend. »Ohhh, Pari, mein Gott, du hast einen Freund?«

»Ich glaube, ich bin verliebt.« Diesen Satz auszusprechen wühlte mich emotional so auf, dass ich plötzlich anfing zu heulen. Die ganze Situation verwirrte mich. Raphael und ich waren gerade erst dabei, uns kennenzulernen, und ich war noch nicht sicher, was er von mir wollte.

Als er zurückkam, redeten alle auf einmal auf ihn ein: »Seid ihr zusammen? Seid ihr verliebt?« Raphael lächelte, sagte nichts, nahm mich stattdessen in den Arm und küsste mich auf den Mund. Ich fand es schön, war aber gleichzeitig ziemlich überrumpelt. Vor all meinen Freunden hatte mich noch nie ein Mann geküsst. Als ich mich von meiner ersten Überraschung erholt hatte, schob ich ihn von mir weg.

»Raphael, aber … Hast du nicht eine Freundin?«, fragte ich, denn ich war mir total sicher, dass ich auf keinen Fall seine heimliche Geliebte sein wollte.

»Na ja, weißt du, wir trennen uns gerade«, sagte er. »Genau genommen sind wir schon gar nicht mehr wirklich zusammen.«

Ich wollte ihm glauben. Denn mit Raphael war es anders als mit den Männern, denen ich vorher begegnet war. Er war der Erste, für den ich tiefere Gefühle hatte. Deshalb nahm ich ihn nach der Afterparty bei Deza mit zu mir. Es war früh am Morgen, die Nacht war wirklich schön gewesen, aber ich wollte es langsam angehen lassen. »Du kannst hier schlafen, aber mehr nicht«, sagte ich.

Wir kuschelten uns in mein Bett, küssten uns und schliefen ein. Nachmittags wachten wir auf, tranken zusammen einen Kaffee und machten uns fertig für den Abend. Raphael ging zu seinem Job im »April«, und ich bog ins »Exit« ab. Ich war glücklich. Wir hatten verabredet, dass er mich wieder abholen würde, und als meine Schicht zu Ende war, gingen wir zu mir. Wir lagen auf meinem Bett, sahen uns tief in die Augen und sprachen kein Wort. Raphael strich mir übers Haar.

»Pari …«, flüsterte er.

»Was?«

»Ich möchte mit dir schlafen.«

»Oh … verstehe … aber …«, druckste ich.

»Was?«, fragte er.

»Ich kann nicht.«

»Wie meinst du das – du kannst nicht?«

»Da ist was zwischen meinen Beinen …« Ich konnte mir nicht vorstellen, dass er das nicht wusste.

»Ich dachte, du hattest schon deine Operation?« Raphael sah mich erstaunt an. Er wusste natürlich, dass ich Pari, das Trans-Mädchen, war. Aber er hatte sich offenbar zusammengereimt, dass ich meinen Umwandlungsprozess bereits abgeschlossen hätte.

»Nein, ich warte noch auf meine OP«, erklärte ich. »Ich kann nicht mit dir schlafen, wie du es dir vorstellst. Und auf eine andere Art will ich es nicht machen.« Es war eh nicht so, dass ich wahnsinnige Lust auf Sex hatte. Die Hormone, die ich nahm, sorgten dafür, dass ich kein besonderes Verlangen nach sexueller Befriedigung verspürte. Ich wusste noch nicht einmal, wie sich ein Orgasmus anfühlt, denn es war ganz unvorstellbar für mich, dieses Ding an meinem Unterleib derart zu berühren. Die Hormone bewirkten unter anderem, dass ich keine Erektionen hatte. Ich habe den Penis immer nur zum Pinkeln benutzt.

Raphael hingegen war ganz offensichtlich sehr erregt. »Okay. Wenn das so ist«, sagte er enttäuscht, rollte sich auf den Rücken und starrte an die Decke. Eine Weile lagen wir schweigend nebeneinander, dann sprach er weiter: »Ich muss dir auch was sagen.«

Ich konnte mir schon denken, was jetzt kommen würde: Warum hast du mir das nicht gleich gesagt? Du hättest es mir sagen müssen. Oder so was in der Art. »Was denn?«, fragte ich und setzte mich auf.

»Na ja«, begann er zögerlich. »Schau, es ist echt nicht einfach mit meiner Ex. Wir wohnen noch zusammen, und irgendwie komme ich da nicht raus.« Er rollte sich wieder auf die Seite, griff nach meiner Hand und wollte mich zu sich herunterziehen. Ich bekam ein komisches, flaues Gefühl im Magen und machte mich ganz steif. Er hatte mich angelogen. »Wir müssen doch nicht gleich heiraten«, sagte er schmeichelnd. »Lass uns halt einfach Spaß haben.« Mit sanftem Griff zog er mich zu sich auf die Matratze. Ich war verwirrt, aber gleichzeitig wollte ich ihm nah sein, also gab ich nach. Ich kann es ja mal versuchen, dachte ich, vielleicht können wir wirklich einfach Spaß miteinander haben.

Heute weiß ich, dass so was nie funktioniert. Eine unverbindliche Beziehung, wenn Gefühle im Spiel sind? Das ist Bullshit. Wir machten uns beide etwas vor, von Anfang an.

Raphael und ich haben nie miteinander geschlafen. Ich achtete darauf, dass er mich niemals völlig nackt sah, aber wir fanden Wege, all unseren Bedürfnissen gerecht zu werden. Wir hatten wirklich schöne Momente. Wenn er mich abends in der Bar besuchte, schrieb er kleine Liebesnachrichten auf Bierdeckel, die er mir über den Tresen schob: Du bist schön. Ich freue mich auf später. Lauter romantisches Zeug. Und irgendwann war da ein Deckel, auf dem stand: Pari, ich liebe dich. Es waren die ersten Liebesbriefe meines Lebens, und ich hob sie alle sorgfältig in einem Schuh-karton auf.

Wir redeten nicht mehr über seine Ex. So konnten wir beide so tun, als gäbe es gar kein Problem, nichts, was zwischen uns stand. Es gab genug anderes, das uns verband: ausgehen, feiern, trinken. Nächtelang. Auch Kokain nahmen wir zusammen und genossen die Inten-sität unserer Empfindungen und das Gefühl der Nähe, die im Rausch verstärkt wurden. Dann war alles leicht und einfach.

Der Rest meines Lebens war problematisch genug. Manchmal rastete ich einfach aus, wenn ich voll war. Mitunter passierte mir das bei der Arbeit, aber auch Gia und ich stritten uns regelmäßig. Wir waren zusam-men mit Deza auf einem Festival in einer alten Kirche, als wir unseren schlimmsten Streit hatten. Gia redete mit einem verlotterten Typen, der aussah wie eine Mischung aus Pete Doherty und einem Clochard. Er starrte sie mit halb offenem Mund an. Ich konnte es nicht fassen, wie hemmungslos sie mit dem fiesen Ty-pen flirtete. Gia war meine Freundin, also ging ich zu ihr. Ich versuchte, sie von ihm wegzuziehen.

»Das ist jetzt nicht dein Ernst? Lass die Finger von dem, der Typ ist ein Junkie«, raunte ich ihr zu.

»Lass mich! Du bist doch bloß eifersüchtig.« Sie ver-setzte mir einen kleinen Schubs.

»Wie bitte? Eifersüchtig?«, gab ich zurück. »Guck doch mal hin! Der hat nicht mal mehr alle Zähne im Mund!«

Gia reagierte nicht, sondern drehte sich um und tat den ganzen Abend über so, als würde sie mich nicht kennen. Im Bus nach Amsterdam allerdings machte sie mir Vorwürfe. »Ich kann es nicht leiden, wenn du dich in meine Angelegenheiten einmischst«, sagte sie.

»Du spinnst ja wohl. Der Typ war total daneben«, erwiderte ich, nachdem wir ausgestiegen waren, um noch etwas zu trinken im Supermarkt zu kaufen.

Ich weiß nicht mehr, wer von uns zuerst handgreiflich geworden ist, aber auf einmal droschen wir aufeinander ein, als wären wir die ärgsten Feindinnen. Ich verpasste ihr einen heftigen Schlag.

»Hört auf!«, schrie Deza und zog mich von Gia weg. Sie blutete, und später musste sie die Wunde sogar nähen lassen. Nach diesem Abend redeten wir monatelang nicht miteinander.

Raphael war in dieser Zeit das Wichtigste in meinem Leben. Wir verbrachten jedes Wochenende miteinander, außer die Stunden, die wir hinter unseren jeweiligen Tresen standen. Auch während der Woche kam er nach der Arbeit häufig zu mir.

Eines Nachts wachte ich auf, weil mein Handy klingelte. Ich tastete im Dunkeln nach dem Telefon.

»Pari, hallo, hier ist Lea«, meldete sich seine Arbeitskollegin. »Du musst Raphael abholen, er ist betrunken.«

»Natürlich ist er betrunken, er arbeitet in einer Bar!« Ich lachte. Ich kannte niemanden, der einen Job im Nachtleben hatte und keinen Alkohol trank.

»Er ist aber so besoffen, dass er hier alles vollgekotzt hat«, informierte mich Lea. »Das passiert inzwischen fast jede Nacht. Er verliert total die Kontrolle, kann nicht mal mehr stehen.«

So schlimm zugerichtet kannte ich ihn nicht. »Okay, ich komme.« Ich fuhr zur Bar und bugsierte Raphael gemeinsam mit Lea in ein Taxi. Bei mir zu Hause legte ich seinen Arm um meine Schultern und schleppte ihn drei Stockwerke hoch bis in mein Schlafzimmer, wo er sich aufs Bett fallen ließ und sofort einschlief.

»Gott, wie bin ich denn hierhergekommen?«, fragte Raphael, als er am nächsten Tag aufwachte.

»Ich hab dich im ›April‹ abgeholt, weil du zu besoffen warst, um alleine heimzugehen«, sagte ich. »Was ist denn los mit dir?«

»Gar nichts. Ich hatte bloß ein, zwei Drinks zu viel.«

»Und vorher, an den anderen Abenden? Ich bin doch nicht blöd. Lea hat mir erzählt, dass du jeden Abend megavoll bist.«

Raphael seufzte tief, rieb sich die Schläfen und sah mich schuldbewusst an. »Ich dachte eigentlich, ich hab's im Griff. Ich hatte mal ein Alkoholproblem, und ich hab einen Entzug gemacht und nicht mehr getrunken. Aber jetzt arbeite ich in der Bar, und weißt du … Es ist schwierig. Ich verliere manchmal die Kontrolle.«

»Oh. Ich verstehe.« Es tat mir leid, ihn so zu sehen. Natürlich wollte ich ihm helfen und ihn vor dem Alkohol retten.

Wir waren jetzt etwa zwei Monate zusammen. Es war Ende Dezember, und Raphael und ich wollten Silvester zusammen im »Exit« feiern. Ich hatte mir in einem Vintageladen ein schwarzes Paillettenkleid mit großen grau-silbernen Kreisen gekauft, es gekürzt und den Ausschnitt geändert. Dank Push-up-BH und zwei Silikoneinlagen hatte ich sogar ein bisschen Dekolleté. Meine Haare trug ich wieder lang und dunkelbraun. Mein Chef hatte mir einen Termin bei einem Friseur vermittelt, der mir zu einem Superpreis eine Haarverlängerung gemacht hatte. So musste ich keine Perücken mehr tragen.

Raphael und ich standen vor der Bar und rauchten, als ein Typ im Vorbeilaufen zu mir sagte: »Du bist ein Mann!« Dann lachte er auf eine bescheuerte, widerliche Art.

Raphael stellte sich ihm in den Weg. Er war ziemlich sauer. »Was hast du gerade gesagt?«

»Honey, lass ihn«, sagte ich. »Er ist ein Idiot.« Ich hatte keine Lust, mich mit irgendeinem besoffenen Fremden anzulegen.

»Pass auf, was du zu meiner Freundin sagst«, schrie Raphael den Mann an und verpasste ihm einen Fausthieb. Innerhalb von Sekunden war eine wilde Prügelei im Gange. Der Fremde griff sich eine Bierflasche, schlug sie so hart auf eine Tischkante, dass sie zerbrach, und fuchtelte wie wild damit herum. Er würde Raphael mit dem Glas abstechen, wenn das so weiterging.

»Hört auf!«, kreischte ich und warf mich in High Heels und Paillettendress dazwischen. Die Leute um uns herum schrien, ich ebenfalls, und zum Glück kamen ein paar Securitys und trennten die kämpfenden Männer.

Solche Situationen passierten einem mit Raphael, wenn er voll war. Wäre er nüchtern gewesen, hätte er den Typen einfach ignoriert. Aber sobald er Promille im Blut hatte, war er auf Konfrontation aus. Ich versuchte, ihm zu helfen, indem ich für ihn da war. Er aber stürzte immer wieder heftig ab, und wenn es nicht der Alkohol war, dann nahm er Kokain. Wir steckten beide so tief drin in dieser unwirklichen Welt voller Rauschmittel, dass wir gar nicht mehr realisierten, wie wir uns mehr und mehr in Schwierigkeiten brachten.

Irgendwann kündigte ich im »Exit«, weil ich mit einem der Kollegen nicht gut klarkam. Als ich Raphael davon erzählte, gerieten wir in eine unschöne Diskussion.

»Du benimmst dich wie ein ungezogenes Kind«, sagte er und verpasste mir plötzlich eine Ohrfeige. Ich hielt mir die Wange und sah ihn entsetzt an.

»Bist du bescheuert?«, rief ich. »Mach so was nicht mit mir! Du hast absolut kein Recht, mich zu schlagen.« Ich verstand nicht, was das alles sollte, und ging wortlos ins Bett.

In der folgenden Nacht gerieten wir wieder aneinander. Raphael warf mir vor, dass ich zu viel trinken würde, und ich kritisierte ihn, weil er sich auf Partys keine Mühe gab, seinen massiven Drogenkonsum zu verbergen.

»Sogar meine Freunde sprechen mich schon darauf an. Ich mag es nicht, wenn du so viel Kokain nimmst.«

»Pari, das bildest du dir ein. Ich nehme nicht mehr als du«, behauptete er.

»Du weißt, dass ich recht habe, aber immer leugnest du alles«, sagte ich.

»Ich? Du spinnst! Du streitest doch selbst immer alles ab.« Er packte mich an den Schultern und schüttelte mich.

»Lass mich in Frieden«, fauchte ich. Ich sehe rot, wenn mich jemand so aggressiv angeht, deshalb ließ ich Raphael stehen und ging in die Küche. Ich wollte allein sein, aber Raphael kam mir hinterher.

»Komm gefälligst wieder ins Wohnzimmer!«, pöbelte er. »Ich rede mit dir!«

»Geh weg. Hau ab!«, schrie ich. Ich wollte ihn nicht in meiner Nähe haben, aber Raphael packte meine Haare, zerrte mich ins Wohnzimmer und drückte mich auf die Couch. Ich versuchte, mich aus seinem Griff zu befreien, und trat nach ihm, dabei schlug er auf mich ein. Ich wehrte mich nach Leibeskräften und riss dabei aus Versehen ein Bild von der Wand, das mir auf den Kopf knallte. Mir wurde kurz schwarz vor Augen, ich stöhnte, und Raphael schleifte mich so grob vom Sofa auf den Boden, dass ich mir ein Knie aufschürfte. Irgendwie gelang es mir aufzustehen, und ich trat wieder nach ihm, so fest ich konnte.

»Raus! Verschwinde! Lass mich in Ruhe!«, kreischte ich, und es gelang mir, ihn aus der Wohnung zu schieben. Hinter ihm knallte ich die Tür zu.

Alles tat mir weh, und ich blutete am Kopf. Aus dem Flur hörte ich dumpfe Schläge. Es klang, als würde

Raphael versuchen, die Tür einzutreten, doch irgendwann gab er auf. Ich hätte in dieser Nacht gern Gia angerufen, aber wir hatten uns noch nicht wieder vertragen. Vermutlich hätte sie nicht einmal das Gespräch angenommen. Ich war verzweifelt und allein und wählte schließlich die Nummer meiner Mutter.

»Was ist los, Pari, warum störst du mich mitten in der Nacht?«, fragte sie verärgert.

Ich erzählte ihr weinend, was passiert war. »Ich bin verletzt«, schloss ich. »Du musst mir helfen, Mama. Ich weiß nicht, ob er wiederkommt.«

»Mein liebes Kind«, sagte sie. »Ich habe mein Land verlassen, weil dein Vater mich geschlagen hat, und es gab niemanden, den ich um Hilfe bitten konnte. Du lässt dich von einem Kerl verhauen? Bist du verrückt? Ich habe dich nicht dazu erzogen, dir so etwas gefallen zu lassen. Du lebst in einem freien Land. Wenn du Hilfe brauchst, ruf die Polizei.« Dann legte sie auf.

Heute sehe ich, wie tragisch sich die Dinge wiederholten, die ich in meiner Kindheit erlebt hatte. Meine Mutter hatte zugelassen, dass mich mein Stiefvater schlug. Und als ich sie darum bat, mir nach dem Streit mit Raphael zu helfen, war sie wieder nicht für mich da.

Für die Beziehung mit Raphael bedeutete diese katastrophale Nacht das Ende. Ich wollte ihn nicht mehr in meinem Leben haben.

Kurze Zeit später fing ich an, wieder im »Jimmy Woo« zu arbeiten. Mr. Woo glaubte mir, als ich ihm sagte, ich würde keine Drogen mehr nehmen, und ließ mich wieder die Gästeliste machen. Ich strengte mich wirklich an und achtete darauf, es an den Abenden, an denen ich arbeitete, nicht zu übertreiben. Es tat gut, wieder mittendrin zu sein. Das »Jimmy Woo« ist einfach ein cooler Club, und ich hatte die Arbeit dort vermisst. Ich war wieder da, ich, Pari, die Doorbitch vom »Jimmy Woo«.

Als mein Chef einen zweiten Laden eröffnete, fragte er mich, ob ich dort arbeiten wolle. Das »Bo Cinq« war eine Mischung aus marokkanischem Restaurant und cooler Cocktailbar. Meine Aufgabe war es, die Gäste zu empfangen. Ein guter Job, und ich war ganz zufrieden. Bis eines Tages aus heiterem Himmel Raphael im Laden auftauchte. Mr. Woo hatte ihn als Barkeeper eingestellt. Seit dem furchtbaren Abend in meiner Wohnung hatte ich ihn nicht gesehen. Er war wie vom Erdboden verschluckt gewesen. Trotz allem hatte ich ihn sehr vermisst, schließlich hatten wir auch gute Zeiten gehabt. Es war schwer loszulassen.

»Hi Süße, wie geht's dir?«, sagte er, als wäre nichts gewesen.

»Alles cool«, antwortete ich, drehte mich um und ging wieder an meine Arbeit. Ihn einfach nur zu sehen machte mich fertig. Ich glaube, er wusste damals auch nicht wirklich, wie er mit der Situation umgehen sollte, und ging auf Abstand.

Eines Nachts ignorierte er mich komplett, sagte nicht einmal Hallo. Sein Verhalten verletzte mich, und es machte mich traurig und wütend zugleich. Alle möglichen Fragen gingen mir durch den Kopf: Hatte ich ihm überhaupt etwas bedeutet? Wollte er mich absichtlich fertigmachen? Wenn er es darauf anlegte, würde ich es ihm mit gleicher Münze zurückzahlen, beschloss ich. Am nächsten Tag nahm ich die Bierdeckel mit seinen Liebesbotschaften, die mir früher so kostbar gewesen waren, und warf sie im Umkleideraum des »Bo Cinq« in Raphaels Spind. Du bist mein Ein und Alles – weg. Ich bin so glücklich mit dir – weg. Ich liebe dich – weg. Er sollte sehen, dass ich nichts mehr von ihm wissen wollte.

Später, als nur noch wenige Gäste da waren, holte ich meine Jacke und wollte gerade gehen, als Raphael mich aufhielt. Er zog mich auf die Straße.

»Warum machst du das?«, fragte er, sah mich zornig an und hielt mir drei Bierdeckel vor die Nase. Er packte mich am Oberarm, damit ich nicht weglaufen konnte.

»Erklär mir mal lieber, warum du mich gestern ignoriert hast!«, rief ich und gab mir keine Mühe, dabei leise zu sein. Dieses Arschloch, dachte ich, ihm ist überhaupt nicht klar, wie sehr er mich verletzt hat. »Verschwinde aus meinem Leben!«, schrie ich, befreite mich aus seinem Klammergriff und lief zu meinem Fahrrad, ohne mich noch einmal umzudrehen.

»Hau doch ab!«, rief Raphael mir hinterher und verschwand.

Ich war aufgewühlt, durcheinander und zornig. Als die Wut etwas nachgelassen hatte, fühlte ich nur noch Schmerz. Wie ferngesteuert radelte ich zum »Jimmy Woo«. Ich konnte jetzt nicht nach Hause, ich musste was unternehmen, damit es nicht mehr so wehtat. In dem Club waren wie immer ein paar Leute, die ich kannte. Jemand gab mir eine Ecstasy-Pille. Ich warf sie ein und trank schnell hintereinander zwei oder drei Wodka auf Eis. Ich nahm MDMA und etwas Kokain. Niemals vorher und auch nicht danach habe ich so viel Zeug auf einmal eingeworfen. Die Drogen betäubten wenigstens den emotionalen Terror in mir. Nach kürzester Zeit war ich total high.

Als die Party ein paar Stunden später zu Ende war, war ich total aufgeputscht, betrunken, traurig – und ganz alleine. Ich kam aus dem Club und sah, dass es geschneit hatte. Es war Ende Januar. Drei Monate war ich mit Raphael zusammen gewesen, und jetzt war es definitiv aus. Der Boden schwankte, und mir war schwindelig, aber ich stieg auf mein Rad und fuhr los. Es ist mir schleierhaft, wie ich das überhaupt geschafft habe. Die Straßen waren glatt, und meine High Heels rutschten dauernd von den Pedalen ab. Ich sah alles doppelt, fuhr direkt in einen Schneehaufen und fiel mitten auf der

Straße einfach um. Ich saß im Schnee, mir war kalt, und meine weiße Jacke war voller Schmutz und Eisklumpen.

Irgendwie fand ich schließlich nach Hause. Ich legte Musik auf, kuschelte mich auf meine Couch, heulte und grübelte. Meine erste Beziehung mit einem Mann war in einer totalen Katastrophe geendet. Die Clubkids wollten mich nicht mehr dabei haben, ich war ein Risiko. Meine Träume waren in all den verrückten Partynächten irgendwo verloren gegangen. Gia war weg und redete nicht mit mir. Die Einsamkeit presste meine Brust zusammen wie ein Schraubstock. Mein Leben war ein Haufen Scheiße.

Ich holte eine Kiste mit alten Fotos aus der Zeit in Bilthoven hervor. Wie ich aussah! Dieses Wesen wollte ich nicht sein. Es war eine fremde Person, die mich von den Bildern ansah, und ich zerriss sie alle. Dann stellte ich mich vor den Spiegel und sah mich an. Ich fand mich viel zu groß. Ein Meter fünfundachtzig, so groß waren Kerle, und dazu noch diese riesigen Hände und Füße! Wieso ich?, fragte ich mich. Wieso kann nicht alles einfacher sein? Wieso kann ich nicht wie andere morgens aufwachen und mich schön finden und mit ein wenig Mascara auf die Straße gehen und glücklich sein?

Ich stand auf, ging zum Medizinschrank und nahm alle Tabletten, die ich finden konnte. Es waren nicht sehr viele – bloß Paracetamol und eine Packung Hormone. Aber ich war viel zu benebelt, um zu realisieren, dass man sich mit einer Überdosis weiblicher Hormone nicht umbringen kann. Ich wollte einfach, dass Schluss ist mit allen Zweifeln und allem Schmerz. Ich ging in die Küche, nahm mir ein Glas Wasser und spülte alle Pillen auf einmal runter. Es waren so viele, dass ich würgen musste. Dann griff ich mir ein Küchenmesser, das auf der Arbeitsfläche herumlag, setzte mich auf die Couch im Wohnzimmer, legte die Schneide an der

Stelle, wo ich meine Pulsadern bläulich schimmern sah, auf die Haut und zog durch. Es tat weh, aber es lenkte mich von meiner Traurigkeit ab. Das Blut strömte aus meinen Venen, und ich schnitt noch mal und noch mal. Ich dachte gar nicht nach, was ich da tat. Ich wollte bloß nicht mehr fühlen müssen, wie einsam und unglücklich ich war.

Plötzlich war es, als würde ich aus einer Trance erwachen. Was machte ich da bloß? Oh mein Gott, dachte ich erstaunt, wie viel Blut da schon ist. Ist das alles meins? Ich schrie vor Entsetzen über meine eigene Tat. Ich versuchte, die Blutung zu stoppen, was mir nicht gelang. Auf einmal merkte ich, wie ich immer schwächer wurde. Ich tastete nach meinem Handy und wählte.

»Hilfe, ich brauche Hilfe«, wimmerte ich.

»Hallo? Sie sprechen mit der Polizei, leider können wir Sie nicht verstehen. Wer spricht da?«

»Ich brauche Hilfe. Bitte. Hören Sie mich?«, schrie ich verzweifelt.

»Wir können Sie nicht hören, bitte rufen Sie noch mal an.« Irgendwas stimmte mit meinem Handy nicht. »Wir müssen jetzt auflegen, damit die Leitung für andere Notfälle frei ist.«

Die Stimme des Polizisten war das Letzte, was ich hörte. Dann war die Leitung tot, und um mich herum wurde es dunkel.

IM SPIEGEL

Ich wachte von wummernden Schlägen auf. Jemand trommelte mit den Fäusten gegen meine Wohnungstür. »Polizei! Machen Sie auf! Bitte öffnen Sie, sonst müssen wir die Tür eintreten!« Sie waren also doch gekommen.

Irgendwie gelang es mir, in den Flur zu robben und die Tür aufzuziehen. Draußen standen zwei Uniformierte. Kaum dass ich sie gesehen hatte, wurde ich wieder ohnmächtig. Später erfuhr ich, dass ein Nachbar meine Schreie gehört und die Polizei alarmiert hatte.

Als ich meine Augen wieder aufschlug, lag ich in einem Rettungswagen. Das freundliche Gesicht eines Sanitäters blickte auf mich herab. Er wickelte einen Verband fest um mein Handgelenk, band ihn mit geübtem Griff fest und musterte mich prüfend.

»Du bist so eine hübsche junge Frau, warum machst du so was?«, fragte er.

»Ach … Ich bin so doof«, erwiderte ich kleinlaut.

»Warum denn das?«

»Ich versuche, mich umzubringen, und nicht einmal das kriege ich hin. Ich bin so eine Versagerin.«

Energisch schüttelte er den Kopf. »Sag das nicht. Du hattest einen schlechten Tag«, tröstete er mich.

Ich legte den Kopf zur Seite, schloss die Augen und dachte darüber nach, dass es nicht einfach ein schlechter Tag gewesen war, sondern viele schwierige Wochen. Aber wieso hatte ich das eigentlich getan?

»Wissen Sie, was ich jetzt brauche?«, fragte ich. »Ein Glas Whisky auf Eis.«

Der Mann lachte. »Ein Glas Whisky? Ich dachte, du würdest nach deiner Mutter fragen.« Er tätschelte meinen Arm. »Du bist cool, Mädel«, fuhr er fort. »Jemand wie du rappelt sich schnell wieder auf. Ich will dich nicht noch mal einsammeln, hörst du?«

Er hielt meine Hand, bis wir im Krankenhaus angekommen waren. Ich wurde auf Station gebracht, eine Krankenschwester nahm mir Blut ab, und ein Arzt fragte mich, was ich genommen hätte.

»Ziemlich viel Paracetamol – und Hormone«, antwortete ich.

»Oh, okay«, sagte er und machte ein wissendes Gesicht. »Wegen des Schmerzmittels müssen wir dir den Magen auspumpen, es könnte sonst deine Leber schädigen.«

Die Krankenschwester machte sich an einem Gerät zu schaffen, an dem ein ziemlich dicker Schlauch befestigt war.

»Nein! Nicht den Magen auspumpen!« Ich schwang die Beine aus dem Bett, doch der Arzt hielt mich fest. Ich veranstaltete ein ziemlich lautes Protestgeheul und schlug auf ihn ein. Das Einzige, was ich damit erreichte, war ein noch größeres Aufgebot an Leuten an meinem Bett. Am Ende hielten mich fünf Pfleger fest. Zwei kräftige Kerle pressten meine Schultern auf das Kissen. Der Arzt beugte sich über mich, drückte meinen Kiefer auseinander und schob mir den Schlauch in den Hals. Durch das Plastik lief eine schwarze Flüssigkeit in mich hinein, was ein absolut ekelhaftes Gefühl war. Ich bemühte mich, den Schlauch rauszuwürgen, was natürlich total aussichtslos war. Schließlich pumpten sie die Mischung aus dem schwarzen Zeug, den Tabletten und was sonst noch in mir war wieder heraus. Danach war ich total erledigt. Ich wollte einfach nur schlafen, aber an Ruhe war nicht zu denken.

»Guten Abend, ich bin der leitende Psychiater«, sagte ein Mann neben meinem Bett. »Wir haben ihre Personalien abgeglichen, Sie sind beim Transgender-Zentrum der Universitätsklinik in Betreuung?« Es war mehr eine Feststellung als eine Frage. Ich nickte. »Wir werden den Vorfall melden müssen«, sprach er weiter. »Und wir dürfen Sie nicht allein gehen lassen. Wie können wir Ihre Eltern erreichen?«

»Bitte rufen Sie nicht meine Mutter an, die überlebt das nicht«, bat ich.

»Wir müssen einen Verwandten anrufen«, sagte der Psychiater geduldig. »Oder wir behalten Sie noch eine Weile hier.«

Ich dachte kurz nach. »Okay, dann rufen Sie meinen Stiefvater an.« Ich wollte hier weg, und Amoe würde es schon verkraften. Ich gab dem Arzt seine Handynummer. Es war mittlerweile früher Morgen, er würde wach sein, vielleicht sogar schon auf dem Weg zur Arbeit.

Der Psychiater unterrichtete ihn, ich sei im Krankenhaus. »Tja, ein Suizidversuch …«, sagte er. Dann hielt er mir das Telefon hin. »Ihr Stiefvater möchte Sie sprechen.« Zögernd führte ich den Hörer an mein Ohr.

»Pari? Was machst du denn bloß für Sachen?«, fragte Amoe aufgebracht. »Willst du wirklich sterben? Ist alles so schlimm, dass du dich umbringen willst?«

»Nein, das will ich nicht«, antwortete ich. Schon als ich mich mit dem Sanitäter unterhalten hatte, war mir das klargeworden, und jetzt, wo die Wirkung des Alkohols und der Drogen nachgelassen hatte, war es noch deutlicher.

»Dann übernimm Verantwortung für dein Leben. Verhalte dich wie ein erwachsener Mensch!«, sagte Amoe. »Du bist jung und schön, und du kannst noch so viel erreichen!« Er sprach mit mir wie ein Vater, aber er klang sehr enttäuscht.

Das letzte Mal, dass er mich gesehen hatte, war bei mir in der Wohnung gewesen, als meine Mutter so stolz war, wie selbstständig ich lebte. Und nun lag ich im Krankenhaus mit dicken Verbänden um die Handgelenke. Ich schloss die Augen und reichte dem Psychiater das Telefon.

»Hallo? Können Sie Ihre Tochter abholen?«, fragte er. Amoe antwortete irgendwas, das ihm nicht zu gefallen schien. Mit gerunzelter Stirn brummte er: »Aha, wenn das so ist, werden wir eine andere Lösung finden müssen.« Dann legte er auf. »Ihr Stiefvater muss arbeiten. Er sagt, er könne Sie nicht abholen. Haben Sie vielleicht jemand anderen, den Sie fragen könnten?«

Ich überlegte. Gia fiel aus. Von Fenja hatte ich seit Wochen nichts gehört, sie modelte irgendwo in London. Ich wollte jemanden um mich haben, der sich wirklich um mich kümmern würde, und dachte an Sally, die auf der Fashion Week meine Dresserin gewesen war. Sie hatte eine mütterliche Art, obwohl sie kaum älter war als ich. Und sie würde keine Gegenleistung erwarten. Ja, Sally würde mir bestimmt helfen.

Eine halbe Stunde später war sie da. Sie stellte keine Fragen, sondern nahm mich einfach in den Arm. Eine Krankenschwester gab mir meine weiße Winterjacke und meine schwarzen Lackpumps. Die Polizisten hätten die Sachen mit ins Krankenhaus genommen, damit ich nach der Entlassung was zum Anziehen habe, sagte sie. Ich sah die Pumps an und dachte: Sie hätten wohl lieber ein Paar Sneakers einpacken sollen. Sally half mir, die Jacke und die Schuhe anzuziehen. Als ich aus dem Krankenhaus kam, sah ich aus wie eines dieser gefallenen Hollywood-Mädchen, die nach irgendwelchen Exzessen eingeliefert werden: verlaufene Mascara, eine schicke Winterjacke, hohe Hacken und dazu die bandagierten Handgelenke.

Sally setzte mich in ein Taxi, nahm mich mit in ihre kleine Wohnung und kümmerte sich um mich. Sie packte mich in ihr eigenes Bett und saß bei mir, bis ich eingeschlafen war. Ich schlief zehn Stunden. Als ich aufstand, fühlte ich mich wieder ziemlich normal, vielleicht noch etwas schwach. Die vergangene Nacht kam mir vor wie ein Albtraum, nicht wie etwas, das wirklich passiert war.

»Willst du noch hierbleiben?«, fragte Sally und musterte mich besorgt.

»Nein, ich muss arbeiten. Es geht schon wieder«, sagte ich.

»Pass gut auf dich auf und ruf an, wenn du mich brauchst, in Ordnung?« Sally drückte mich fest, dann ging ich in meine Wohnung, schminkte mich, zog ein langärmeliges Top und breite Armreifen an und machte weiter mit meinem Leben, als wäre nichts geschehen.

Am Abend war ich bei einer Arbeitskollegin aus dem »Exit« eingeladen. Nicole wohnte noch bei ihrer Mutter. Beide wussten genau, dass ich manchmal nicht genug Geld hatte, um mir etwas zu essen zu kaufen. Zwar verdiente ich bei manchen Jobs ziemlich gut, aber im Grunde sehr unregelmäßig. Wenn ich dann was auf dem Konto hatte, gab ich es sofort für Klamotten und Schuhe aus. Ich hatte noch nicht gelernt, mit Geld zu haushalten. Manchmal wurde es sogar mit der Miete knapp. Ich glaube, Nicoles Mutter hatte sich vorgenommen, sich um mich zu kümmern und mich etwas aufzupäppeln.

»Hey, Pari, wie geht's?«, fragte sie, als ich bei ihnen ankam. Die beiden erwarteten mich schon.

»Gut«, antwortete ich und lächelte. Ich schauspielerte lieber, als zu erzählen, was ich getan hatte. An diesem Tag war es mir fast zu viel, dass Amoe und Sally Bescheid wussten. Selbst Gia erzählte ich erst Jahre später von der Nacht, in der ich mir im Drogennebel eingebildet hatte, nicht mehr leben zu wollen.

Als wir beim Essen saßen, starrte Nicoles Mutter plötzlich alarmiert auf meine Handgelenke. Ein schmaler Streifen des Verbands schaute unter meinem Shirt hervor, und als ich ihre Blicke bemerkte, nahm ich meine Hände vom Tisch auf den Schoß und zog den Ärmel über den Verband.

»Was ist passiert?« Sie hatte genau registriert, dass ich meine Hände versteckte.

»Gar nichts«, antwortete ich abweisend.

»Pari, wir sind hier nicht dumm«, sagte sie beleidigt.

»Was soll das?« Ich war sauer und sah grimmig von ihr zu Nicole. »Es geht deine Mutter gar nichts an, was ich tue.« Ich war nicht empfänglich für diese Art von ungebetener Fürsorge von Bekannten und verabschiedete mich an diesem Abend ziemlich schnell. Ich musste sowieso los, schnappte mir mein Rad und fuhr ins »Bo Cinq«. Auch dort tat ich so, als wäre nichts passiert. Einerseits wollte ich gar nicht mehr an die Ereignisse der vergangenen Nacht denken, andererseits aber war klar, dass ich das im Club kaum würde umgehen können. Schließlich war da Raphael. Er stand an der Bar und nickte mir kurz zu.

Meine Gefühle für ihn waren total ambivalent. Ich wollte weg von ihm, und doch zog es mich zu ihm hin. Am nächsten Tag steckte ich Raphael einen kurzen Brief in den Spind: »Mir geht es schlecht, ich habe mich selbst verletzt. Ich muss dich sehen.« Er kam tatsächlich am nächsten Tag zu mir. Wir setzten uns an meinen Wohnzimmertisch. Über die Couch, die noch voller Blutflecken war, hatte ich ein Laken gelegt. Raphael starrte auf die Stelle an der Wand, wo vor wenigen Tagen noch ein Bild gehangen hatte, und ließ den Blick zu den Verbänden an meinen Handgelenken wandern. Diesmal gab ich mir keine Mühe, sie zu verstecken.

»Pari, ich bin nicht gut für dich«, brach er das Schweigen. Tränen liefen ihm übers Gesicht. »Was wir tun, ist für uns beide nicht gut. Es funktioniert einfach nicht.«

Ich sagte nichts. Er hatte recht. Wir waren nicht gut füreinander. Nach einer Weile stand er auf und ging, und ich tat nichts, um ihn aufzuhalten. Seit diesem

Abend habe ich Raphael nie wieder gesehen. Er tauchte nicht mehr im »Bo Cinq« auf, er verschwand einfach aus Amsterdam.

Jahre später erfuhr ich, dass er nach Haarlem zu seiner Mutter gezogen war, wo er mittlerweile eine eigene Bäckerei betreibt. Er hat mich vor ein paar Jahren angerufen und sich dafür entschuldigt, dass er mich geschlagen hat. Ich denke, es war für uns beide gut, nach all der Zeit noch einmal einen friedlichen und versöhnlichen Schlusspunkt hinter diese Beziehung zu setzen.

Noch in derselben Woche, in der Raphael verschwand, bekam ich Post vom Transgender-Zentrum. Ich sollte zu einem Gespräch außerhalb der normalen Termine kommen. Der Brief klang ziemlich offiziell, und dann rief mich auch noch Margriet, die Sekretärin der Klinik, an und ermahnte mich in ungewohnt ernstem Ton, den angegebenen Termin unbedingt wahrzunehmen. Natürlich war mir klar, worum es ging. Das Krankenhaus hatte meinen Suizidversuch gemeldet, und nun war ich zu einem Gespräch mit dem leitenden Psychologen des Transgender-Zentrums geladen.

Eine Woche nachdem ich mir die Pulsadern aufgeschnitten hatte, saß ich ihm gegenüber. Er war ein Mann um die fünfzig, die Haare an seinen Schläfen waren grau. Auf dem Tisch standen zwei Gläser und eine Flasche Mineralwasser. Auf seinem Schoß lag meine Akte.

»Nun?« Er sah mich fragend an. »Was ist passiert?«

Ich fing an zu reden. Ich erzählte von Raphael, von unserem Streit, vom Ende unserer Beziehung. »Ich bin so unglücklich, weil es mit ihm nicht geklappt hat. Irgendwie kriege ich es nie hin mit einem Mann.«

»Aber du sagst, ihr wart nicht gut füreinander«, sagte der Psychologe.

»Aber es ist immer dasselbe. Auch mit Freundinnen. Ich verkacke das einfach.« Ich dachte an Fenja, die immer gern bei mir übernachtet hatte, aber dann genervt von meinen Abstürzen war und einfach aus meinem Leben verschwand. Klar, sie arbeitete in London, aber auch von dort hätte sie sich melden können. »Die Leute sind nett zu mir, solange sie was von mir wollen, aber dann lassen sie mich fallen.« Ich hatte das Gefühl, dass sich viele Leute nur deshalb eingeschleimt hatten, weil ich an der Tür vom »Jimmy Woo« stand.

Heute weiß ich genau, wer meine wirklichen Freunde sind. Es sind nur eine Handvoll Menschen, aber sie sind immer für mich da. Doch damals fühlte ich mich unglaublich einsam, weil ich mich in der Zeit mit Raphael von allen zurückgezogen hatte. Drei Monate Raphael, Raphael und noch mal Raphael, und ich war emotional so abhängig von ihm geworden, dass ich glaubte, ohne ihn nicht leben zu können.

Ich redete und redete. Dem Psychologen konnte ich Dinge gestehen, die ich Freunden nie gesagt hätte. Ich erzählte ihm von meinen Selbstzweifeln.

»Denkst du denn, wenn wir dich operieren, werden wir die Größe deiner Hände oder Füße verändern? Das wird alles so bleiben. *Du* musst dich ändern, *du* musst dich als Persönlichkeit mögen. Und dann tun das auch die anderen. *Du* musst damit zufrieden sein, wer du bist. Das ist das Wichtigste. «

Ich sah ihn zweifelnd an. »Aber wie kann ich das, wenn mein Körper nicht so ist, wie ich ihn mir wünsche?«

»Natürlich ist die Operation ein großer Eingriff, aber andererseits ist sie nur eine kleine Sache. Verstehst du, was ich meine? Eine Vagina zu haben wird dich nicht zur Frau machen. Eine Frau bist du im Inneren. Dein Wesen macht dich dazu.«

Ich war ziemlich durcheinander, aber ich hörte ihm aufmerksam zu. Er hatte eine ruhige, väterliche Art, und ich saugte seine Worte auf wie ein Schwamm.

»Willst du denn überhaupt bei deiner Entscheidung bleiben, dich operieren zu lassen? Du kannst das hinterher nicht rückgängig machen. Es gibt Trans-Frauen, die keine Vaginalplastik machen lassen und trotzdem glücklich leben.«

»Nein, ich will das«, sagte ich schnell, offenbar ein bisschen zu schnell.

»Gibt es jemanden, der dich dazu drängt?« Er ließ mir Zeit, über eine Antwort nachzudenken.

Ich rief mir in Erinnerung, wie ich mich fühlte, wenn Männer mich als Transe beschimpften. Wie Daan nicht zu mir gestanden hatte, weil er sich geschämt hatte. Wie sehr ich mir wünschte, mich nicht als dreckiges kleines Geheimnis zu fühlen. Waren es andere, für die ich mich verändern wollte? Oder war es mein eigener Wunsch?

Mir fiel ein Nachmittag ein, als ich mit Aireen und Mimi zusammengesessen hatte. Wir hatten eine Löffelliste erstellt, so eine, wie Jack Nicholson und Morgan Freeman sie in »Das Beste kommt zum Schluss« berühmt gemacht haben. Ich dachte daran, dass ich auf mein Blatt nur einen einzigen Wunsch geschrieben hatte: Einmal einen Bikini tragen, ohne mir Sorgen zu machen, dass jemand was sieht. Meinen Zettel hat Aireen heute noch, sie hat ihn für mich aufgehoben.

»Ich möchte die Operation für mich. Ich glaube, es ist der richtige Weg«, sagte ich schließlich.

»Dann arbeite daran, all diese Verzweiflung und Wut loszuwerden, die in dir steckt. Lerne, dich selbst zu lieben.« Er blätterte durch die Unterlagen auf seinem Schoß und zog ein Blatt hervor. Es war der Bluttest aus dem Krankenhaus. »Lass uns jetzt über deinen Drogenkonsum reden. Mir persönlich ist es egal, ob du welche nimmst oder dich betrinkst. Das musst du selbst wissen. Aber du musst deine Grenzen kennen.« In Amsterdam ist der Umgang mit Drogen verhältnismäßig locker. Drogen gehören zum Alltag, und auch mein Psychologe schien nicht besonders überrascht zu sein, was bei dem Bluttest herausgekommen war. Ich war ein Party-Kid, und ich glaube, er und seine Kollegen haben mir oft angesehen, was für ein Leben ich führte. »Du musst bedenken, dass du bereits durch die Hormoneinnahme Chemie im Körper hast«, fuhr er fort. »Denk nicht, Hormone sind harmlos, bloß weil es kleine blaue Pillen sind. Pass auf, wenn du trinkst oder Substanzen nimmst. Es kann Wechselwirkungen geben, und das ist nicht gut.« Ich schämte mich und hatte auch ein bisschen Angst, weil völlig klar war, dass ich diesmal eine Grenze überschritten hatte. Die Psychologen hier kannten mich seit fünf Jahren, und nun sahen sie, wie ich drauf und dran war, mein Leben total zu verkorksen. »Du musst deinen Drogenkonsum kontrollieren, du musst deine Grenzen kennen«, sagte der leitende Psychologe und sah mich ernst an.

»Okay, ich werde mich bessern«, versprach ich. Und ich meinte es wirklich so. Einerseits war ich selbst erschrocken darüber, wie sehr der Drogencocktail in jener Nacht meine Verzweiflung verstärkt hatte. Andererseits fürchtete ich für einen Moment, dass er die gesamte Operation canceln würde.

»Wie viel trinkst du denn?«, fragte er.

Ich saß nun bereits seit fast zwei Stunden bei ihm, und jetzt fing er auch noch mit diesem Verhör an. Ich hatte ja kapiert, worum es ging, deshalb nervte es mich, dass er mit seinen bohrenden Fragen weitermachte.

»Also, ich würde sagen … in der Woche so ungefähr zwei Gläser Wein.« Das war glatt gelogen.

»Und wie oft arbeitest du nachts?«

»Na ja, ein-, zweimal die Woche.« Auch das war schöngeredet.

»Triffst du denn auch tagsüber mal deine Freunde?«

»Ja, sicher«, sagte ich.

Der Psychologe musterte mich prüfend. Er hatte bestimmt seine Zweifel an meinen Antworten, aber er diskutierte nicht. »Noch einmal so einen Mist, und es ist Schluss hier. Das musst du wissen. Wir machen nicht weiter, wenn du nicht mitarbeitest. Ein weiterer Vorfall, und du fliegst von der Liste. Es ist mein Ernst, Pari.«

Er war richtig streng mit mir, und ich wusste, dass meine Zukunft von ihm abhing, also versprach ich alles, was er hören wollte. Ich war lammfromm, was sonst ja gar nicht meine Art ist. Wir verabschiedeten uns, und am Ende des Gesprächs war ich ziemlich froh, aus dem Klinikbüro rauszukommen. Ich wollte einfach nur nach Hause.

Heute bin ich dankbar, dass es diesen Mann gab. Sein väterlicher Rat und seine Ermahnungen waren wichtig. Es gab ja sonst niemanden, der mir Einhalt gebot. Manchmal kommt es mir fast wie ein Wunder vor, dass ich in dieser Zeit nicht draufgegangen bin. All das Feiern, die Drogen und die Situationen, in die ich mich gebracht habe – ich war damals so leichtsinnig. Ich ging sogar manchmal mit Leuten nach Hause, die ich überhaupt nicht kannte.

Nach dem Gespräch in der Uniklinik achtete ich darauf, mich zu kontrollieren. Es war nicht nur die Warnung des Psychologen, die mich dazu motivierte. Ich hatte die Kehrseite der Partydrogen kennengelernt. Wenn man sie nimmt, verlangt der Körper nach immer neuen Kicks. Am Tag danach kommt definitiv das Down. Je häufiger man etwas nimmt, desto öfter fühlt man sich schmutzig und schlecht. Ich wollte das nicht mehr. Natürlich verzichtete ich nicht von einem Tag auf den anderen komplett auf alles, aber ich lernte meine Grenzen kennen. Ich passte vor allem auf, nicht gleichzeitig Alkohol und andere Drogen zu konsumieren.

Männer ließ ich in dieser Zeit nicht mehr an mich heran. Ich war nicht in der Lage, einem Mann so weit zu vertrauen, dass ich irgendeine Beziehung mit ihm hätte eingehen wollen. Ich suchte Glück nicht mehr bei anderen, sondern bei mir selbst. Mittlerweile war mir klar geworden, dass ich keinen Mann brauchte, um glücklich zu sein.

Ich telefonierte mit meiner Mutter und erzählte ihr, dass ich mich von Raphael getrennt hatte. Über die Nacht, als ich sie angerufen und um Hilfe gebeten hatte, sprachen wir nicht mehr. Es kann sein, dass Amoe ihr etwas gesagt hatte, aber sie ließ sich nichts anmerken. Es war, wie es war, und das Leben ging weiter.

Mir fehlten meine Freundinnen, meine Clique. Sunny hatte ich länger nicht gesehen, Aireen und Mimi auch seit Wochen nicht getroffen, und mit Thierry höchstens einmal telefoniert. Ich hatte richtige Sehnsucht danach, wieder unter Leute zu gehen. Auf einer Party bei Deza traf ich Gia wieder. Wir hatten Monate nicht miteinander geredet, und ich merkte, wie sehr ich sie vermisste. Ihr ging es offenbar genauso. Sie begrüßte mich wie früher. Wir brauchten keine Aussprache. Unser Streit war aus einem nichtigen Grund entstanden, und uns war klar, dass unsere Freundschaft viel wichtiger war als irgendwelche Männer.

In dieser Zeit schlief Gia fast immer bei Deza. Sie war – wie so viele meiner Freunde – auf der Suche nach einer eigenen Wohnung.

»Ich kann mal bei der Hausverwaltung fragen, ob bei mir im Haus was frei wird«, schlug ich vor, und wir hatten Glück. Einen Monat später wurde Gia meine Nachbarin. Sie bezog die Wohnung schräg unter mir. Es war gut, dass sie da war. In gewisser Weise füllte sie die Lücke aus, die Raphael hinterlassen hatte. Wenn ich mich einsam fühlte, war sie für mich da. Unsere Freundschaft wurde durch die räumliche Nähe noch enger. Als ich Gia erzählte, dass mich die Leute im Transgender-

Zentrum gewarnt hatten, es mit den Drogen nicht zu übertreiben, achtete sie wie eine große Schwester auf mich. Sie wusste ja genau, wie wichtig die Operation für mich war.

Etwa drei Monate nach meinem Suizidversuch rief mich meine Psychologin an und sagte mir, dass wir in einer Woche unser allerletztes Treffen hätten, das Endgespräch. Es steht am Ende der vielen Sitzungen in über fünf Jahren, die sich mit der Frage nach der geschlechtlichen Identität beschäftigen. Das Endgespräch ist ein wichtiger Termin, denn es geht noch einmal um die Entscheidung für oder gegen die geschlechtsangleichende Operation, bei der das körperliche dem empfundenen Geschlecht angepasst wird. Die Physis wird gewissermaßen dem Wesen angeglichen.

Ich weiß noch, dass mir ein Stein vom Herzen fiel. Das Endgespräch! Dieser eine Anruf bedeutete, dass die Klinik trotz meines Absturzes bei ihrem Zeitplan bleiben würde. Ich bin sehr dankbar dafür, dass die Psychologen erkannten, wie viel von meiner Verzweiflung mit dem Leben im falschen Körper zusammenhing.

Am Abend vor dem Termin ging ich früh zu Bett, um ausgeschlafen zu sein. Morgens zog ich mir ein hübsches Kleid an und radelte zum Transgender-Zentrum. Es war inzwischen Frühling geworden.

»Was hat sich aus deiner Sicht in den letzten Monaten verändert?«, fragte die Psychologin, nachdem wir uns gesetzt hatten.

Ich dachte nach. Mir kam das alles schon so lange her vor, und es ging jetzt nur um mich. Wir hatten bereits bei den Terminen nach dem Suizidversuch darüber gesprochen, was ich tun konnte, um nicht wieder in so eine Situation wie nach der Trennung von Raphael zu geraten.

»Ich achte viel besser auf mich«, antwortete ich schließlich.

»Was heißt das konkret?«, fragte sie.

»Na ja, ich passe auf, was ich mache, und ich nehme jetzt nichts mehr.«

Die Psychologin nickte. Insgesamt war das Gespräch wie eine Bestätigung für mich. Ich hatte das Gefühl, einen Schritt weiter zu sein, und ich war immer noch sicher, dass der Prozess der operativen Geschlechtsangleichung der richtige Weg für mich war.

»Wir werden uns nun im Team zusammensetzen und deinen Fall beraten. Danach bekommst du Bescheid, ob wir die Operation für angeraten halten«, sagte sie und reichte mir die Hand zum Abschied.

»Wann werde ich das denn erfahren?« Es machte mich ganz nervös, dass mein Schicksal nun in den Händen anderer lag und ich keine Möglichkeit mehr hatte, ihre Entscheidung zu beeinflussen.

»Etwa in ein, zwei Wochen.« Sie lächelte aufmunternd, aber sie verriet nicht, was sie dachte.

Ich brannte darauf, meiner Mutter von dem Gespräch zu erzählen, und noch während ich die Treppen vor der Klinik herunterging, rief ich sie an.

»Mama, ich bin so aufgeregt. Ich hatte gerade mein Endgespräch, und jetzt beraten sie, ob sie mich für die Operation zulassen!«

»Und, hast du ein gutes Gefühl?«

»Na ja. Ja. Ich glaube schon. Es klang gut.«

»Dann wird es bestimmt genau so kommen, wie du es dir wünschst, Pari. Du weißt doch, du bekommst immer, was du willst, das war schon so, als du noch ein kleines Kind warst!«

Ihre Zuversicht war ansteckend, und dennoch war die Warterei die reinste Folter. Was, wenn sie mich für unreif hielten? Was, wenn sie noch mal über meinen Suizidversuch redeten und dann doch gegen eine Operation stimmten? Jeden Morgen rief ich als Erstes in der Klinik an und fragte, wie die Entscheidung ausgefallen sei.

»Sie müssen Geduld haben. Wir melden uns sofort, wenn wir etwas wissen«, sagten sie. Geduld? Es ging um die wichtigste Entscheidung meines Lebens, und ich sollte einfach abwarten? Nach zwei Wochen waren sie wirklich genervt von meinen täglichen Nachfragen und verboten mir, noch einmal anzurufen.

Drei Tage später weckte mich das Klingeln meines Handys. Es war erst acht Uhr. Wer zum Henker …? Ich griff schlaftrunken zum Telefon.

»Guten Morgen, hier das Transgender-Zentrum der Uniklinik. Spreche ich mit Pari Roehi?«

»Ja, haben Sie Neuigkeiten?« Schlagartig war ich hellwach.

»Sie sind am 15. Juli für einen Operationstermin vorgesehen.«

Ich war so erleichtert, dass ich fast in Tränen ausbrach. Die Frau erklärte mir etwas zu den Vorbereitungsuntersuchungen, aber ihre Worte drangen gar nicht mehr richtig zu mir vor. Ich hatte einen OP-Termin, endlich, nach so langer Zeit! Nachdem ich aufgelegt hatte, tanzte ich durch die ganze Wohnung und rief sofort bei Mama an. Sie weinte, so froh war auch sie über die gute Nachricht. Es war für uns alle eine Riesenerleichterung. Die Operation würde ein Kapitel meines bisherigen Lebens abschließen.

Als Nächste rief ich Gia an, und obwohl ich sie aus dem Bett geklingelt hatte, freute sie sich mit mir.

»Ich komme mit, wenn du ins Krankenhaus musst«, versprach sie mir, und ich war dankbar, dass ich sie an meiner Seite haben würde. Sie allein konnte nachempfinden, was die Operation für mich bedeutete.

Bevor es losging, musste ich noch zu einem vorbereitenden Gespräch mit den Chirurgen. Auch wenn die Psychologen entschieden haben, eine Vaginalplastik durchzuführen, heißt das noch lange nicht, dass die körperlichen Voraussetzungen gegeben sind. Das stellen die Chirurgen bei einer gesonderten Untersuchung fest. Ich frage mich, warum sie das nicht vorher machen. Das würde den Betroffenen viel Ungewissheit ersparen, aber vermutlich ist es weniger Arbeit, nur die Leute zu untersuchen, die schon das Go vom Psychologenteam haben.

Zum Glück waren auch die Chirurgen einverstanden. Der untersuchende Arzt war jung, und ich sah auf den ersten Blick, dass er schwul war. Ich mochte ihn sofort.

»Werden Sie mich operieren? Bitte, machen Sie die OP!«

»Mal schauen. Wenn ich dich operiere, mache ich dir eine 1A-Vagina.« Wir mussten beide lachen.

»Wie lange wird es dauern, bis ich Sex haben kann?«, fragte ich. Ich war so neugierig, wie es sich anfühlen würde, mit einem Mann zu schlafen.

»Sex wird das Allerletzte sein, an das du in der ersten Zeit nach der Operation denken wirst«, antwortete der Chirurg. »Die Heilung braucht Zeit, vielleicht mehr, als du dir vorstellst.«

»Wie viel Zeit?« Mir wurde ein bisschen mulmig bei seinen Worten.

»Rechne mal mit einem Jahr. Du wirst monatelang Schmerzen haben, die verschwinden leider nicht von heute auf morgen.«

Er erklärte mir einige medizinische Details des Eingriffs und informierte mich darüber, dass es ein Risiko gäbe, durch die Operation einen vollständigen Verlust der Libido zu erleiden, was aber mit zwei Prozent verhältnismäßig gering ausfalle. Die meisten Patientinnen würden nach der Vaginalplastik sogar Orgasmen erleben. Dann beauftragte er mich, noch vor der OP ein Dilatierset zu kaufen, eine Art medizinischen Dildo, um die künstliche Vagina auszudehnen. Er erklärte mir, wie wichtig die Nachsorge sei, und warnte mich vorm

Rauchen, da es den Heilungsprozess gefährde. Ich war während seiner Ausführungen allerdings so aufgeregt, dass ich mir höchstens die Hälfte merkte. Ich sagte einfach zu allem Ja und Amen.

Zu Hause kam mir ein ganz anderer Gedanke: Was, wenn ich bei der Operation sterben würde? Auf einmal war ich ganz sicher, dass dieser Eingriff mein Leben beenden würde. Ich sah plötzlich nichts mehr vor mir, keine Zukunft – es war, als würde ich in ein dunkles Nichts blicken. Wie sollte es hinterher weitergehen? Für Jahre war allein die Vaginalplastik als äußerliches Symbol für meine Weiblichkeit das große Ziel gewesen, das über allem gestanden hatte, was ich tat. Jetzt fühlte es sich plötzlich an, als hätte mir jemand den Boden unter den Füßen weggezogen. Ich rief Sunny an. Sie hatte zehn Jahre zuvor ihre große Operation gehabt, sie musste mich verstehen.

»Ich glaube, mein Leben ist zu Ende, wenn ich operiert werde«, jammerte ich. »Ich glaube wirklich, ich muss sterben.«

»Was redest du für einen Bullshit?«, entgegnete Sunny und lachte. »Natürlich wirst du *nicht* sterben!« Sie war sehr resolut, und ich bin ihr dankbar, dass sie mich damals nicht in Watte gepackt hat.

»Du meinst wirklich, ich überlebe?«

»Jetzt hör auf mit dem Blödsinn, natürlich wird alles gutgehen!«

Ich versuchte, ihr zu glauben. Nur – wie würde ich nach der Operation leben? Was würde ich tun, und wie würde ich sein? So sehr ich mich Tage vorher noch gefreut hatte, so sehr grauste mir auf einmal vor der Zeit danach. Meine Zukunft lag völlig im Dunkeln, und da war kein Licht, das mich sehen ließ, was kam und welche Perspektiven ich hatte.

Ich erzählte Gia von meinen Ängsten, und genau wie Sunny versuchte sie, mich zu beruhigen. Auch meine

Eltern sprachen mir Mut zu. Doch je näher mein Termin rückte, desto unruhiger wurde ich. Ich war ein schlotterndes Nervenbündel. Alles, was die Ärzte mir gesagt hatten, blendete ich völlig aus und grübelte stattdessen dauernd vor mich hin. Ich kaufte kein Dilatierset, und ich rauchte weiter. Mein Körper war definitiv süchtig nach Nikotin und das Aufhören nicht so leicht wie bei den Partydrogen.

»Rauchst du etwa noch?«, fragte Sunny, als wir einige Wochen vor der OP telefonierten.

»Nur ein bisschen«, gab ich zu.

»Lass es, Mädel«, sagte sie. »Die sind damit sehr streng, und es ist auch nicht gut für dich.« Ich gab mir Mühe, aber die Anspannung war manchmal so groß, dass ich vor lauter Aufregung einfach nicht anders konnte, als eine Zigarette zu rauchen.

Schließlich kam der Tag, an dem ich ins Krankenhaus sollte. Gia half mir, meine Tasche zu packen, und wir gingen zusammen los. Ich folgte ihr wie ferngesteuert. Sie wusste, wie fertig ich mit den Nerven war, und nahm mich einfach an der Hand. An der Anmeldung bekam ich ein Bändchen, auf dem mein Name stand, und die Krankenschwester half mir, es am Handgelenk festzumachen. Dann brachte sie mich auf mein Zimmer. Zum Glück durfte Gia mich begleiten. Ich setzte mich aufs Bett, das für die nächsten Tage meines sein sollte, und verabschiedete mich von meiner Freundin.

Seit meinem vierzehnten Geburtstag hatte ich jeden Monat mit den Psychologen über das Thema geredet, aber nun kam es mir vor, als wäre es dabei um eine andere Person gegangen. Das alles hier, das Krankenzimmer, die Ärzte – das kam mir so unwirklich vor. Ich merkte, dass alle Gespräche und Gedanken nicht ausgereicht hatten, um mich auf diesen Tag vorzubereiten. Erst jetzt, in diesem Krankenhausbett, realisierte ich zum ersten Mal, dass es um mich ging.

Mir gegenüber lag eine ältere Frau, die von der Narkose noch total high war und vor sich hin brabbelte, und daneben eine junge türkischstämmige Transgender-Frau, die von der Krankenschwester vor der OP ein Abführmittel verabreicht bekam.

Eine Frau im Kittel kam ins Zimmer. Sie überflog die Akten. »Guten Tag, Frau Roehi, ich bin die Assistenzärztin«, begrüßte sie mich. »Ich nehme Ihnen jetzt etwas Blut ab.« Routiniert stach sie in meine Vene, und während sie das Blut in die durchsichtige Spritze zog, stellte sie ihre Fragen. »Geht es Ihnen gut?«

»Ja«, antwortete ich. Was sollte ich denn sonst sagen?

»Rauchen Sie noch?« Sie zog die Kanüle aus meinem Arm und presste eine Kompresse auf die Einstichstelle.

Mir wurde ganz heiß bei ihrer Frage, denn plötzlich fiel mir wieder ein, dass mir der Arzt im Vorgespräch das Rauchen strikt verboten hatte, und wie deutlich Sunny mich gewarnt hatte. Sollte ich lügen oder besser zugeben, dass ich am Tag vorher noch geraucht hatte? Es war nur eine Zigarette gewesen, das konnte doch nicht so schlimm sein. Außerdem hatte sie mein Blut und konnte durch irgendeinen Test sicherlich herausfinden, wenn ich sie angelogen hatte.

»Um ehrlich zu sein, ich habe gestern eine Zigarette geraucht. Ich war so gestresst von allem und so aufgeregt«, gestand ich.

»Aha«, sagte sie und klebte ein Pflaster auf meine Armbeuge. »Eine Zigarette? Okay.« Dann ging sie.

Eine Stunde später klingelte das Telefon an meinem Bett. »Guten Tag, Pari«, hörte ich eine Frauenstimme sagen. »Ich bin deine behandelnde Chirurgin. Ich rufe aus dem OP an. Ich kann dir leider nicht versprechen, dass wir dich heute operieren.«

»Was? Wieso?« Ich war absolut fassungslos.

»Du hast geraucht. Wenn ich dich jetzt in den OP hole und es gibt irgendwelche Komplikationen, habe ich die Verantwortung dafür. Ich bin mir nicht sicher, ob wir dieses Risiko eingehen sollten.«

Ich saß in meinem Bett und war für einige Sekunden einfach stumm. Dann schrie ich laut auf. »Nein! Das geht nicht, nein!« Es war mir ganz egal, was die anderen im Raum von mir dachten. Die wollten meine Operation absagen, einfach so? Ich schrie und schrie.

»Beruhige dich doch, es wird schon alles gut werden«, sagte die Chirurgin. »Wir warten noch die Blutwerte ab. Dann besprechen wir alles in Ruhe.«

Es dauerte drei Stunden, bis sie kam. Ich war ein nervöses Wrack. Sie nahm mich mit in ein leeres Patientenzimmer.

»Setz dich«, sagte sie und deutete auf eines der Betten. Meine Knie wurden ganz weich. Das hier hatte gewiss nichts Gutes zu bedeuten. »Ich habe Rücksprache mit meinen Kollegen gehalten«, begann sie. »Wir haben deine Blutwerte kontrolliert, und die Ergebnisse waren nicht zufriedenstellend. Ich kann dich heute leider nicht operieren.«

»Was? Seit Monaten denke ich an nichts anderes, und jetzt sagen Sie ab, einfach so? Was ist das denn für eine Scheiße?« Vor Wut kamen mir die Tränen. Ich war so böse, dass ich kurz davor war, auf die Ärztin loszugehen.

»Nun beruhige dich doch, wir werden einen neuen Termin finden«, sagte sie.

Ich wusste genau, was das heißt: Ich würde wieder ganz unten auf der Warteliste landen, und weil sie jeden Monat nur drei dieser großen Eingriffe machten, würde es Monate, vielleicht sogar ein Jahr dauern, bis ich einen neuen Termin bekam. Ich sprang auf und rannte aus dem Raum, halb blind vor Tränen. Im Krankenzimmer schnappte ich mir meine Tasche.

»Was ist los?«, fragte das Mädchen im Eckbett.

»Die operieren mich heute nicht, die haben sie doch nicht mehr alle!«, schrie ich.

Die alte Frau hob den Kopf und lallte: »Scheißärzte!«
Ich ging ohne ein weiteres Wort.

Auf dem Flur kam mir eine Krankenschwester entgegen. »Wo wollen Sie denn hin?«, fragte sie.

»Raus hier!«, fauchte ich, doch sie wollte mich aufhalten. »Lass mich in Ruhe!« Ich wollte einfach nur weg, ganz weit weg. Es war schrecklich. Vor der Klinik stieg ich in ein Taxi und weinte auf dem ganzen Weg nach Hause. Voller Verzweiflung holte ich mein Handy aus der Tasche und wählte Gias Nummer.

»Die operieren mich nicht!«, schluchzte ich.

»Wie bitte? Ist das dein Ernst? Wo bist du?«

»Im Taxi. Ich komme jetzt nach Hause.«

Als der Wagen in unsere Straße einbog, sah ich Gia schon vor der Haustür auf mich warten. Sie nahm mich in den Arm und hielt mich fest. Dann gingen wir in ihre Wohnung. Ich weinte drei Tage und verließ das Bett nur, um aufs Klo zu gehen. Gia kochte für mich und versuchte vergeblich, mich zu trösten.

Meiner Mutter musste ich es natürlich auch sagen. Alle hatten sich auf meinen großen Tag vorbereitet, und nun? Alles umsonst, weil ich geraucht hatte. Ich war ein Häufchen Elend.

»Mama, was soll ich denn jetzt machen?«

»Sie haben dir doch gesagt, du bekommst einen neuen Termin, oder? Das wird schon klappen, Pari. Aber du musst wirklich Verantwortung übernehmen, hörst du?«

»Was meinst du?«

»Schau, die Ärzte haben dir vorher gesagt, du sollst nicht rauchen. Ich habe es dir gesagt. Auf mich hörst du nicht, und auf die Ärzte auch nicht – aber auf irgendeinen *solltest* du hören, wenn du dein Ziel erreichen willst!« So war Mama. Sie tröstete mich, aber sie ließ mir nichts durchgehen.

Wenn ich heute auf diese Zeit zurückblicke, sehe ich vor allem, wie unsicher und instabil ich damals war. Und dann dieser peinliche Wutausbruch im Krankenhaus! Die arme Chirurgin! Sie hatte zwölf Stunden operiert und musste sich dann noch meine Schimpferei anhören, dabei bin ich ja wirklich selbst schuld gewesen. Wenn es einen Gott gibt, dann hat er mich damals gesehen und gesagt: Sie braucht noch etwas Zeit, geben wir sie ihr. Auch die Ärzte haben das richtig eingeschätzt. Ich war noch nicht fokussiert auf die Veränderung meines Körpers. Die Psychologen hatten mir geraten, bereits vor der OP einen Anwalt zu suchen, der mir bei der Geschlechtsänderung in meinen Papieren helfen sollte. Ich hatte mich nicht darum gekümmert. Auch körperlich war ich nicht gut vorbereitet. Ich merkte auf einmal, wie erschöpft und kaputt ich eigentlich war, von vielen langen Nächten und ungesundem Lebensstil.

Die Absage meines ersten Operationstermins rüttelte mich gewissermaßen wach. Ich begann, mein Leben umzukrempeln, und Gia half mir dabei. Sie hielt mich vom Rauchen ab; sogar in ihrer eigenen Wohnung hatte sie keine Zigaretten mehr, um mich nicht in Versuchung zu führen. Wenn wir ausgingen, achtete sie darauf, mich nicht dorthin zu bringen, wo mir Drogen angeboten wurden. Ich ging natürlich noch auf Partys, schließlich war ich neunzehn und wollte meine Freunde treffen, aber ich blieb nie besonders lang. Ich fing tatsächlich an, regelmäßig vor Mitternacht ins Bett zu gehen, und achtete sogar darauf, mich einigermaßen gesund zu ernähren.

Alle paar Wochen musste ich im Transgender-Zentrum antreten und mich den Fragen der Psychologen stellen. Ich war inzwischen absolut clean, und die Ärzte hatten mich wieder auf die Warteliste gesetzt.

»Spätestens in einem Jahr kommst du dran, wenn du Glück hast, sogar früher«, versprachen sie mir. Ich fand es mittlerweile okay, noch ein bisschen zu warten. Die Zeit half mir, innerlich ruhiger zu werden.

Ende August rief mich die junge Ärztin aus dem Transgender-Zentrum an. »Pari, es ist ganz überraschend ein Operationstermin frei geworden«, sagte sie.

»Wirklich?« Ich war mir nicht sicher, ob ich mich freuen sollte.

»In zwei Wochen, am 12. September.«

Bestimmt hat auch jemand geraucht, dachte ich, und jetzt bekomme ich eine neue Chance. Eine günstige Fügung. Wieder sagte ich Gia, Sunny und meinen Eltern Bescheid, und wieder freuten sich alle für mich.

Während der Nachsorge würde ich Unterstützung brauchen. Die Ärztin hatte mir gesagt, dass ich etwa zwei bis drei Wochen im Bett bleiben sollte. Obwohl ich viele gute Freunde hatte, war es für mich von Anfang an klar, dass ich die Zeit nach der Operation bei meiner Mutter verbringen würde. Wir machten aus, dass sie mich nach Bilthoven holen würde. In unserer Kultur wird jeder, der krank ist, in der Familie gepflegt. Ich war als Kind selten krank gewesen, aber ich habe oft den Halt vermisst, den eine Mutter hätte geben sollen. Ich war mittlerweile erwachsen, doch der Wunsch nach meiner Mama, die für mich sorgt, war geblieben. Ich fand, es war ihre Pflicht, sich um mich zu kümmern. Und diesmal würde sie für mich da sein. Sie wollte mich sogar ins Krankenhaus begleiten, doch das war mir überhaupt nicht recht. Ich hatte Angst davor, sie würde weinend zusammenbrechen. Es wäre mir sicher schwergefallen, dann die Fassung zu bewahren, also bat ich sie, mich erst nach der Operation zu besuchen.

In den zwei Wochen vor dem Termin zog ich mich von allen und allem zurück. Im »Bo Cinq« hatte ich gesagt, ich bräuchte ein bisschen Zeit für mich und würde ein paar Wochen zu meiner Mutter fahren. Von der OP wussten nur meine engsten Freunde, und ich hatte allen eingeschärft, es nicht weiterzuerzählen – es ging einfach niemanden was an, fand ich. Gia war die Einzige, die ich in dieser Zeit täglich sah. Sie konnte mit meinen Stimmungen umgehen, ohne mich mit Rührseligkeit verrückt zu machen.

Schließlich kam der große Tag. Gia begleitete mich ins Krankenhaus und ging mit mir zur Anmeldung.

»Wir sind nicht voll belegt, ich könnte Ihnen sogar ein Einzelzimmer anbieten«, begrüßte mich die Krankenschwester. Ein Einzelzimmer! Es klang verlockend, ohne Aufpreis die Luxusvariante zu bekommen, und ich nahm das Angebot gern an.

Als wir im Zimmer standen, schüttelte Gia den Kopf. »Das ist nichts für dich. Du gehst doch ein, so alleine. Du brauchst Leute um dich rum.« Da hatte sie wohl recht.

Gia regelte den Wechsel, bevor sie ging, und eine Viertelstunde später lag ich in einem Dreibettzimmer. Meine Zimmergenossinnen waren eine Krebspatientin, die einen Brustaufbau bekommen sollte, und eine andere Vaginalplastikpatientin. Ich war tatsächlich heilfroh, dass ich nicht alleine in irgendeinem VIP-Zimmer rumlag, sondern jemanden zum Reden hatte. Die anderen Frauen und ich sprachen uns gegenseitig Mut zu und erzählten einander von Gott und der Welt, um uns abzulenken.

Am nächsten Tag holten die Schwestern um acht Uhr morgens die junge Frau für die Vaginalplastik. Ich wusste, dass die Operation etwa fünf Stunden dauern würde, also würde ich auf meinen Eingriff bis zum Mittag warten müssen. Fünf Stunden sind verdammt lang, wenn man aufgeregt ist und außerdem total hungrig. Mir knurrte ständig der Magen.

Ich dachte darüber nach, wie ich hierhergekommen war. So viele Dinge waren passiert, so viele Schicksalsfügungen. Wie gut es doch war, dass ich im Juli schon die emotionale Generalprobe für die OP hinter mich gebracht hatte. Wenigstens war ich nun wesentlich besser auf alles vorbereitet. Es war ein merkwürdiges Gefühl, dass um mich herum das Leben einfach so weiterging, während ich drauf und dran war, diese große Sache zu tun. Würde alles klappen? Wie würde es mir ergehen und wie würde es sich anfühlen?

»So, dann wollen wir mal, Frau Roehi!« Neben meinem Bett war eine gutgelaunte Krankenschwester aufgetaucht.

»Was? Jetzt schon?« Es war erst zwölf Uhr.

»Ja, die Patientin vor Ihnen ist schnell fertig geworden. Ich bringe Sie jetzt in den OP.«

»Nein! Das geht nicht! Ich muss noch meine Mutter und meine Freundin anrufen.« Diese diffuse Angst, dass ich sterben könnte, war komischerweise immer noch da.

»Gut, dann komme ich in zehn Minuten wieder«, sagte die Schwester, und ich griff zum Handy.

»Mama, es geht los! Ich glaube, ich überlebe das nicht«, stöhnte ich.

»Alles wird gutgehen, mach dir keine Sorgen«, beruhigte sie mich. »Denk einfach an morgen!«

Auch mein Stiefvater und Gia sprachen mir Mut zu. Und dann ging auf einmal alles ganz schnell. Drei Krankenschwestern kamen und rollten mich auf meinem Bett durch die neonhellen Flure. Mist, dachte ich noch, jetzt können mich alle sehen – und ich hab noch nicht mal Puder im Gesicht. Aber da schoben sie mich schon in die Schleuse, legten mir einen Zugang für den Tropf und brachten mich in einen großen gefliesten Raum. Ich sah mich um. Alles war hell, freundlich und sauber.

»Hallo, Pari«, begrüßte mich die Chirurgin. Es war dieselbe junge Frau, die vor gut zwei Monaten die Operation abgesagt hatte. Mir wurde ganz heiß, so peinlich war mir die Erinnerung an mein Verhalten.

»Es tut mir wirklich leid, dass ich Sie neulich so angeschrien habe«, sagte ich. Es war mir ein Bedürfnis, mich bei ihr zu entschuldigen.

»Ist schon in Ordnung, ich konnte es sogar verstehen, dass du so reagiert hast«, sagte sie und lächelte mir aufmunternd zu. »Wie fühlst du dich denn heute?«

»Ich bin ganz happy«, sagte ich und blickte mich um.

»Und warum bist du froh?«

»Ihr seid alle Frauen!« Die Chirurgin, die Anästhesistin, die Schwestern – ich hatte ein rein weibliches OP-Team erwischt.

Die Ärztin lachte. »Gut, wenn du dich hier bei uns wohlfühlst.«

Da floss etwas Kaltes in meine Vene, und die Schwestern deckten mich mit Laken zu. Sogar meine Füße packten sie sorgfältig ein, damit ich nicht frieren musste. Sie waren sehr fürsorglich. Ich weiß noch, dass ich in den letzten wachen Sekunden ein wirklich gutes Gefühl hatte.

»Gute Nacht, wir sehen uns später«, sagte die Schwester, streichelte mir über die Stirn, und dann war ich weg.

Die Vaginalplastik ist eine Operation, bei der man nicht genau vorhersagen kann, wie sie verläuft. Es kann zu erheblichem Blutverlust kommen. Je erfahrener die Ärzte sind, desto besser für die Patientinnen. Wie sensibel der Operationsbereich hinterher sein wird, kann allerdings niemand vorhersehen. Das liegt nicht allein in der Hand des Chirurgen, sondern hängt mit den individuellen körperlichen Gegebenheiten zusammen. Ich hatte mich bewusst entschieden, all diese Ungewissheiten in Kauf zu nehmen.

Als ich wieder zu mir kam, lag ich allein in einem hellen Raum. Ich drehte den Kopf. Als die Schwester bemerkte, dass ich wach war, kam sie an mein Bett.

»Herzlichen Glückwunsch«, sagte sie lächelnd und drückte mir die Hand.

»Was? Wieso?« Ich wusste zuerst gar nicht, was sie meinte.

»Sie haben es geschafft, alles ist gut verlaufen!«

Unwillkürlich sah ich zu meinem Unterleib, der unter der Decke verborgen war. War da jetzt wirklich alles anders?

Ich hörte ein leises Seufzen von der anderen Seite des Raums. Ein paar Meter weiter lag ein etwa fünfjähriges Kind, das noch nicht aus der Narkose erwacht war. Die Mutter saß am Bett und beobachtete das Gesicht des kleinen Mädchens. Sie sah irgendwie hoffnungslos aus. Das Kind hatte vermutlich eine ernste Krankheit. Mir wurde bewusst, dass ich vollkommen gesund war und nur hier lag, weil ich eine freiwillige Entscheidung getroffen hatte. Ich fühlte eine große Dankbarkeit.

Die Stimme der Krankenschwester unterbrach meine Gedanken. »Ihr Vater hat alle zehn Minuten angerufen und gefragt, wie es Ihnen geht.«

»Mein Vater?« Ich war verwirrt. Der war doch im Iran, von dem hatte ich seit über zehn Jahren nichts gehört.

»Ihr Stiefvater. Aber da er kein Blutsverwandter ist, darf ich ihm ohne Ihr Einverständnis nichts sagen. Er hat es trotzdem immer wieder versucht.« Sie war offensichtlich etwas genervt.

»Können Sie ihm bitte sagen, dass es mir gutgeht?«, bat ich, und die Schwester nickte. Amoe erzählte mir später, dass er und Mama sich große Sorgen gemacht hatten.

Zurück in meinem Zimmer schlief ich müde und erschöpft ein, gnädig betäubt von Schmerz- und Narkosemitteln. Am nächsten Morgen war ich kaum in der Lage, mich zu bewegen. Den Kopf drehen, das ging. Und eine Hand ausstrecken, um die elektrische Fernsteuerung für das Bett zu bedienen, war auch gerade so möglich. Jede weitere körperliche Aktivität aber verursachte mir höllische Schmerzen, ich traute mich nicht mal zu niesen. Ich war nicht darauf vorbereitet, dass es so wehtun würde.

»Wie fühlen Sie sich?«, fragte die Krankenschwester.

»Ist das normal, dass man sich überhaupt nicht bewegen kann? Und ich sterbe vor Hunger«, stöhnte ich.

»Mit dem Essen müssen Sie noch vorsichtig sein, nach der Narkose vertragen Sie das nicht so gut«, sagte sie. »Ich bringe Ihnen etwas Zwieback und Tee.«

Ich fuhr das Bett ein wenig nach oben und knabberte das trockene Gebäck. Das machte nicht wirklich satt, geschweige denn zufrieden. Außerdem kamen überall Schläuche aus mir raus, um Blut und Urin abzuleiten. Das sah schlimm aus. Ich langte nach meinem Telefon und rief Gia an.

»Wie geht es dir, wie ist es geworden?«, fragte sie.

»Es tut saumäßig weh. Ich hab noch nicht geguckt«, gestand ich.

»Was? Wenn ich komme, *musst* du mich gucken lassen!«, sagte sie.

»Bring mir vor allem was zu essen mit, die geben mir hier nur Zwieback«, bat ich sie. »Und kauf Ananassaft, okay?« Irgendwer hatte mir erzählt, wenn man den trinken würde, dann würden die Wunden schneller heilen.

Als Gia zwei Stunden später zur Tür hereinkam, hatte sie eine Pizza, einen Döner, eine Tüte Pommes und sechs Liter Ananassaft dabei. Ich musste lachen. So war sie: Wenn man sich eine Flasche wünschte, brachte sie sechs. Gia drückte mir einen Kuss auf die Wange und half mir beim Essen. Es tat so gut, endlich wieder etwas Richtiges in den Magen zu bekommen.

»Und du hast wirklich noch nicht geschaut, wie's geworden ist?«, fragte sie.

»Nein, wie denn? Ich kann mich kaum rühren. Und außerdem hab ich wirklich Schiss davor«, gestand ich ihr. Was so wehtat, konnte doch gar nicht gut aussehen.

»Lass mich mal gucken«, sagte Gia neugierig. Vorsichtig zog sie die Decke beiseite und hob die Mullkompresse an, die den Wundbereich bedeckte.

»Wow!«, sagte sie und starrte fasziniert zwischen meine Beine. »Sieht gut aus! Aber es ist alles blau und lila.«

»Erspar mir bitte die Details«, stöhnte ich.

Gia lachte, deckte mich wieder zu und schenkte mir ein Glas Ananassaft ein. Wir quatschten noch ein Weilchen, dann musste sie los. Kurze Zeit später kam die Chirurgin zur Kontrolle. Auch sie war mit dem Ergebnis der Operation zufrieden.

In meinem Krankenhausalltag gab es keine Ruhezeiten. Dauernd ging die Tür auf, jemand kam rein, eine der anderen Patientinnen wurde untersucht oder ich sollte irgendwelche Medikamente nehmen. Abends um acht war ich schon wieder völlig fertig und schlief ein. Mitten in der Nacht aber wachte ich auf, weil mir schlecht war. Alles drehte sich. Ich muss gleich kotzen, dachte ich, ich muss irgendwie aus diesem Scheißbett rauskommen. Aber allein der Versuch, den Oberkörper aufzurichten, erzeugte solche Schmerzen im gesamten Unterleib, dass mir noch schlechter wurde. Ich erbrach eine Mischung aus Ananassaft, Pizza, Pommes und Döner über die Bettdecke. Nur Kissen und Laken konnte ich gerade noch verschonen. Es war eindeutig viel zu viel gewesen, was ich in mich hineingestopft hatte. Es stank fürchterlich, und ich konnte nicht mal aufstehen, um mich zu waschen. Diese ganzen Schläuche fesselten mich ans Bett. Also musste ich nach dem Pfleger klingeln. Ausgerechnet der Nachtpfleger war der unfreundlichste von allen.

»Frau Roehi, haben Sie sich erbrochen?«, fragte er, als er an mein Bett trat, und machte ein säuerliches Gesicht.

»Ja, das sehen Sie doch«, antwortete ich. Was war das denn bitte für eine doofe Frage?

Der Pfleger stand da und glotzte auf das Malheur, aber er machte keine Anstalten, etwas zu unternehmen.

Vermutlich hatte er sich die Nachtschicht anders vorgestellt.

»Könnten Sie mir bitte eine frische Decke geben?«, insistierte ich.

Missmutig wechselte er meine Bettdecke, doch der Gestank hing immer noch in der Luft. Offenbar war auch etwas auf meine Haare gekommen. Noch fünf Tage lang roch ich nach Ananaskotze, bis ich endlich aufstehen und duschen konnte.

Am dritten Krankenhaustag besuchte mich Sunny. Sie brachte mir einen riesigen goldenen Herzballon mit.

»Pari, du hast es geschafft!«, sagte sie, drückte mir einen Kuss auf die Wange und band das glitzernde Herz am Fußende des Bettes fest. Ich las die Aufschrift und musste lachen. »It's a girl!«, prangte in schnörkeliger Schreibschrift darauf. Sie hatte mir außerdem die September-Ausgabe der »Vogue« mitgebracht. Ich liebe die September-Ausgabe, weil sie die aufwendigste und dickste ist. Später kam auch noch Thierry vorbei, er machte gerade in der Dermatologie der Uniklinik ein Praktikum für sein Studium. Und dann war ich bereit, meine Mutter zu sehen.

»Du darfst aber nicht weinen, hörst du?«, schärfte ich ihr ein, als wir telefonierten.

»Ich verspreche es!«, sagte sie, und als sie kam, war sie wirklich tapfer. Sie brachte mir Kuchen, munterte mich lächelnd auf und wollte sich gut um mich kümmern, wenn ich nach Hause käme. Ich nahm plötzlich wieder die Frau wahr, die uns aus dem Iran weggebracht hatte: eine starke und mutige Persönlichkeit.

Als meine Mutter gegangen war, wagte ich zum ersten Mal, meinen neuen Unterleib anzuschauen. Ich nahm mir einen Handspiegel, und mir wurde fast schlecht, als ich all die Blutergüsse sah. Schnell legte ich den Spiegel wieder beiseite. Die Ärzte aber waren ausgesprochen zufrieden damit, wie ich heilte.

»Sie dürfen heute nach Hause«, sagte meine nette Chirurgin nach fünf Tagen, als sie mich noch mal untersucht hatte.

»Was? Aber … Ich … Was ist, wenn etwas passiert?«, stotterte ich. Es war nicht unerwartet, und dennoch war ich geschockt, wie schnell das auf einmal ging. Wie sollte das alles funktionieren mit meinem neuen Körper, wenn ich ganz auf mich allein gestellt war?

»Es heilt doch alles wunderbar. Sie müssen sich ausruhen, und wenn Sie Fragen haben, dann melden Sie sich«, ermutigte sie mich.

Nach der Ärztin kam die Krankenschwester und zog die Katheder. Nun sollte ich allein auf die Toilette gehen. In den Tagen vorher hatten sie mir ein Medikament gegeben, das den Stuhlgang unterdrückt, und mein Bauch war so dick wie bei einer Schwangeren im fünften Monat. Ich wurde fast ohnmächtig, als ich das erste Mal aufs Klo ging. Alles war voller Blut, und ich hatte keine Ahnung, was welcher Schmerz zu bedeuten hatte. Die Krankenschwester zeigte mir, wie ich mich saubermachen musste. Von vorn nach hinten, am besten ein bisschen Wasser mit Desinfektionsmittel dazu. Auch das war neu für mich. Dann durfte ich endlich duschen.

Ich rief in Bilthoven an. Mama sagte, Amoe würde sich gleich auf den Weg machen, und ich packte zusammen mit der Schwester meine Sachen. Auf einmal konnte ich es kaum erwarten, aus dem Krankenhaus wegzukommen. Dieser Geruch, das ständige Gerenne vom Pflegepersonal – nie hatte man Ruhe.

Ich ging zur Anmeldung, wobei »gehen« wirklich übertrieben ist, eher watschelte ich den Gang entlang wie eine Hundertjährige. Ich trug eine Jogginghose, ein langes T-Shirt, war totenbleich und hatte dunkle Ringe unter den Augen. Durch die Operation hatte ich eine Menge Blut verloren, und ich hatte hier keine Nacht durchgeschlafen.

»Ist mein Vater schon da?«, fragte ich die Frau am Empfang.

»Leider nicht. Nehmen Sie doch so lange dort Platz.« Sie zeigte auf ein paar Wartebänke.

Ich versuchte, mich irgendwie hinzusetzen, aber es war die Hölle. Man hat nach der Operation Wassereinlagerungen im Unterleib, die jegliches Sitzen zur Qual machen. Auszuhalten war das nur, wenn ich die Beine breit machte und das Becken nach vorne schob. Es muss grotesk ausgesehen haben, wie ich da hing.

Eine halbe Stunde später war Amoe endlich da. Er half mir ganz vorsichtig in seinen rappeligen roten Mazda, und ich versuchte, eine erträgliche Sitzposition zu finden. Die Fahrt von Amsterdam bis Bilthoven dauerte etwa eine Stunde. Mein Stiefvater fuhr langsam und vorsichtig, um mich zu schonen.

»Pari, ich bin stolz auf dich«, sagte er.

»Warum?«

»Du hast dich entschieden, diese Operation zu machen. Du bist deinen Weg gegangen, und das war bestimmt nicht immer einfach.«

Ich war überrascht, das von ihm zu hören, und es berührte mich, wie er mir seinen Respekt ausdrückte. Ich dachte über die vielen Jahre nach, in denen ich nicht gewusst hatte, warum ich so anders als die anderen war. Ich hatte mir so oft gewünscht, mein Leben wäre einfacher, müheloser und unproblematischer gewesen.

»Falls du mit meiner Mutter noch ein Kind kriegst, hoffe ich, dass es nicht transgender ist. Es soll nicht dieselbe Scheiße durchmachen wie ich«, sagte ich.

Amoe sagte nichts, sondern nahm meinen Kopf und drückte mir einfach einen Kuss auf die Stirn.

Schließlich bogen wir in die Planetenstraße ein. Auf den Wiesen spielten Kinder, die etwa so alt waren wie ich, als wir hierhergezogen waren. Amoe stoppte das Auto vor unserem Haus. Eine Nachbarin kam die

Straße entlang und winkte uns zu. Ich versuchte, mich ganz klein zu machen. Am liebsten wäre ich unsichtbar gewesen.

»Ich will nicht aussteigen«, sagte ich. »Ich hab keinen Bock, dass mich die Nachbarin so sieht.«

»Na komm, es ist wie bei einer Frau, die ein Kind bekommen hat. Wir schaffen das schon!«

Ich war heilfroh, als wir endlich in der Wohnung angekommen waren, obwohl sie längst nicht mehr mein Zuhause war. Aus meinem alten Kinderzimmer hatten meine Eltern ein kleines Büro gemacht. Aber Mama war da, das war das Wichtigste. Sie nahm mich in den Arm und führte mich in Pedrams Zimmer. Mein großer Bruder würde für ein paar Tage bei Freunden schlafen, das war mein Wunsch gewesen. Ich wollte einfach meine Ruhe haben. Ich wusste genau, dass wir in vielen Dingen unterschiedliche Ansichten hatten und dass es nervige Diskussionen geben würde, wenn er da wäre, und das konnte ich gerade gar nicht gebrauchen.

Jetzt lag ich in Pedrams Bett und sollte mich schonen. Mama brachte mir einen Tee und einen Teller mit frischem Obst. Sie sorgte gut für mich, holte mir Medikamente aus der Apotheke und desinfizierte meine Wunde. Wenn ich an diese Tage denke, erinnere ich mich mit einer Mischung aus Dankbarkeit und schlechtem Gewissen daran, wie liebevoll sie mich umsorgt hat – und wie ich sie anschrie, wenn mir etwas nicht schnell genug ging oder wenn ich starke Schmerzen oder schlechte Laune hatte. Es ist erstaunlich, was Hormone mit einem machen. Die Östrogene durfte ich noch nicht wieder nehmen. Das Testosteron, das in den Hoden gebildet wird, fiel nun ja komplett weg. Ich war in einem emotionalen Ausnahmezustand. Ich hatte extreme Stimmungsschwankungen, Hitzewallungen und Schweißausbrüche. Nicht einmal Make-up konnte ich auflegen, weil alles sofort zerlief, so sehr schwitzte ich.

Ich war dauernd müde, meist deprimiert und übellaunig. Ich wollte raus aus dem Bett, aber ich konnte nicht. Ich wollte, dass die Schmerzen aufhören, aber selbst die Höchstdosis an Medikamenten brachte nur eine leichte Linderung.

»Es ist deine Schuld, dass ich das alles durchmachen muss!«, schrie ich Mama an, wenn mir alles zu viel wurde.

»Du verhältst dich wie eine Frau nach der Geburt ihres ersten Kindes, aber wenn man dich hört, könnte man meinen, du hättest gleich zwei Babys zur Welt gebracht«, sagte sie scherzend. Im Rückblick sehe ich, wie viel Verständnis sie damals aufbrachte. Egal, wie viel ich weinte oder schrie – Mama ertrug meine Ausraster und tröstete mich mit Engelsgeduld und Humor.

Die Ärzte hatten mir aufgetragen, zweimal am Tag die künstliche Vagina mit dem Dilator zu dehnen. Man verhindert so, dass das frisch operierte Gewebe verklebt. Am ersten Tag in Bilthoven saß ich schwitzend auf der Kante von Pedrams Bett und starrte das dildoartige Ding angstvoll an, das ich in meinen Körper hineinstecken sollte. Die Chirurgin aber hatte mir eingeschärft, dass ich es unbedingt tun müsste, auch wenn es wehtun würde. Also nahm ich das Teil, legte mir vorsichtig ein Handtuch unter und versuchte, mich zu entspannen. Schon die ersten Millimeter waren so schmerzhaft, dass mir die Tränen kamen. Ich schrie auf und dachte, das schaffe ich nie, als Mama hereinkam.

»Was ist denn los?«, fragte sie.

»Ich kann das einfach nicht«, schluchzte ich.

Sie streichelte mir über den Rücken und sprach beruhigend auf mich ein. »Wenn du willst, dann helfe ich dir«, sagte sie, und ich nickte. Sie ging zu Pedrams Anlage und legte Musik auf. Dann kam sie zu mir, steckte mir drei Kissen in den Rücken, damit ich es bequem hatte, und setzte sich neben mich. Sie nahm das

241

Dilatier-Ding in die Hand und betrachtete es. »Andere Frauen kaufen sich dieses Zeug, um Spaß damit zu haben, Pari!«, sagte sie mit gespieltem Ernst. »Du solltest es genießen, verdammt noch mal.«

Ich musste lachen. Meine Mutter, mit der ich früher *niemals* über so was geredet hätte, machte mir gerade einen Dildo schmackhaft. Ich versuchte es noch mal, und diesmal war es auszuhalten. Mama saß die ganze Zeit bei mir und unterstützte mich. Ich weiß nicht, ob ich es ohne sie geschafft hätte. Niemals hätte ich sie vor der Operation in einer derart intimen Situation in meine Nähe gelassen. Doch nun gingen wir miteinander um wie Mutter und Tochter. Wenn ich im Bad war, kam sie einfach dazu, und es war okay für mich, wenn sie mich nackt unter der Dusche sah. Ich fühlte mich wirklich befreit, frei von etwas, das mich früher immer nur beschämt hatte.

Am dritten Tag in Bilthoven kam Pedram nachts in die Wohnung, legte sich im Arbeitszimmer eine Decke auf den Boden und schlief dort. Er hatte einen Job in einer Bar, aber aus irgendeinem Grund wollte er in dieser Nacht nicht bei seinem Freund übernachten.

»Pedram ist da«, sagte Mama morgens und legte den Finger an die Lippen.

»Bist du bescheuert?«, schimpfte ich und gab mir nicht die geringste Mühe, leise zu sein. »Ich bitte dich, ihn wegzuschicken, und du lässt ihn hier schlafen!« Ich stand auf und ging zum Arbeitszimmer, wo mein Bruder noch immer lag. »Wach auf und geh!«, schrie ich ihn an. »Du hast hier absolut nichts zu suchen, verdammt noch mal!«

Pedram öffnete die Augen. »Reg dich ab, und lass mich in Ruhe«, sagte er.

»Steh endlich auf und verschwinde!« Dieser Idiot, dachte ich, warum muss er ausgerechnet jetzt herkommen? Während ich herumschrie, spürte ich ein Stechen im Unterleib. Die Ärztin sagte später bei der ersten Kontrolluntersuchung, dass vermutlich ein Stich aufgegangen war, weil ich mich so aufgeregt hatte.

Pedram nahm seine Sachen und ging. Ich habe nie verstanden, warum meine Mutter ihn überhaupt noch bei sich wohnen ließ. Er war erwachsen, ein junger Mann mit Bart, und ich fand es total unangemessen, dass er immer noch bei unseren Eltern rumlungerte, ihnen den Kühlschrank leerfraß und ihre Privatsphäre störte.

»Du musst ihn echt rausschmeißen, egal ob ich hier bin oder nicht«, sagte ich zu meiner Mutter.

»Aber er ist ein Junge, da ist das anders«, verteidigte sie Pedram.

»Er kann doch nicht von dir erwarten, dass du ihn ewig versorgst! Es ist wirklich Zeit, dass er hier auszieht«, beharrte ich. Tatsächlich suchte sich Pedram einige Monate später eine eigene Bleibe, und erstaunlicherweise entspannte sich unser Verhältnis danach deutlich.

Ich habe mit Mama in der Zeit, in der sie mich pflegte, viel geredet, nicht nur über Pedram. Wenn Amoe bei der Arbeit oder schon schlafen gegangen war, hatten wir Zeit dafür; wir waren zwei erwachsene Frauen, die sich verstanden. Eines Abends redeten wir über die Flucht aus dem Iran.

»Wenn du gewusst hättest, wie wir leben werden – hättest du uns trotzdem mitgenommen?«, fragte ich.

»Ich glaube nicht. Reza war ja kein schlechter Vater, und euch hätte es viel erspart, wenn ihr bei ihm geblieben wärt. Aber ich habe es einfach nicht übers Herz gebracht, euch zurückzulassen, und ich wollte auch für euch ein gutes Leben, verstehst du? Ich wollte, dass ihr auf eine gute Schule geht und später mal die Freiheit habt, überallhin zu gehen. Vielleicht war es selbstsüchtig von mir, euch mitzunehmen. Vielleicht hätte ich

euch dort lassen sollen. Ihr musstet so viel durchmachen.« Meine Mutter weinte, als sie mir das erzählte,
und ich weinte auch. Trotzdem half dieses Gespräch
uns beiden, einander besser zu verstehen.

»Was ist mit meinem Vater passiert?«, fragte ich sie
an einem anderen Abend.

»Er ist gestorben.«

»Woher weißt du das?«

»Deine Tante hat seine Todesnachricht in der Zeitung gesehen.«

»Denkst du, er ist wirklich tot? Vielleicht ist er nur
untergetaucht.« Nach Mamas Erzählungen über die
Drogen- und Frauengeschichten konnte ich mir das
gut vorstellen.

»Nein, er ist an Krebs gestorben«, sagte sie vehement.
»Aber wenn du es genau wissen willst, musst du selbst
in den Iran reisen und es herausfinden.«

»Wieso machst du das nicht?«

»Weil seine Verwandten mich töten würden. Ich
habe ihn verlassen, deshalb bin ich eine Schande für
seine ganze Familie. Und jetzt hör auf mit der Fragerei.«

Ich wusste, sie würde zu dem Thema nicht mehr er-
zählen, und ließ es gut sein. Sie war so offen in vielen
Dingen, und ich respektierte die Grenze, die sie zog.
Natürlich ist da, wo mein Vater sein sollte, eine Lücke.
Aber meine Mutter hat viel dafür getan, diese auszufül-
len. Sie hat Fehler gemacht, aber sie hat auch auf alles
Mögliche verzichtet, damit es uns Kindern gutgeht.

»Jeder hat auf dieser Welt seine Aufgabe, Pari, und
ich denke, meine war es, Kinder großzuziehen und zu
starken Persönlichkeiten zu machen«, sagte sie und
drückte meine Hand.

Familie ist in der persischen Tradition unglaublich
wichtig. Sie ist das Zentrum, der Halt, die Liebe, die
ein Leben lang bleibt. Auch ich war mir damals schon
sicher, dass ich eines Tages Kinder haben möchte. Ich

stelle mir vor, wie ich für sie sorge und für sie da bin. Mir ist natürlich klar, dass Kinderkriegen bei mir ein bisschen anders laufen wird. Doch es wird einen Weg dafür geben.

Nach einer Woche lud Mama meine Stiefgroßeltern und Amoes Schwester ein, um eine kleine Party für mich zu feiern. Die erfolgreiche Operation war für uns alle etwas Besonderes. Sie behandelten mich wie eine Prinzessin, brachten mir frische Salate und massierten mir die Füße. Sie lenkten mich ab von den Schmerzen und von den Sorgen um meine Zukunft, die immer dann kamen, wenn ich alleine war. Es war ein sehr schöner Nachmittag.

Außer meiner Familie traf ich niemanden, während ich in Bilthoven war. Es deprimierte mich, dass ich nicht einfach rumlaufen und rausgehen konnte, und außerdem sah ich schlimm aus mit den verschwitzten Haaren. Ich war die meiste Zeit wie gefesselt an Pedrams Bett, und ich war böse darüber, dass ich noch nicht so konnte, wie ich wollte.

Nach zwei Wochen hatte ich einen Nachsorgetermin in der Amsterdamer Uniklinik. Körperlich ging es mir schon etwas besser, aber noch lange nicht gut. Obwohl ich ziemlich matt war, packte ich meine Sachen und verabschiedete mich von meinen Eltern, denn ich wollte nach dem Termin in meine Wohnung zurück. Natürlich war ich dankbar, dass Mama mich gepflegt hatte, aber ich verspürte wieder diesen Drang, mein eigenes Ding zu machen. Ich war eben kein Kind mehr, sondern hatte mein Leben.

Ich fuhr mit dem Bus zum Bahnhof. Als ich im Zug saß, verlagerte ich alle paar Sekunden mein Gewicht von einer auf die andere Pobacke. Sitzen tat immer noch höllisch weh. Neben mir saß eine junge Frau mit Kopftuch, die mich verstohlen musterte. Was musste

sie denken! Ich fand, dass ich außerdem ganz merkwürdig roch. Vermutlich war das die Wunde.

»Tut mir leid, ich habe Schmerzen«, entschuldigte
ich mich bei meiner Sitznachbarin.

»Ja, das sehe ich. Geht's denn?«, fragte sie.

Ich schüttelte den Kopf und stöhnte leise vor mich
hin.

Gia holte mich in Amsterdam vom Bahnhof ab und
begleitete mich zur Klinik. Nach einer halben Stunde
war die Nachuntersuchung erledigt.

»Du heilst gut«, hatte die Chirurgin mir erklärt, und
dass der kleine Stich aufgegangen war, sei gar nicht
schlimm.

Natürlich war es eine Erleichterung, dass medizi-
nisch alles so zu laufen schien, wie es sollte. Doch wie
ich mich dabei fühlte, stand in krassem Gegensatz zu
dem, was ich erwartet hatte. Ich merkte, dass ich auf
all das nicht vorbereitet gewesen war. Es machte nicht
Bamm!, und alles war geschafft. An manchen Tagen
ging es mir sogar schlechter als vorher. Für mein Gefühl
ging es furchtbar langsam voran. Außerdem war mir
mein neuer Körper noch sehr fremd. Es fiel mir schwer,
mich selbst anzufassen. Die Haut war durch die Operation an manchen Stellen taub, an anderen überempfind-
lich. Ich hatte oft Angst, eine ganz normale Berührung
könnte wieder so wehtun wie in den Tagen direkt nach
der Operation.

Ich wollte niemanden sehen und nichts unternehmen. Wäre Gia nicht gewesen, die mich mit ihrer re-
soluten Art zwang, wenigstens kurze Spaziergänge zu
unternehmen, hätte ich den ganzen Tag nur im Bett
gelegen und vor mich hin gegrübelt. Ich fiel in eine Depression, aus der mich niemand befreien konnte. Immer
war etwas da gewesen, für das ich lebte, das ich erreichen wollte, ein Ziel – und nun, was blieb mir jetzt, da
ich die OP hinter mir hatte?

Nach zwei Monaten jedoch ging es mir langsam besser. Die Schmerzen waren nach und nach weniger geworden, und ich wurde vertrauter mit meinem neuen
Körper. Es waren ganz banale Dinge, die ich neu lernte:
Wie setze ich mich beim Pinkeln hin? Wie oft gehe ich
auf die Toilette? Vor der Operation hatte ich es vermie-
den, außerhalb meiner Wohnung pinkeln zu gehen, weil
ich immer fürchtete, jemand würde die Kabinentür öffnen und mich sehen. Ich konnte stundenlang einhalten.
Jetzt ging das nicht mehr. Wenn ich musste, musste ich
sofort, sonst ging es in die Hose. Also lernte ich, den
Bedürfnissen meines Körpers gerecht zu werden.

Ich war langsam so weit, mein altes Leben wieder aufzunehmen. Ich ging arbeiten. Als ich im »Bo Cinq« auftauchte, fragte niemand, warum ich weggewesen war,
und das war gut so.

Drei Monate nach der Operation sollte ich zu den
Amsterdamer Psychologen gehen, nahm den Termin
aber nicht wahr. Ich hatte es allein aus meiner Depression geschafft, also dachte ich, für den Rest bräuchte
ich keine Hilfe. Bloß nicht um irgendwas bitten, lieber
alles selber regeln – das sitzt tief in mir drin, von frü-
hester Kindheit an. Schließlich ging es ja aufwärts. Ich
merkte, wie mir dieser neue Körper eine ganz andere
Sicherheit gab, und ich spürte auch, dass ich auf Männer eine andere Ausstrahlung hatte.

Ein Vierteljahr später wollte ich mit ein paar Freundinnen ein kleines Barbecue auf meinem Balkon veranstalten. Ich radelte zum Baumarkt, um einen Grill
zu kaufen. Als ich mit dem braunen Pappkarton zu
meinem Fahrrad ging und gerade dabei war, ihn auf
den Gepäckträger zu klemmen, sprach mich ein junger
Mann an.

»Hallo! Brauchst du Hilfe?« Er war groß, sah gut aus
und hatte einen lustigen Akzent.

»Danke, ich komm schon klar«, antwortete ich.

»Was machst du denn noch?« Er ließ nicht locker.

»Ich fahr jetzt nach Hause.«

»Krieg ich denn deine Nummer, damit wir uns mal wiedersehen können?« Er flirtete mit mir, und ich genoss es auf eine andere Weise als früher. Ich stand da in Jeans und T-Shirt, hatte mir die Haare einfach nur zu einem Knoten gebunden und kaum Make-up im Gesicht, aber ich fühlte mich schön. Es gab nichts, das ich verstecken musste.

Ich schrieb meine Telefonnummer auf einen Zettel und gab sie dem jungen Mann. »Komm doch heute Abend bei mir vorbei, ich grille mit Freunden«, sagte ich.

Er kam tatsächlich. Er war ein Rugby-Spieler aus Spanien. Ich traf ihn ein paarmal, es war nichts Ernstes, aber gut für mein Selbstbewusstsein als Frau. Es war eine Erleichterung für mich, mir nicht mehr die Frage stellen zu müssen, ob irgendwer was sieht, wenn ich eine enge Hose oder ein kurzes Kleid trage. Und es war ein gutes Gefühl, mit einem Mann flirten zu können und zu wissen, dass es theoretisch möglich wäre, mit ihm Sex zu haben – ohne dass es vorrangig darum ging, etwas zu verstecken.

Rückblickend habe ich mich oft gefragt, wann ich das Tief, das ich nach der Operation durchlebte, wirklich überwunden hatte. Welches der erste Tag gewesen ist, an dem ich wieder mit Hoffnung nach vorne geschaut habe. Dann erinnere ich mich an die Nacht, in der ich meinen einundzwanzigsten Geburtstag gefeiert habe.

Mr. Woo hatte die Idee, eine Party im »Jimmy Woo« zu veranstalten. »Geburtstag« war das Motto des Abends, und natürlich war der Club auch für ganz normale Gäste geöffnet, aber ich bekam meinen eigenen Bereich. Ich durfte über hundert Gäste einladen. Auch mein Bruder kam mit ein paar Freunden. Mr. Woo spendierte zwölf Magnumflaschen Champagner, und ich bekam Berge von Geschenken. Der Koch vom »Bo Cinq« hatte mir eine dreistöckige Torte gebacken, auf der ein roter Pumps aus Zucker prangte. Er wusste, wie sehr ich Schuhe liebte. Wir feierten bis zum frühen Morgen. Es war alles, wie ich es mir in meiner Kindheit erträumt hatte – eine glamouröse Riesenparty mit einem Haufen Freunde.

Als ich gegen sechs aus dem Club kam, färbte sich der Himmel über Amsterdam bereits rosa. Anderthalb Jahre lagen hinter mir, in denen ich meine Verwandlung verarbeitet hatte, und nun spürte ich, dass etwas Neues kommen würde. Ich wusste nicht, was es sein würde, aber ich war bereit dafür und voller Zuversicht.

Ein paar Tage nach meiner Amsterdamer Geburtstagsparty fuhr ich nach Bilthoven. Mama hatte mich eingeladen, auch mit ihnen zu feiern. Sie hatte gekocht und wuselte in der Küche herum. Meine Stiefoma, Amoe, seine Schwester und ich saßen am großen Tisch, als Pedram hereinkam. Er hatte seine neue Freundin mitgebracht.

»Pari, das ist Rebecca«, sagte er. Dann nahm er mich in den Arm und lächelte stolz. »Und das ist Pari, meine kleine Schwester.« Nach all den wüsten Streitereien, die wir gehabt hatten, zeigte er mir mit diesem einen Satz, dass er mich akzeptierte.

Ein riesiger Stressfaktor war beseitigt, nicht nur für mich, sondern auch für meine Familie. Vor der Operation hatte ja niemand gewusst, worauf ich empfindlich reagieren würde. Keiner hatte vorhersehen können, wann ich mal wieder explodierte – nicht einmal ich selbst. An diesem Tag aber saßen wir plaudernd und lachend zusammen, es gab keinen Streit, es war einfach ein fröhliches kleines Familienfest.

Als Pedram und die anderen gegangen waren, fragte Mama mich, ob ich bei ihnen übernachten wolle, und ich blieb. Draußen war es schon dunkel, und ich ließ mir Badewasser ein. Hier in der Wanne hatte sie uns Kinder immer gebadet, wenn wir staubig vom Spielplatz nach Hause gekommen waren. Ich ließ mich in das heiße Wasser gleiten. Es war so lange her, dass ich dieses Kind gewesen war, das nicht wusste, wer es eigentlich ist. Nun war ich Pari geworden.

Ich richtete mich ein wenig auf, schob mit der Hand weiße Schaumberge beiseite und betrachtete meinen nackten Körper. Zum ersten Mal in meinem Leben fand ich mich gut, wie ich war. Es passte alles zusammen, mein Inneres und mein Äußeres. Es gab nichts mehr, was mich störte.

BERLIN

Vier Jahre später stand ich mit drei Freundinnen am Rande einer deutschen Autobahn und hielt den Daumen hoch, damit jemand anhielt, um uns nach Berlin zu bringen. Gia hatte die Idee gehabt, zu einem Musikfestival in der Nähe der Hauptstadt zu fahren. Obwohl ich es wirklich hasse, in einem Zelt zu schlafen, kam ich mit. Das Festival war großartig, aber als wir uns auf den Rückweg nach Amsterdam machten, brach der alte VW-Bus, den wir von einem Kumpel geliehen hatten, zusammen und fuhr keinen Meter mehr. Er musste in eine Werkstatt geschleppt werden, und der Monteur sagte, die Reparatur würde Tage dauern, weil er erst irgendwelche Ersatzteile bestellen musste.

»So eine Scheiße«, fluchte Gia, aber ich war glücklich, dass wir nicht nach Hause fahren konnten. Ich wollte zurück nach Berlin. Ich hatte mich so in die Stadt verliebt, dass ich bei unserer Abreise am Morgen sogar geweint hatte. Die Autopanne kam mir wie ein Wink des Schicksals vor.

»Lass uns nach Berlin zurücktrampen«, hatte ich vorgeschlagen, und nun warteten wir auf jemanden, der uns drei Mädels mitnahm.

Ein freundlicher Geschäftsmann in einem fetten schwarzen Mercedes fuhr uns bis zum Hauptbahnhof, und ich rief einen Berliner Freund an, der mich einlud, bei ihm auf der Couch zu schlafen. Aus der einen Übernachtung wurden Wochen, und schließlich zog ich in eine eigene Wohnung und blieb.

Es war nicht nur die Magie der Stadt, die mich in ihren Bann zog, sondern es war einfach die Zeit für einen

Wechsel gekommen. Jobs gab es auch hier, Freunde fand ich schnell, und vor allem war es ungemein wohltuend, dass mich keiner kannte. Ich war total anonym: eine junge Frau unter Hunderttausenden. In Amsterdam hingegen wusste damals jeder über meine Geschichte Bescheid und auch, dass ich transgender bin. Ich hatte ein Online-Stadtmagazin moderiert, was mir wahnsinnig viel Spaß gemacht hatte, war dadurch aber noch bekannter geworden und schließlich für alle und jeden nur noch die »Glammy Pari« gewesen. Oft habe ich mich gefragt, ob die Leute mich anders behandelt hätten, wenn sie nichts über meine Geschlechtsangleichung gewusst hätten. Jeder, den ich fragte, sagte natürlich, es würde keine Rolle spielen, aber wirklich herausfinden werde ich es wohl nie.

In Berlin begegneten mir die Menschen total unbefangen, wenn sie mich kennenlernten. Auf einmal konnte ich wieder privat sein, und ich spürte, wie richtig dieser Neuanfang war. Ich musste mir keine Gedanken machen, ob irgendwer meinen neuen Freunden meine Geschichte erzählen würde. Es war ganz allein meine Entscheidung, ob ich es tat. Hier hatte ich zum ersten Mal nach meiner Operation die Chance, den Menschen als Persönlichkeit zu begegnen und nicht als Transgender-Frau. So hatte ich Gelegenheit, mich selbst als Frau kennenzulernen. Ungefähr zwei Jahre lebte ich so.

Dann tat ich etwas, das mein Leben fast so einschneidend beeinflusst hat wie meine Operation. Das Verrückte ist, dass ich nicht mal ahnte, wie groß die Veränderungen sein würden.

Ich nahm immer mal wieder ein paar Modeljobs an, aber ich war inzwischen fünfundzwanzig – in dem Alter ist man in der Branche eine Oma. Diesen Job kann man nicht ewig machen. Ich wollte mittlerweile sowieso viel lieber moderieren, wie ich es in Amsterdam getan hatte. In den zwei Jahren Berlin hatte ich einigermaßen gut Deutsch gelernt. Nun überlegte ich also, wie ich beruflich vorankommen könnte, und kam auf die Idee, mich bei »Germany's Next Topmodel« zu bewerben. Ich liebte die Sendung; schon als Kind hatte ich Heidi Klums Show lieber gesehen als die niederländische Ausgabe, weil die Shootings und die Walks viel spektakulärer waren.

»Mama, ich überlege, ob ich bei ›Germany's Next Topmodel‹ mitmachen soll«, erzählte ich ihr.

»Wenn du das möchtest, dann mach es«, sagte sie. »Aber du musst dir natürlich darüber im Klaren sein, dass die Menschen dann von deiner Geschichte erfahren. Bist du dazu bereit?«

Auch darüber hatte ich schon nachgedacht. Es war mir durchaus bewusst, dass mein Geschlecht ein Thema sein würde, wenn ich zu einer solchen Show ins Fernsehen ging. Aber das schreckte mich nicht ab. Einige Jahre vorher hatte bei der US-Version eine Transgender-Frau mitgemacht, und die Amerikaner hatten den Auftritt sehr positiv aufgenommen. Ich glaubte nun, dass meine Teilnahme dazu beitragen könnte, auch in Deutschland über Transgender zu informieren. Meiner Meinung nach wussten die Leute hier immer noch erstaunlich wenig über das Thema. Wenn Transgender-Frauen mal in der Öffentlichkeit auftauchten, dann immer mit irgendwelchen gruseligen Skandalgeschichten. Ich wollte das anders angehen.

»Ich kann den Leuten zeigen, dass wir ganz normale Mädchen sind«, sagte ich, und Mama versprach mir, mich zu unterstützen.

Ich meldete mich also zum Vorcasting in Berlin an, und von Anfang an war ich total zuversichtlich. Die würden mich kennenlernen, und dann würden sie mich mögen und mitnehmen – so stellte ich mir das vor. In Wirklichkeit aber dauerte es Wochen, bis ich überhaupt irgendwas von der Produktionsfirma hörte. Dann endlich bekam ich eine Einladung: An einem Wochenende im August sollte in einem Hotel in der Nähe vom Alexanderplatz das Casting stattfinden.

Als der Termin immer näher rückte, beschloss ich, meinen neuen deutschen Freunden nun meine Geschichte zu erzählen. Ich wollte nicht, dass sie eine solch persönliche Sache aus dem Fernsehen erfahren, also schrieb ich auf meiner privaten Facebook-Seite alles auf: »Ich bin transgender, und das ist etwas, worauf ich stolz bin«, teilte ich mit. »Ich hatte eine Operation, und ich lebe als Frau. Alles ist okay, und ich möchte, dass ihr das wisst.« Es kamen unglaublich viele Reaktionen, weit mehr, als ich erwartet hatte. Es war kein böses Wort dabei. Meine Freunde schrieben so liebe und ermutigende Nachrichten, dass ich mit einem richtig guten Gefühl zum Casting ging.

Vor dem Hoteleingang wartete eine Menge Leute, und eine Reporterin hielt mir schon bald ein Mikrofon unter die Nase. »Woher kommst du, und wer bist du?«, fragte sie, und nachdem ich brav geantwortet hatte, schob sie noch eine Frage hinterher: »Was denkst du über Heidis Magersucht?«

Ich wusste gar nicht, was ich dazu sagen sollte; erstens war es mir egal, und zweitens fand ich nicht, dass Heidi magersüchtig aussah. Also zuckte ich mit den Schultern und schlängelte mich zwischen den Reportern hindurch ins Hotelfoyer. Dort meldete ich mich an einem Counter an, füllte eine Menge Formulare aus und bekam eine Nummer. Zusammen mit zehn anderen Mädchen wurde ich in einen Raum gebracht, wo wir warten sollten.

»Wir teilen euch gleich in Fünfergruppen auf, dann werdet ihr zum Casting gebracht«, sagte jemand von den Produktionsleuten und ließ uns allein.

In diesem Moment merkte ich, wie ich ziemlich nervös wurde. Ich setzte mich auf den Boden, weil mir ganz flau im Magen war. Vielleicht hatte ich unterbewusst Angst, sie würden mich doch nicht mögen, vielleicht aber war es eine Ahnung davon, was nun alles auf mich zukommen würde.

Nach einer halben Stunde ging die Tür auf und ein junger Mann kam herein. »Alles gut bei euch, Mädels?«, fragte er, und alle murmelten irgendetwas Zustimmendes. Gleich sollte es weitergehen. Beim Blick in die Runde fielen ihm meine Tätowierungen auf, die ich mir in den letzten Jahren in Amsterdam hatte stechen lassen. »Was bedeuten deine Tattoos?«, fragte er interessiert.

Ich trage drei Tätowierungen auf meinem Arm: einen Reißverschluss, einen roten Kussmund und Bauklötze mit Buchstaben darauf, die den Namen Milad bilden. Es sind Bilder, die mit den wichtigsten Ereignissen meines Lebens zu tun haben, und auf einmal war ich dabei, dem fremden Redakteur davon zu erzählen.

»Der rote Kussmund hier erinnert mich an meine Mama«, sagte ich. »Sie hat mir früher immer einen Lippenstiftkuss auf die Hand gegeben, wenn ich Angst hatte, irgendwo allein zu bleiben. Diese Tätowierung hier«, ich deutete auf den langen Reißverschluss, der sich vom Ellenbogen bis zum kleinen Finger meiner linken Hand schlängelt, »der steht für meine Transition, für meine Verwandlung, denn ich bin transgender. Und die Bauklötze habe ich mir tätowieren lassen, als mein kleiner Bruder Milad geboren wurde.« Ein paar Jahre nach meiner Operation war meine Mutter, die damals schon Mitte vierzig war, noch einmal schwanger geworden. Milad war ein Wunschkind, besonders für meinen Stiefvater. Auch ich war ganz überwältigt von diesem kleinen Wunder gewesen. Ich habe damals sogar das Kinderzimmer für ihn eingerichtet, seine komplette Erstausstattung von meinem Modelverdienst bezahlt und Mama in den ersten Wochen nach der Entbindung geholfen.

Ich hatte das Gefühl, dass den Mann von der Produktionsfirma meine Geschichten interessierten. Er war wirklich nett, und unsere Unterhaltung lenkte mich ein bisschen von dem aufregenden Drumherum ab. Doch dann rief jemand vom Flur, wir sollten kommen, und auf einmal war das nervöse Flattern wieder da. Ich musste plötzlich dringend aufs Klo, aber es war nicht mehr genug Zeit. Zu fünft wurden wir in ein anderes Zimmer geführt, wo wir uns in einer Reihe aufstellen sollten. Vor uns saßen an einem Tisch zwei weitere Mitarbeiter mit irgendwelchen Unterlagen.

»Wie heißt du?«, fragte einer der Männer.

»Ich heiße Pari, und ich bin fünfundzwanzig Jahre alt.«

»Kannst du bitte mal deine Haare hochhalten, Pari?« Ich nahm die Haare mit den Händen nach oben, dann war das nächste Mädchen dran.

»Okay, ihr könnt gehen. Pari, bleib du bitte hier«, sagte der Mann hinter dem Tisch, und auf einmal stand ich alleine da. »Erzähl uns was über dich«, forderte er mich auf.

Ich schwitzte. »Was soll ich denn erzählen?«

»Na zum Beispiel, dass du transgender bist«, schlug er vor. Das hatte ich bereits in den Formularen angegeben, also erzählte ich kurz von meiner Zeit in Amsterdam und von der Operation.

»Und warum möchtest du hier mitmachen?«

»Ich finde, die Show ist so multikulti. Es ist alles dabei, hier machen Mädels mit allen Hautfarben mit, aber wieso eigentlich kein Transgender-Mädchen?«

»Ja, wieso eigentlich nicht?«, wiederholte der Mann und lächelte. »Es ist toll, dass du gekommen bist. Und wir freuen uns, dich in der nächsten Runde wiederzusehen!«

Nach dem Gespräch musste ich noch einen Walk auf dem Laufsteg machen und ein Interview vor der

Kamera geben. Das sei für Heidi, erklärten sie mir. Es hieß, Heidi Klum schaue sich alle Interviews vor der Aufzeichnung an. Sie kenne jedes Mädchen und wisse ganz genau über deren Geschichte Bescheid. Ich erzählte also für Heidi noch einmal, dass ich transgender bin, wo ich herkomme und warum ich mitmachen möchte. Danach rief ich Mama an.

»Du wirst viele Leute inspirieren«, sagte sie. »Du weißt ja, wir sind alle hier auf dieser Erde, um eine Aufgabe zu erfüllen. Deine Aufgabe ist es, die Menschen zu inspirieren und ihnen mit deinem Auftritt Selbstvertrauen zu geben.«

Drei Monate später fuhr ich nach Köln. Ich wusste ja mittlerweile, dass die Produktionsfirma großes Interesse an meiner speziellen Geschichte hatte, aber es war mir immer noch nicht klar, dass so ein großes Ding daraus werden würde. Da wir morgens schon um acht da sein sollten, hatte ich mir ein Hotelzimmer gebucht. Ich stand um sechs Uhr auf, zog mir ein rotes Minikleidchen an, das ich mir extra am Tag vorher gekauft hatte, und fuhr ins Studio. Heidi Klum sollte um zwölf da sein.

Es wimmelte von aufgeregten Mädchen, es waren bestimmt über hundert. Die meisten waren gerade mal sechzehn oder siebzehn Jahre alt, viel jünger als ich und wahnsinnig angespannt. Je länger wir warteten, desto hungriger und durstiger wurden wir. Es war abwechselnd warm und kalt im Studio, und ständig war eine Kamera auf uns gerichtet. Kein Wunder, dass es an so einem Tag irgendwann Zickereien unter den Mädchen gibt. Sobald jemand heulte oder ein Streit entstand, rannten die Kameraleute hin, was den Stress nur noch erhöhte.

Ich versuchte, mich aus allem rauszuhalten und möglichst ruhig zu bleiben. Wenn ich heute die Aufnahmen von mir sehe, dann bin ich mir ganz fremd. Normalerweise bin ich viel lebendiger und habe eine viel schärfere Zunge. An diesem Tag jedoch war alles anders. Vielleicht war auch das einer der Gründe, warum ich am Ende nicht mit nach L.A. genommen wurde. Ich glaube, die Leute vom Sender suchen junge Frauen, die sie formen können, keine Erwachsenen. Sie wollen Mädchen, die sich auf Diskussionen und Streit einlassen. Sie brauchen ein bisschen Drama, aber ich war ruhig und habe mich weder eingemischt noch rumgeschrien.

Trotzdem war ich von all den Mädchen in Köln den ganzen Tag lang am häufigsten in Interviews. Es kamen immer wieder dieselben Fragen: Wie ich Heidi meine Geschichte erzählen werde? Wie ich mich mit meinem Geheimnis fühle? Ich war nie unbeobachtet, und die Erwartungen der Produktionsfirma waren deutlich zu spüren. Ich fühlte mich richtig unter Druck. Auch alle anderen Mädchen bekamen natürlich mit, was so besonders an mir war. Die meisten reagierten ganz nett, nur der Vater einer Teilnehmerin sah mich schief an und sagte so laut, dass ich es hören konnte: »Die da ist ein Mann!« Er lachte, und seine Tochter lachte mit. Zum Glück war sie die Einzige.

Heidi kam natürlich nicht um zwölf, sondern viel später, und es war sieben Uhr abends, als ich endlich dran war. Der erste Walk war voller Schikanen, da gab es eine Drehscheibe am Ende des Laufstegs, wo fast alle Mädchen stolperten. In meinem ganzen Modelleben habe ich niemals so einen Laufsteg erlebt. Trotzdem bekam ich den Walk ganz gut hin. Als ich vor der Jury stand, war ich natürlich trotzdem ziemlich aufgeregt. Es war die erste Begegnung mit Heidi Klum, ich wollte gern gut abschneiden, und allein die ewige Warterei hatte mir schon den letzten Nerv geraubt. Mir rutschten ein paar englische Sätze raus, und Heidi ermahnte mich, ich solle Deutsch reden. Wolfgang Joop war ausgesprochen nett und sagte, wie schön er mich fände.

»Du hast zu viel Make-up, mach das mal ab«, sagte Heidi. Außerdem sollte ich die hohen Schuhe ausziehen.

Das alles wurde gesendet, aber dann passierte etwas, das später rausgeschnitten wurde: Ich wollte von der Bühne gehen, um mir die High Heels abzustreifen, aber wegen der hellen Scheinwerfer sah ich nicht, dass es an der Bühnenkante anderthalb Meter abwärts ging. Statt zu laufen, bin ich wie ein Mehlsack runtergeplumpst. Ich hatte echt Glück, dass ich auf den Füßen gelandet bin.

Dann machten wir ein Fotoshooting mit einem Männermodel, was wirklich gut lief. Die Jury entschied, dass ich auch am nächsten Tag dabei sein würde, aber kein Make-up auflegen sollte. Den Abend und die Nacht verbrachte ich mit den anderen Mädchen in einer Jugendherberge, die die Produktionsfirma für uns gebucht hatte. In den Räumen war es ziemlich schmuddelig, und wir übernachteten in Doppelstockbetten, die beinahe so heruntergekommen aussahen wie die im Flüchtlingsheim. Hinter den Kulissen der Showproduktion ist es lange nicht so glamourös wie auf den Bildern, die im Fernsehen laufen.

Am nächsten Tag fand der sogenannte Bikini-Walk statt. Ich fühlte mich gut vorbereitet. Einen Monat vorher hatte ich Diät gehalten, mich unglaublich gesund ernährt und sogar etwas Sport gemacht, was sonst so gar nicht mein Ding ist. Ich war richtig gut in Form. Natürlich hatte ich mich an die Anweisung der Jury gehalten, an diesem Tag ungeschminkt zu bleiben, lediglich auf den Wangen hatte ich ein wenig Lipgloss verteilt. Den leichten Schimmer fand ich schön. Vor dem Walk kam eine Produktionsmitarbeiterin zu uns und testete mit Kosmetiktüchern, ob wir wirklich keine Schminke im Gesicht hatten. Sie sagte mir, es sei alles okay.

Als ich rausging, fühlte ich mich richtig wohl in meiner Haut. Es war für mich das erste Mal, dass ich so leicht bekleidet über einen Catwalk lief. Bei früheren Modeljobs hatte ich nie Unterwäsche- oder Bademodenshootings gemacht. Jetzt erinnerte ich mich an meine Löffelliste, die ich zusammen mit zwei Freundinnen vor vielen Jahren in Amsterdam angelegt hatte – dass ich einmal einen Bikini tragen wollte, ohne mir Sorgen zu machen. Mit dem Walk erfüllte sich das. Ich lief als Frau, und ich fühlte mich in diesem Moment frei und sexy.

Erst später im Fernsehen habe ich gesehen, dass Thomas Hayo einen ziemlich blöden Kommentar abgegeben hat: »Hatten wir gestern nicht bei ihr, ihm, gesagt: kein Make-up?« Es war mir wirklich ziemlich egal, was sie über das Make-up sagten, aber dieses »ihm«, das traf mich. Thomas kannte meine Geschichte. Ich hatte der Jury längst erzählt, dass ich als Frau lebe. Gerade bei diesem Walk konnte man genau sehen, dass an mir überhaupt nichts Männliches ist. Das Bikinihöschen war winzig, was sollte ich darin verstecken? Und dennoch redete er über mich, als wäre ich ein Typ, der sich als Frau verkleidet. Inzwischen weiß ich, dass es nicht wirklich um mich ging, sondern darum, eine gute Story in der Sendung zu haben.

Da sich die Jury sehr leise austauschte, bekam ich von Thomas' Kommentar bei der Aufnahme nichts mit. Nach meinem Bikini-Walk hatte ich ein richtig gutes Gefühl, und alle Mitarbeiter und Kameraleute waren begeistert von mir. Ich nahm tatsächlich an, ich würde mit nach Los Angeles fliegen.

Eine Woche später ging es in München im Fernsehstudio weiter. Hier sollten wir eine »richtige« Modenschau laufen – auf einem Catwalk aus Kieselsteinen, den sie in einer alten Fabrikhalle aufgebaut hatten. Das Kleid, das ich anziehen sollte, war mir obenrum viel zu eng. Bei einer professionellen Modenschau passiert so etwas nicht, denn der Designer, der die Models bucht, kennt deren Maße ganz genau. Auch die Fernsehproduktion hatte meine Angaben zu Oberweite, Taille, Hüftumfang bekommen – auf den Zentimeter genau. Deshalb bin ich mir ziemlich sicher, dass sie mir absichtlich ein zu enges Kleid gegeben haben, um die Aufmerksamkeit auf meinen Busen zu lenken.

Die Situation im Studio hatte sowieso ziemlich wenig mit einem professionellen Modeljob zu tun. Normalerweise hat man weder eine Horde aufgeregter Mädchen noch mehrere Kamerateams um sich herum, und man muss zwar auch mal Geduld haben, aber nie so lange warten wie hier. Das Einzige, was wirklich stimmt, ist die Sache mit den Schuhen: In jeder »GNTM«-Staffel stolpern die Mädchen mit zu großen oder zu kleinen Schuhen rum. Auch meine Schuhe, die ich bei der Modenschau in München anhatte, waren zu groß, aber ich stopfte einfach Toilettenpapier in die Spitze. Damit ging es. So mache ich das auch bei professionellen Shows. Die Designer bezahlen dich, damit du ihre Kleider vernünftig präsentierst. Also arbeitest du und jammerst nicht rum. Rumjammern bedeutet Schwäche, und wer Schwäche zeigt, wird nicht mehr gebucht.

Als wir den Kieselstein-Walk probten, war Heidi dabei – mit dem Kaffeebecher in der Hand und ungeschminkt wirkte sie viel lockerer als sonst. Ich zeigte einigen der anderen Mädels, wie man läuft; die meisten hatten ja noch keine Modelerfahrung. Wir waren eine nette Clique und fühlten uns überhaupt nicht wie Konkurrentinnen. Sie waren natürlich auch neugierig, als sie mitbekamen, dass ich dauernd zu meinem Geschlecht interviewt wurde. Ich erzählte ihnen gern von mir, weil sie ehrlich interessiert waren.

Dann kam ein Mitarbeiter der Produktion auf mich zu und sagte: »Wir müssen mal besprechen, wie die

Jury deine Geschichte erfährt.« Ich verstand erst gar nicht, was er meinte, schließlich hatte ich ja schon im ersten Casting-Interview alles erzählt. Er erklärte mir, dass es jetzt darum ginge, die Geschichte in der Sendung zu thematisieren, und zwar vor der Jury. »Vielleicht kannst du sagen, dass es Probleme mit deinem Pass geben könnte?«, schlug er vor.

In meinem Pass stand damals noch, ich sei männlich. Ich hatte zwar schon Monate vor der Aufzeichnung versucht, den Eintrag ändern zu lassen, aber es zog sich ewig hin, weil dafür meine originale Geburtsurkunde aus dem Iran beschafft werden musste. Allerdings wusste ich, dass es mit der Einreise in die USA auf keinen Fall Probleme geben würde. Ich war schon oft genug gereist und war wegen der fehlerhaften Geschlechtsbezeichnung nie abgewiesen worden.

Trotzdem tat ich am Ende, was der Produktionsmitarbeiter sagte. Es war eine Mischung aus Vorschlag und Anweisung. Er meinte, es würde sympathisch wirken, wenn ich sage, ich würde keinem anderen Mädchen den Platz wegnehmen wollen. Den Produktionsleuten war es einfach wichtig, einen Grund zu finden, warum ich mit der Jury über mein Geschlecht redete. Heute denke ich, ich hätte diese Passgeschichte nicht erzählen sollen. Heidi wusste ja durch die Redaktion sowieso schon Bescheid, und Wolfgang Joops Reaktion zeigte, dass Transgender im Business sowieso keine Rolle spielt.

»Doesn't matter«, sagte er, als ich mit meiner Geschichte fertig war. »Normalerweise beurteilen wir dich nur danach, wie du auf uns wirkst. Ob du transgender bist, is not important. Aber du bist so, wie du bist, sehr schön.«

Das Gespräch mit der Jury dauerte länger, als es im Fernsehen gezeigt wurde. Thomas stellte mir ein paar Fragen zum Iran, und Wolfgang Joop machte mir Komplimente. Er vermittelte mir den Eindruck, dass ich als

Charakter interessant sei und nicht als Transgender-Story. Danach wartete schon wieder ein Kamerateam auf mich und hielt mir ein Mikrofon unter die Nase, und während des Interviews kamen mir die Tränen, weil ich so aufgeregt und gleichzeitig erleichtert war. Ich stand die ganze Zeit im Fokus der Aufmerksamkeit, und natürlich wollte ich meine Sache gut machen und den Erwartungen entsprechen.

Als ich abends den Kieselstein-Walk lief, hatte ich das Gefühl, wirklich gut zu sein. Meine Erfahrung half mir natürlich dabei – es ist echt nicht einfach, mit High Heels über kleine Steine zu gehen, und es gab kaum ein Mädchen, das nicht ins Straucheln geriet. Aber ich habe diesen Laufsteg gerockt und war danach noch hoffnungsvoller, mit nach L.A. zu kommen. Als ich backstage auf die Entscheidung wartete, lobten mich auch die Produktionsmitarbeiter mehrfach.

Als mir die Jury kurze Zeit später das Aus verkündete, war es ein Schock für mich. Zwar habe ich niemals geglaubt, ich würde »Germany's Next Topmodel« gewinnen, aber ich wäre wahnsinnig gern mit nach Amerika geflogen. Später in der Ausstrahlung sah ich, dass die Jury außerdem der Meinung war, mir fehle die jugendliche Frische. Ich hatte nicht erwartet, dass mein Alter eine so große Rolle spielen würde. Dennoch habe ich an meinen letzten Auftritt auch positive Erinnerungen.

»Bei dir kann ich nur sagen, du bist wunderschön«, begann Wolfgang Joop. »Aber im Vergleich mit den anderen Mädchen stichst du so sehr heraus, und zwar nur durch deine Art, durch deine Schönheit, die so ladylike ist, dass die anderen neben dir aussehen wie freche kleine Schülerinnen.« Das empfand ich als großes Kompliment.

Nachdem die Sendung ausgestrahlt worden war, gab es plötzlich ein Rieseninteresse an meiner Geschichte.

Schon nach der ersten Folge, in der ich aufgetaucht war, rief mich die Produktionsfirma an und bestellte mich zu einem Fotoshooting im Bikini. Sie waren total begeistert, dass meine Geschichte derart eingeschlagen hatte. Diverse Zeitungen hatten angefragt und um Interviews mit mir gebeten, darunter auch die »Bild«.

Ich war damals gerade erst zweieinhalb Jahre in Deutschland und dachte, die »Bild« wäre eine gute Zeitung. Leider gab es niemanden, der mich beriet, kein Management und keinen Agenten. Und ich selbst war wohl ziemlich naiv und hatte keine Vorstellung davon, wie die Pressemaschinerie funktioniert. Ich fand das Medieninteresse toll, also machte ich die Fotos und das Interview mit der »Bild«-Reporterin. Ich konnte es kaum erwarten, den Artikel zu lesen. Das Interview war total nett gewesen, und ich erwartete eine positive, einfühlsame Geschichte.

Eine Woche später setzte ich mich um Mitternacht an meinen Computer und ging auf die Homepage der »Bild«. Ich war tatsächlich auf der Titelseite. Aber die Schlagzeile war wie ein Hieb in die Magengrube: »Heidi wusste von nichts – Klum-Model war mal ein Mann«, stand da in fetten Lettern. Auch Äußerungen von mir waren derart verkürzt und verdreht, dass sie nicht dem entsprachen, was ich erzählt hatte.

Ich saß vor dem Computer und weinte bitterlich. Die »Bild« hatte den Artikel auf maximale Sensation getrimmt und mich benutzt, um eine möglichst aufsehenerregende Story zu ergattern. Am nächsten Morgen rief ich meine Mutter an.

»Die tun so, als wäre ich früher ein Mann gewesen. Es ist ein ganz schlimmer Artikel.«

»Na ja, du hast dich für die Öffentlichkeit entschieden, und damit bist du das Risiko eingegangen, dass so etwas passiert«, antwortete sie. »Nicht jeder wird dich mögen, und nicht jeder wird verstehen, was dich ausmacht. Dieser Artikel wird einer von vielen dieser Art sein.«

»Aber was soll ich denn machen, wenn sie so was schreiben?«, fragte ich.

»Bleib offen. Es gibt genug Leute, die dich gut finden. Vor allem kannst du sicher sein, dass wir dich immer unterstützen, ganz egal, was über dich geschrieben wird«, sagte sie, und ihre tröstenden Worte halfen.

An diesem Tag explodierte mein Postfach vor lauter Nachrichten. Auf dem Handy kamen im Sekundentakt Messages, auf Facebook ging es richtig ab, und sogar meine Freunde in den Niederlanden schickten mir Fotos von Zeitungsständern in Amsterdam, wo mein Bild auf diversen Titelseiten war. Das war ein extremes Outing. Jeder konnte sehen, wie ich im Bikini posiere. Ausgerechnet dieses Foto, auf dem ich fast nichts anhabe, ging jetzt durch die Medien. Ich fühlte mich auf einmal sehr verletzlich und wünschte mir, ich hätte mich nicht auf das Shooting eingelassen.

Auch die nächste »Bild«-Geschichte, die etwas später als eine Art Abrechnung mit Heidi Klum dargestellt wurde, entsprach gar nicht dem, was ich empfand. Ich hatte ja gern bei »Germany's Next Topmodel« mitgemacht, und ich bin ganz ohne Groll gegangen.

Ich weiß nicht, wie ich diese Tage überstanden hätte, wenn ich nicht gleichzeitig so ermutigende Botschaften von meinen neuen Fans bekommen hätte. Ich war zwar bei »GNTM« nur unter die letzten fünfzig gekommen, aber trotzdem wurde ich die Gewinnerin der Herzen genannt. Die Kommentare, die man unter den entsprechenden Youtube-Videos lesen konnte, waren unglaublich positiv. Dieser Zuspruch gab mir so viel Kraft und Mut, dass mir die blöden Storys in den Klatschmagazinen nichts mehr anhaben konnten.

Erfreulicherweise gab es auch ein paar gute Artikel und Fernsehauftritte. Ich wurde zur »NDR Talk Show«

eingeladen, und die respektvolle Art, wie Barbara Schöneberger und die anderen Gäste mit mir sprachen, hatte so gar nichts mit der »Bild«-Machart zu tun.

Heute wundere ich mich, wie unbefangen ich in all die Interviews reingegangen bin – ich war wirklich noch naiv in diesen Dingen. Aber ich habe in den meisten Fällen das Glück gehabt, auf Menschen zu treffen, die es gut mit mir meinten. Das Ganze war eine wichtige Erfahrung, die vermutlich jeder macht, der in die Öffentlichkeit geht. Ab einem bestimmten Punkt lässt sich das, was man über sich erzählt, nicht mehr zurückholen. Es gewinnt eine eigene Dynamik, die man nicht mehr unter Kontrolle bekommt.

Heute denke ich manchmal darüber nach, ob es vielleicht besser gewesen wäre, bei »Germany's Next Topmodel« gar nicht zu sagen, dass ich transgender bin. Ich frage mich sogar, ob es nicht dumm war, mich derart zu offenbaren. Andererseits hatte ich eine Botschaft, und es war mir immer wichtig, ehrlich zu sein. Wer weiß, am Ende hätte man mir vorgeworfen, gelogen und betrogen zu haben. Ich werde es wohl nicht mehr herausfinden.

Die Backstage-Videos mit mir, die in der ProSieben-Mediathek und auf dem »GNTM«-Youtube-Kanal liefen, wurden jedenfalls unglaublich häufig angeklickt. Besonders bei Letzterem konnte ich sehen, wie es quasi stündlich mehr Leute wurden, die meine Interviews ansahen. Ich empfand das im Nachhinein als Bestätigung für meine Entscheidung, in die Sendung zu gehen. Und es brachte mich auf eine Idee: Warum sollte ich es ProSieben überlassen, die Videos über mich online zu stellen? So entschied ich mich, meinen eigenen Youtube-Kanal aufzumachen, um meine Sicht auf die Dinge zu erzählen – auf meine Art.

Es kommt mir vor, als wäre das ewig lang her, dabei war das erst 2015. Ich hatte damals überhaupt keine

Ahnung, wie man ein gutes Video macht. Ich stellte mich einfach im Bad vor den Spiegel und erzählte der kleinen Kamera, wie meine tägliche Beautyroutine aussieht. Es ist immer noch online, und man sieht, dass ich damals eine blutige Anfängerin war: Handycam im Hochformat, keine Beleuchtung, kein Mikrofon. Ich spreche Englisch, weil ich noch nicht so gut Deutsch konnte wie heute. Aber es machte mir wirklich Spaß – und es interessierte die Leute. Nach ein paar Tagen hatten mein erstes Video schon mehrere Tausend Menschen geklickt. Es kamen so viele Fragen und Kommentare, dass ich mich entschied, ein weiteres Video über mein Haarstyling zu drehen. Das war der Anfang meiner Youtube-Karriere.

Mittlerweile habe ich wirklich viele Videos gedreht. In manchen gebe ich Beautytipps, in anderen erzähle ich viel von mir oder sage meine Meinung zu bestimmten Themen. Viele Beautyvideos mache ich für Menschen wie mich, für junge Transgender-Frauen. Neulich berichtete ich von meinen Laserbehandlungen, mit denen ich den gruseligen Bartwuchs in den Griff bekommen hatte. Lange war es mir zu intim, über dieses Thema vor einer Kamera zu reden, aber irgendwann merkte ich, dass es Gleichgesinnten hilft, wenn ich darüber spreche, weil sie dann Antworten auf ihre Fragen finden. Ich versuche, den Leuten Mut zu machen. Wenn ich beispielsweise in einem Restaurant blöd behandelt worden bin, dann kann es sein, dass ich am nächsten Tag ein Video drehe und erzähle, warum ich nun erst recht dorthin gehe. So begegne ich inzwischen Beleidigungen; es ist nicht mein Stil, mich zu verstecken.

Als ich die ersten Videos drehte, in denen ich offen über meine Emotionen gesprochen habe, merkte ich, dass das wie eine Therapie für mich ist. Genau wie jeder andere habe ich manchmal Zweifel oder Sorgen, und wenn ich darüber rede, hilft mir das. Es ist ein

Riesenvorteil, dass man auf Youtube sagen kann, was man möchte, ohne dass die Worte im Schnitt zensiert werden. Niemand gibt mir Anweisungen. Ich bin frei, über alles zu sprechen, was mir wichtig ist, und ich kann es auf eine Art und Weise tun, die mir gefällt. Viele von denen, die meine Videos sehen, schreiben mir, und ich antworte ihnen. Darunter sind viele Transgender-Leute oder solche, die sich ihrer Geschlechtsidentität nicht sicher sind. Viele Mädchen und Frauen, aber auch Männer sagen, dass sie mich als Persönlichkeit mögen. Ich finde es schön, dass so viele unterschiedliche Menschen meine Videos anschauen. Und immer wieder höre ich, dass ich Leute inspiriere. Manche erzählen mir, ich hätte sie dazu gebracht, etwas in ihrem Leben zu ändern, was sie unglücklich gemacht hat. Andere sagen, meine Videos hätten ihnen geholfen, ihre eigene Meinung zu sagen und ihren Weg zu gehen.

Es war mir immer wichtig, die immense öffentliche Aufmerksamkeit zu nutzen, um etwas gegen die Vorurteile zu unternehmen, die es im 21. Jahrhundert gegen Menschen wie mich leider immer noch gibt. Und ich glaube, ein bisschen ist es mir gelungen.

EPILOG

Ich lebe noch immer in Berlin, in meiner eigenen kleinen Wohnung. Mitunter werde ich gefragt, ob ich das
Leben einer ganz normalen Frau führe. Darauf weiß ich
keine Antwort. Was ist schon »normal«? Früher habe
ich gedacht, Frausein bedeutet, Kinder zu bekommen.
Aber so viele Frauen können keine Kinder bekommen.
Sind sie deshalb weniger weiblich? Nein.

Was andere für normal halten, ist mir egal. Ich bin
ich, und meistens bin ich ganz zufrieden mit mir.

Bis heute habe ich alles Mögliche erlebt, was Millio-
nen anderer Frauen auf diesem Planeten ebenfalls wi-
derfährt: Ich habe eine Beziehung gehabt und mein eigenes Geld verdient. Ich habe Wohnungen eingerichtet,
und ich mag es, wenn es sauber und stilvoll ist. Ich liebe
schöne Klamotten und Schuhe, und ich mache mich
gern hübsch. Ich kann alles erreichen, was ich möchte,
wenn ich mich anstrenge.

Eine normale Frau – was ist das? Für mich ist es
wichtiger, ein guter Mensch zu sein. Mama sagt immer:
»Du hinterlässt Spuren in der Welt, sei ein anständiger
Mensch.« Damit hat sie wohl recht.

Es gibt auch heute noch Tage, an denen ich nicht
weiß, wer ich eigentlich bin. Manchmal fühle ich mich
wirklich sexy, manchmal plump wie ein Bauarbeiter.
Ich weiß, dass ich etwas Weibliches bin, doch ich frage
mich, was noch in mir steckt. Wer bin ich? Ist da ein
Wort für jemanden wie mich?

Meine Mutter sagt, die Unsicherheiten werden bleiben, bis ich eine alte Frau bin. Dann werde ich auf mein
Leben zurückblicken und sehen, was ich bewegt habe.

Auf viele Fragen weiß ich noch keine Antworten. Ich werde sie suchen, und ich werde sie finden.

Mit diesem Buch möchte ich Menschen an den Erfahrungen teilhaben lassen, die mich geformt und stark gemacht haben. Vieles habe ich lange für mich behalten, und manche Erinnerungen sind erst wieder zum Vorschein gekommen, als ich begonnen habe, mein Leben aufzuschreiben.

Unsere Welt steckt voller Intoleranz. Ich habe Ausgrenzung erfahren, nur weil ich anders war. Ich glaube fest daran, dass wir dies ändern können. Ich möchte jeden ermutigen, das Leben zu führen, das er sich wünscht, und anderen dabei zu helfen, indem wir einander mit Verständnis und Güte begegnen.

Zur Wahrung der Persönlichkeitsrechte wurden im Buch einige Namen geändert.

Bildnachweis:
Dennis Branko (VI o.); Joris Bruring (V, VI u.); Robertina Jeno (IX); Philip Reichwein (XI, XV); Pari Roehi privat (I o., I u. l., I u. r., II o.l., II o.r., II u., III o., III u., IV o., IV u., VII o., VII u., VIII o., VIII u., X o., X u., XII o., XII u., XIII o., XIII u., XIV o., XIV u., XVI)

MIX
Papier aus verantwor-
tungsvollen Quellen
FSC® C014496
FSC
www.fsc.org

ISBN 978-3-355-01851-7

© 2016 Verlag Neues Leben, Berlin
Umschlaggestaltung: Verlag,
unter Verwendung eines Fotos von Robertina Jeno
Druck und Bindung: GGP Media GmbH, Pößneck

Die Bücher des Verlags Neues Leben
erscheinen in der Eulenspiegel Verlagsgruppe.

www.eulenspiegel.com